Naomi Stephan, Ph.D.

REALIZE O PROPÓSITO DA SUA ALMA

Caminhos criativos para a missão da sua vida

Tradução
ZILDA HUTCHINSON SCHILD SILVA

EDITORA PENSAMENTO
São Paulo

Título do original:
Fulfill Your Soul's Purpose
Ten Creative Paths to Your Life Mission

Para proteger o caráter confidencial e a privacidade, todas as pessoas que aparecem nos casos exemplificativos são apresentadas como personagens fictícios, com os nomes trocados. Todos os eventos, entretanto, são baseados em fatos reais.

Edição	Ano
1-2-3-4-5-6-7-8-9	97-98-99

Direitos de tradução para a língua portuguesa
adquiridos com exclusividade pela
EDITORA PENSAMENTO LTDA.
Rua Dr. Mário Vicente, 374 – 04270-000 – São Paulo, SP – Fone: 272-1399
que se reserva a propriedade literária desta tradução.

Impresso em nossas oficinas gráficas.

A Sue, por seu amor e apoio.
Você está presa no meu coração.

Anseie pelo Divino.
— Hildegard von Bingen

APRENDA A PENSAR COMO O CAMALEÃO

Aprenda a pensar como o camaleão,
Aprenda a pensar como o agrião,
Delicado e crespo.
Aprenda a ver claro, sem piscar,
Nas sombras frias que se escondem na poeira
Da luz da tarde.

Aprenda a pensar como o camaleão;
Afaste-se furtivamente do óbvio,
Escondendo-se embaixo da folha.
E lá, na penumbra quieta e úmida
Da verdade do pepino,
Respire como se estivesse na pele dele
A calma da chuva, da lagoa, da samambaia.

— Sue Moore

Sumário

Agradecimentos

Este livro é como uma composição musical. Ele tem um criador, mas só pode ser ouvido com a ajuda das outras pessoas. No meu caso, sou grata a Sue e também à minha irmã Judith, que passou muitas horas — depois de um longo dia de trabalho — lendo (e relendo) as várias etapas do manuscrito, fazendo sugestões valiosas quanto à edição do texto, nunca deixando de incluir palavras de encorajamento. Agradeço também a Robin Ladd, que impôs certa disciplina ao processo, desafiando-me sobre muitos dos meus conceitos e idéias. Agradecimentos póstumos vão para Richard Byrne, que entendeu a urgência da minha mensagem e me estimulou a continuar a minha missão de transformação.

Sou grata a todas as pessoas que me fizeram perguntas sobre o progresso do livro, pessoas que me ouviram e, em seguida, me deram nova perspectiva sobre o meu material. Agradecimentos especiais para todos os meus clientes, cujos caminhos e peregrinações tive o privilégio de partilhar.

Agradeço às muitas pessoas que afetaram a minha vida. Quero lembrar especialmente minha mãe, Irene, que fez sua passagem em 1993. Deus a abençoe: ela reconheceu desde cedo a minha aptidão musical. Isso estabeleceu um grande vínculo entre nós.

Também tenho de fazer outro agradecimento póstumo. Agradeço a meu pai, Curtis, que, embora não tendo chegado a ver este livro, me deu o gosto pela língua, pela lingüística, pela história, pela teologia e me fez ver a importância de nos dedicarmos ao nosso chamado.

Obrigada a Hildegard von Bingen (1098-1179), de fato uma mulher renascentista de gênio extraordinariamente inspirado, a quem tive o privilégio de conhecer através da sua música, das suas pinturas e palavras. Sou grata a outro mentor musical, J. S. Bach, cuja música divinamente inspirada — nas palavras de um amigo da família, o dr. Paul Nettl — foi realmente "o pão diário de Naomi".

Sou grata ainda a madame Dorothee Manski, minha primeira professora de canto na Universidade da Indiana. Uma mulher de outra era, madame Manski foi abençoada com um bom humor contagiante, um coração generoso, uma voz magnífica: e ela acreditou no meu talento.

Três outras pessoas merecem menção honrosa: embora todas elas fossem atormentadas por crises pessoais, ainda assim me deram um amor protetor e constante. Muito obrigada a Mary Williams, querida amiga, escritora e sábia conselheira espiritual; a Janet Hargrave, corajosa piloto da II Guerra Mundial que continuou sem reconhecimento por tanto tempo, e que entendeu minha jornada e me alegrou com frases inteligentes e adequadas às situações; agradeço à minha querida amiga Pat Taylor, que me encorajou a continuar a desenvolver meu talento musical que reconhecera há tantos anos.

Obrigada também a Terry Musch, colega e dedicada Missionária da Vida, cujo louvor e admiração pela Missão de Vida me sustentou durante este processo. Parabéns a Edward Cansino, cujo talentoso coro, I Cantori, executou tão belamente a minha primeira composição.

A todos da Stillpoint Publishing sou grata pela contínua fé na intemporalidade da minha mensagem; agradeço especialmente a Meredith Young-Sowers e a Errol Sowers, os quais me deram conselhos decisivos e acertados para a reformulação deste livro. Obrigada a Dorothy Seymour pela sua edição inteligente e sensível. Muito obrigada à editora Ann Weil Richards pela sua aguda percepção dos detalhes, pela sua dedicação à manifestação absolutamente clara do pensamento e pelo sucesso deste livro.

Vejo vocês no Carnegie Hall.

tem-cientista de gênio, extraordinariamente inspirado, a quem tive o privilégio de conhecer através da sua música, das suas pinturas e palavras. Sou grata a outro mentor musical, J. S. Bach, cuja música divinamente inspirada — nas palavras de um amigo da família, o dr. Paul Neil — foi realmente o pão diário de Naomi".

Cito ainda a madame Dorothee Manski, minha primeira professora de canto na Universidade de Indiana. Uma mulher de outra era, madame Manski foi abençoada com um bom humor contagiante, um coração generoso, uma voz magnífica e [illegible].

Dos outras pessoas merecem menção amorosa; embora todas elas fossem atormentadas por essas pessoas, ainda assim me deram um amor protetor e constante. Muito obrigada a Mary Williams, querida amiga, esteio e sábia conselheira espiritual; a Janet Hargrave, companheira da II Guerra Mundial que continuou sem reconhecimento por tanto tempo, e que entendeu minha jornada e me alegrou com frases inteligentes e adequadas às situações; e a minha querida amiga Pat Taylor, que me encorajou a continuar a desenvolver meu talento musical que reconhecera há tantos anos.

Obrigada também a Terry Musch, colega e dedicada Missionária da Vida, cujo louvor e admiração pela Missão da Vida me sustentou durante este processo. Parabéns a Edward Cansino, cujo talentoso coro, I Cantori, executou tão belamente a minha primeira composição.

A todos da Sunpoint Publishing sou grata pela contínua fé na intemporalidade da minha mensagem; agradeço especialmente a Meredith Young-Sowers e a Elliot Sowers, os quais me deram conselhos decisivos e acertados para a reformulação deste livro. Obrigada a Dorothy Seymour pela sua edição inteligente e sensível. Muito obrigada à editora Ann West Richards pela sua ajuda, percepção dos detalhes, pela sua dedicação, manifestação absolutamente clara do pensamento e pelo [illegible].

Vejo vocês no Carnegie Hall.

Prefácio

A VIDA É UMA MISSÃO PESSOAL

Este livro fala sobre a descoberta consciente dessa missão — a razão pela qual você vive — e sobre como estabelecer a mais forte conexão entre a sua missão e a sua alma.

Você tem um desígnio que só existe para você e que só você pode cumprir. Este propósito é um chamado da sua alma, e é preciso ter coragem e amor-próprio para responder a esse chamado. Ser fiel a esse chamado é o único modo de viver uma vida dedicada e compensadora. Também se trata do modo mais natural de viver. Como disse um mestre zen ao seu discípulo: "Zen é comer quando você está comendo." Viver significa viver a sua missão pessoal.

Sua única obrigação é cumprir a missão que lhe foi destinada, não a que seu pai, mãe, parceiro ou amigos lhe querem impor. Ninguém pode viver a sua vida, dizer-lhe o que ela é ou como vivê-la, a não ser você mesmo.

Aqui estamos falando de cuidado pessoal: livrar-se da necessidade de agradar aos outros para que você possa cuidar de si mesmo! Cada um de vocês tem uma missão individual a cumprir. Cada um de vocês tem uma parte individual a executar nesse processo. Não há substitutos para você, nem atores nos bastidores para representar o seu papel. E não há necessidade ou tempo neste planeta para interferir no papel uns dos outros! A missão começará a tomar forma em você quando, conscientemente, você seguir a sua sabedoria interior.

Sua missão é a dádiva mais preciosa que você receberá na vida.

Só terá de atender a uma exigência: terá de seguir a voz interior da sua alma. Não há desculpas para você perder o sinal, pois se trata do *seu* sinal. A fonte derradeira para as suas respostas é o trabalho interior.

A beleza de viver a sua Missão de Vida está em que, através dela, você entrará em contato com aquela qualidade espiritual especial da sua alma, à qual só você tem direito. Então, repleto de senso de direção e de propósito, você estará equipado para dar essa dádiva aos outros e apoiá-los no caminho rumo ao cumprimento da sua missão.

Introdução

Se você quer levar uma vida que expresse o âmago do seu ser, se quer estar em consonância consigo mesmo, este livro se destina a você. Não importa de onde você vem. Talvez você tenha uma noção confusa da sua missão, talvez duvide do fato de ter uma, ou talvez simplesmente necessite de um rasgo de coragem para seguir o seu próprio destino.

Tudo de que você precisa é o desejo de encontrar a sua missão. Este livro lhe dá os instrumentos para fazê-lo.

O objetivo de *Realize o Propósito da sua Alma* é que você desenvolva autenticidade, autoconfiança, concentração, conhecimento, lealdade, amor-próprio, criatividade, crescimento espiritual, e — o mais importante — cumpra o seu destino único. Viva a sua missão, e o sucesso, a prosperidade e a felicidade se seguirão.

MOTIVOS PARA A EXISTÊNCIA DESTE LIVRO

A vida é difícil se você não aceitar — ou manifestar — a sua missão pessoal. Meu pai, por exemplo, foi uma pessoa que não manifestou completamente os seus desejos. Ele considerava o seu trabalho sacerdotal com grande respeito e o mencionava como um chamado vindo de uma fonte divina. No entanto, escolheu a cabeça em vez do coração ao ouvir a voz da "lógica". Ele seguiu a tradição de família e, em vez de responder à sua paixão pessoal por história da antigüidade e pesquisas acadêmicas, tornou-se um pastor como o pai dele. Pelo fato de a sua paixão não ter sido totalmente realizada, sofreu períodos de tensão excessiva, períodos de melancolia, de tristeza e de depressão.

Minha mãe também nunca atendeu completamente ao seu verdadeiro desejo: cantar a serviço do seu Deus. Para certificar-se de poder fazê-lo, descobriu uma maneira de realizar essa missão musical optando por reger o coro da igreja e tocar órgão. Contudo, a cantora que havia nela se retraiu para um segundo plano durante muitos anos. Para os meus pais, a vida às vezes parecia tediosa e não-estimulante, porque ambos apenas cumpriram em parte a sua missão.

Seguindo o exemplo deles durante mais de vinte anos, dediquei minha energia a trilhar um caminho que não me satisfazia inteiramente, muito embora eu fosse boa no que fazia. Como meus pais, tive surtos de desespero, de infelicidade e frustração — prova de que algo estava faltando. Ao negligenciar meus talentos musicais, pude sentir a dor causada por essa negligência. Por ter menosprezado o âmago da minha alma, durante anos eu deixei de contar com uma faceta de mim mesma.

POR QUE UMA MISSÃO?

Imaginei que, se pessoas inteligentes como os meus pais tiveram dificuldade para expressar sua missão, deveria haver uma porção de outras pessoas passando pela mesma dificuldade. Então, certo dia, compreendi algo muito importante: o conceito de um chamado não se prende à interpretação estritamente religiosa que meu pai tinha, mas à vida na sua totalidade. Todos têm uma missão!

Essa verdade tornou-se a semente deste livro. Por experiência pessoal convenci-me de que a maioria das pessoas deixa de atender plenamente ao seu chamado pessoal porque carece de recursos para entender uma missão num nível mais profundo (se quiser, no nível da alma). Os sinais de "inanição da alma" estão por toda a parte: ignorar um talento para o desenho quando jovem, fazer o que os amigos querem, trilhar o caminho "prático" passando pela universidade (para conseguir um "bom" emprego), casar-se cedo demais ou com a pessoa errada, ou então deixar de se casar porque é "o que se espera que façamos". Você pode ver isso quando as pessoas abandonam carreiras que agonizam num canto do seu coração ou cancelam uma longamente esperada viagem para a Europa para poderem adquirir uma casa maior no subúrbio. Mesmo que estejam mortalmente enjoadas da vida que levam, ainda assim negam amor e dedicação às únicas pessoas que mais necessitam disso: elas mesmas.

As vidas estão em disputa com os desejos. Nem sempre foi assim. Quando você era um bebê e chorava, tinha necessidades específicas: um abraço, leite ou um cobertor quentinho. Com o passar do tempo perdemos nossa capacidade de pedir pelo que queremos — ao contrário, como adultos, em vez de afirmar nossa necessidade de amor, plenitude e auto-expressão criativa, muitas vezes deslocamos nossos desejos insatisfeitos para uma carreira, passatempos caros e direitos ou privilégios.

Será que você resolveu ficar num emprego inadequado (ou mesmo bom) para comprar a liberdade da aposentadoria, fazendo ouvidos moucos para o seu chamado interior, porque "ele não pagaria o aluguel"; morar na cidade, apesar de o campo lhe acenar; continuar com um relacionamento no interesse dos outros mas não no seu; ou até mesmo contrair uma doença grave em vez de parar com um comportamento abusivo contra si mesmo? Agora é a hora de examinar a única questão que interessa: qual é o caminho da sua alma nesta vida: qual é a Missão da sua Vida?

As conseqüências emocionais inevitáveis de uma missão perdida ou parcialmente realizada são o desconforto, o desapontamento, o aborrecimento e o desencorajamento. Alguns sintomas visíveis são o fracasso no emprego, os vícios, a perda de produtividade, problemas de relacionamento ou as doenças.

BENEFÍCIOS DO PROCESSO DA MISSÃO DE VIDA

Depois de ler este livro, você será capaz de abordar uma imagem interior de orientação intencional, que chamo de a voz da sua alma. Por intermédio deste processo, você descobrirá a clareza do propósito e uma habilidade de viver diariamente o seu chamado, porque será capaz de se ligar ao caminho que lhe foi dado para percorrer. Não terá mais de responder a qualquer mensagem negativa do seu criticismo interior ou do criticismo dos outros. Saberá como lidar com a sua vida à medida que desenvolver a sua missão.

Viver a sua missão exigirá de você um sentido de clareza, de direção e de propósito. Em vez de estar na linha de recepção de uma "oportunidade", você determinará a sua própria sorte. Quando a oportunidade bater à sua porta, você ouvirá, porque a reconhecerá como uma oportunidade. Sentirá uma ligação com a sua Fonte e, desta maneira, se sentirá protegido e forte para criar uma vida significativa, feliz e harmoniosa. E o que é mais importante, você será a pessoa que estava destinada a ser. O que pode ser mais natural do que representar o seu papel na vida?

Desde que escrevi a versão original deste livro, *Finding Your Life Mission*, que foi publicada em 1988, vi como o conceito de Missão de Vida tocou um acorde profundo e ressonante na vida das pessoas. O resultado é que agora me sinto movida a acrescentar algumas novas verdades e definições importantes à versão original, surgidas nestes anos de trabalho com centenas de pessoas que estavam buscando, talvez como você, identificar e entender melhor o seu processo de Missão de Vida — a sua jornada de aprendizado e serviço. Quero compartilhar essas verdades e comentários com você à medida que começar a excitante viagem para descobrir ou aprimorar a sua Missão de Vida.

VERDADE Nº 1:
A MISSÃO DE VIDA É UM PROCESSO ESPIRITUAL

A pergunta que me fazem com maior freqüência, desde que escrevi a primeira versão deste livro, é se a Missão de Vida tem um componente espiritual. Na verdade, a mais importante mensagem desta nova edição é que a Missão de Vida não pode ser separada do seu contexto espiritual e, como tal, é a chave para expressar a intenção da sua alma para esta vida. Como eu vejo a questão, espiritual significa tudo o que pertence à ativação da sua ligação com a base espiritual a que chamo de Fonte. Mesmo que você não esteja consciente deste elemento no início da sua busca, quem sabe por estar concentrado nas etapas mais práticas e criativas envolvidas no processo, o espiritual ainda assim é o ingrediente principal do processo da Missão de Vida.

Para acentuar a mensagem espiritual deste livro, uso certas palavras que se alinham intimamente com significados espirituais. Todas representam um papel definido no processo da Missão de Vida. Eu gostaria de deixar claras as sutis distinções entre estes termos: *Fonte, alma, espírito, intuição* e *sabedoria interior*, oferecendo-lhe minhas definições funcionais. Essas definições me ajudaram e podem servir para encorajá-lo a definir a sua própria resposta espiritual a essas palavras.

Fonte. Cada um de nós tem uma Fonte espiritual central. Alguns a chamarão de Eu Superior, alguns de Deus, outros de Anjo, outros de Buda, alguns de o Divino. Seja qual for o nome que lhe for dado, a nossa Fonte é uma base espiritual da qual fluem todas as coisas, o ponto de origem e de retorno do desenvolvimento da nossa alma.

Alma. Alma é aquele aspecto do nosso ser mais intimamente ligado à nossa Fonte. A alma é uma individuação — um holograma, se você quiser — da Fonte. Trata-se daquele aspecto indestrutível, imaterial, imutável do nosso ser que, através da encarnação, cria o contexto para experimentarmos as lições de vida e o desenvolvimento evolutivo que nos levam à sintonização com a nossa Fonte. O caminho da alma está constantemente evoluindo, e cada vida — através da nossa missão — traz novas lições, novas perspectivas, novos níveis de consciência para a alma. Nossa missão alinha, define e aprimora a intenção da alma para esta vida.

Espírito. Embora *espírito* muitas vezes seja usado permutavelmente com *alma* na Bíblia, eu vejo o espírito como a energia motivadora da alma que ativa a mente, o comportamento e a personalidade. Diferentemente da alma, o espírito pode diminuir ou desaparecer ou, ainda, ser restaurado, energizado ou elevado, dependendo de estarmos conscientemente ligados à nossa missão.

Intuição. A intuição é um canal do nosso eu interior que transmite informação imediata sobre um assunto específico do qual precisamos ter conhecimento ou percepção. Considere-a uma espécie de emissária da alma. A intuição pode ser alimentada e aumentada através da meditação e do aquietamento da mente. A intuição é a parte de nós que protege e toma conta, que alimenta a nossa sabedoria interior com percepções.

Sabedoria interior. Repositório de tudo o que se tenha obtido por intuição, experiências e pela nossa perspectiva singular de vida, a sabedoria interior é alimentada pelas nossas percepções intuitivas e nutrida com os frutos dessas percepções.

Resumindo, fonte, alma, espírito, intuição e sabedoria interior atuam num jogo recíproco com a sua Missão de Vida. O processo da missão destina-se a mostrar-lhe o funcionamento desses termos e como aproximar-se deles, de tal forma que você possa viver sua Missão de Vida completa e plenamente.

A direção que você toma na vida, vinda da sua Fonte e perseguida pela sua alma — o motivo e o impulso para ser como tem de ser — é definida pela sua Missão de Vida. Viver a sua missão abre as portas da alma, ativando-a para atuar no nível material, fazendo-o aproximar-se cada vez mais da sua Fonte.

VERDADE Nº 2: A MISSÃO DE VIDA É UM PROCESSO PARA TODA A VIDA

A descoberta da sua Missão de Vida não culmina ou termina em alguma simples *heureca*! A Missão de Vida é como se diz: *um processo de aprendizado de toda uma vida*, sempre se desdobrando e se tecendo através de um tema central — o desenvolvimento da sua alma nesta vida.

Embora a Missão de Vida diga respeito ao papel principal que você está destinado a representar nesta vida, ela pode passar por diversas variações. Sua Missão de Vida é algo que você descobre e depois forma durante o tempo. Um processo de Missão de Vida, portanto, está sempre sujeito a revisão, a análise, a um redirecionamento. Como um entalhador de madeira lentamente esculpe obras de arte, você aprimora as peças à medida que executa o seu trabalho.

Quando uma etapa do processo está terminada, há uma conclusão parcial. Então você começa o trabalho na etapa seguinte, e o processo continua. Trata-se de uma interminável espiral ascendente e contínua de conclusões dentro de um processo, como Goethe a chamou: a permanência dentro da mudança. O processo da Missão de Vida se estende durante toda a sua vida. Tal como um vinho de boa safra, ele fica cada vez melhor com o passar do tempo.

VERDADE Nº 3: O PROCESSO DA MISSÃO DE VIDA REQUER AÇÃO

Um programa especial de televisão sobre a aviadora Amelia Earhart afirmou que Amelia passou muito mais tempo falando sobre voar do que *de fato voando e fazendo o que dizia!* Você pode falar para sempre sobre a sua Missão de Vida, mas a prova é como a do pudim: terá de fazê-lo. Correções de rota são ótimas; no entanto, você tem de estar a caminho! Assim que se obteve o conhecimento, não há substituto para a ação. O processo não é aquele que se pode deixar na prateleira ou salvar para um dia de chuva, mas sim um processo de contínua introvisão e de ações baseadas nessas introvisões. Para ter a certeza, o procedimento exige método (idéias, meditação, percepção intuitiva, consulta aos nossos recursos interiores); no entanto ele tem de ser seguido pela ação.

VERDADE Nº 4: A DEDICAÇÃO É NECESSÁRIA E INEVITÁVEL PARA O SUCESSO

Mais cedo ou mais tarde, você terá de se dedicar ao seu amor — à voz da sua alma — ou será incompetente. A dedicação começa com uma definição útil da sua missão, conquanto rudimentar ou confusa. Redefina e aprimore a sua missão enquanto a executa. Sua sabedoria interior o guiará para fazer as mudanças apropriadas.

Eis as boas notícias: revisões em seu processo de descoberta lhe darão automaticamente novos rumos e soluções para a etapa seguinte, e elas reafirmam que essa missão não é o destino final, mas uma jornada.

VERDADE Nº 5:
O PROCESSO DA MISSÃO DE VIDA É UM PARADOXO: VIVA NO MOMENTO, MESMO QUE VOCÊ PREFERISSE ESTAR NUM OUTRO LUGAR

Tudo o que você vivencia é necessário e faz parte do processo. Aprenda a trabalhar dentro do contexto em que você está. Considere-o certo, por enquanto. Pelo fato de a sua Missão de Vida ser um processo, há algo a ser visto, aprendido ou terminado exatamente onde você está. Se você escolheu estar num lugar em vez de em outro, isso nunca representará uma desperdício de tempo; mesmo que você tenha optado por ficar no lugar em que foi posto por causa de circunstâncias atenuantes, estará aprendendo de alguma forma a refocalizar a sua missão, levando-a a desenvolver-se onde você estiver.

O paradoxo é reconhecer que você está sempre no caminho, mesmo que pareça que não está. Você terá de trabalhar com a noção desse paradoxo. A estreita linha a ser percorrida é aquela em que você sempre tem um objetivo a alcançar, tal como um rio, que sempre continua em seu caminho estabelecido. No entanto, como o rio, o seu caminho tem curvas ocasionais que parecem "afastá-lo" do curso estabelecido.

Portanto, se o caminho parece levá-lo para longe do rumo pretendido, ele lhe diz que é conveniente *mesmo assim* perseverar, continuar buscando, pesquisando e trabalhando com o seu objetivo. Se você resolver ignorar este paradoxo, dizendo: "Estou no meu caminho; portanto, não importa a trabalheira", ou: "Não adianta. Nunca entrarei nos trilhos", então você não está trabalhando com a sabedoria do paradoxo, e pode ocorrer uma estagnação.

A Missão de Vida é o mapa rodoviário para guiá-lo através da confusão da aparente adversidade à medida que você se liga à sua missão. Mesmo os tempos "difíceis" são, de algum modo, uma oportunidade para resolver as situações nessa ocasião e um caminho para conseguir um grande crescimento. A Missão de Vida não é um assunto do passado (embora o passado o tenha encaminhado a esse ponto), nem está no futuro. Ela está de fato acontecendo AGORA.

O presente é o único momento inevitável que temos.

PENSAMENTOS PARA CONCLUIR

Outro modo de ver a Missão de Vida é aquele que representa a sua alma evoluindo nesta vida. Quando você vive de um modo que negue essa missão, então a Fonte, a alma, o espírito, a intuição e a sabedoria interior estão bloqueados, impedidos de dar energia e rumo à sua missão. Realizar o propósito da sua alma é de primordial importância para a descoberta e evolução do caminho da sua alma. Pense nele como uma qualidade divina da alma, que você, através das suas dádivas criativas, está encarregado de desenvolver; esse desenvolvimento define a sua missão.

Você tem o mandato para fazê-lo, embora possa optar por não fazê-lo. Ao concordar em usar a sua vida para representar um determinado papel, você vive o seu destino como ele deve ser.

A Missão de Vida não é o destino final ou objetivo da nossa vida; na verdade, *é o ponto de partida.* Vamos começar!

PRIMEIRA PARTE

1

Missão de Vida

A vida é uma missão pessoal.

Você tem um chamado que existe somente para você e que só você pode realizar. É preciso coragem e amor-próprio para responder a essa voz interior, mas ser leal a ela é o único modo de viver uma vida compensadora. Trata-se também do modo mais natural de viver. Como disse um mestre zen a seu discípulo: "Zen é comer quando você está comendo." Viver é cumprir a sua missão pessoal.

Sua primeira obrigação é executar a missão que lhe está destinada, não aquela que o seu pai, a sua mãe, o seu parceiro ou os amigos lhe querem impor. *Ninguém pode viver a sua vida, dizer-lhe o que ela é ou como vivê-la, a não ser você mesmo.* Sua missão começará a tomar forma quando você ouvir a sua sabedoria interior.

Este livro é sobre a descoberta consciente do motivo pelo qual você está vivendo, para fazer uma ligação mais forte com a sua missão e com a sua voz interior, e, assim, entre a sua missão e a sua alma.

Estamos falando sobre cuidar de si mesmo aqui: livrar-se da *necessidade de agradar aos outros para que possa tomar conta de si mesmo*! Cada um de vocês tem uma missão individual a cumprir nesse processo. Não há substitutos para você, não há atores esperando nos bastidores para representar o seu papel. E não há necessidade ou tempo de imiscuir-se no papel dos outros!

Sua missão é o presente mais valioso que você receberá e dará na sua vida. Só há uma exigência: que você siga a voz interior da sua alma. Você não tem desculpas para perder o seu sinal, visto que se trata do *seu* sinal.

A beleza de viver a sua Missão de Vida está em que, através dela, você entra em contato com aquela qualidade espiritual que só você está qualificado para desenvolver.

O QUE É A MISSÃO DE VIDA?

A Missão de Vida representa a própria essência de quem você é. Trata-se da sua intenção mais profunda — a batida do coração, o âmago e o tema central que orienta a sua vida. Ela expressa o que você deve fazer. Entre outras palavras para missão, temos: *chamado, busca, irradiação, destino,* ou *qualidade.* A missão é o caminho específico da sua alma nesta vida.

Assim que entender que tem um chamado, você aprenderá a ligar-se com quem você é ou com o que está fazendo. Tudo faz sentido porque você o faz à luz da sua missão. Toda tarefa adquire um significado especial, sujeita que está à direção mais elevada da sua vida. Então uma missão fornece o veículo através do qual o propósito, a forma e a direção do caminho da sua alma são expressos.

O discurso "Tive um Sonho", do Dr. Martin Luther King, definiu a missão dele: literalmente ele sonhou que raças diferentes podem viver e brincar em paz umas com as outras no mundo. Tudo o que ele fez relacionou-se com essa missão que era, como ele definiu, "o rufar dos tambores em prol da justiça".

Analogamente, o seu sonho, seja ele qual for, ilumina e torna visível o caminho da sua alma como se fosse um farol.

O QUE ACONTECERÁ SE EU AINDA NÃO SOUBER QUAL É A MINHA MISSÃO?

Algumas pessoas afortunadas (por exemplo, Albert Schweitzer ou Wolfgang Mozart) conheceram sua missão quando crianças e a executaram conscientemente. Se você está desesperado porque ainda não começou a realizar o processo da sua missão, fique calmo. Para muitos, a realização da missão não começa a florescer antes da meia-idade. Anne Morrow Lindbergh mudou de poetisa para exploradora do mundo quando adulta. John Kennedy conquistou seu objetivo de influenciar a direção do seu país quando chegou aos 40 anos. Eleanor Roosevelt passou de um papel subordinado a uma figura mundial quando ficou velha. E olhe para Grandma Moses! Nunca é tarde demais para embarcar na descoberta do caminho da sua missão.

Aqui o importante é buscar e depois desenvolver a sua qualidade especial da alma. Desperte o seu processo próprio de descoberta de forma a poder realizar a sua jornada, assim como várias outras pessoas corajosas fizeram.

POR QUE MISSÃO E NÃO UMA CARREIRA?

Uma missão pode assumir várias formas: uma carreira, um trabalho, um entretenimento, um passatempo favorito, uma paixão ou qualquer outra coisa. Este livro enfatiza a missão de preferência à carreira, porque a Missão de Vida transcende simplesmente o que você faz para viver. Pode ser, mas não necessariamente, o mesmo que trabalho. O termo *Missão de Vida* refere-se a quem você é e o que você faz para executar o propósito da sua alma na vida.

Uma carreira é apenas uma parte do que você faz. Em vez de pensar na sua carreira como a descrição de quem você é, pense nela simplesmente como numa de suas facetas que, ao lado de seus interesses, passatempos, relacionamentos, atividades e trabalhos, ajuda a formar a sua missão. Pense na Missão de Vida como na melodia, como no tema da sua vida; por outro lado, a carreira é o instrumento musical no qual você executa o seu tema. Usando instrumentos diversos (carreiras, empregos e coisas afins), você pode expressar a sua missão de modos variados e interessantes mas, no entanto, a melodia (a missão) é a mesma. Assim você tem inúmeras possibilidades, infinitas variações possíveis dentro de um tema básico.

Em outras palavras: o trabalho é uma descrição do que você faz, mas a sua Missão de Vida é a perspectiva espiritual e holística da sua vida, o significado da sua vida. A Missão de Vida, portanto, é um reflexo fundamental de quem você é.

ALGUNS EXEMPLOS DE MISSÃO DE VIDA

As missões podem ter várias formas, tais como: explorar as mais altas camadas de gelo polar, como o Almirante Byrd; proteger consumidores, como Ralph Nader; ou fazer parte de uma dupla criativa, como Gertrude Stein e Alice B. Toklas.

Uma missão pode ser tornar Los Angeles verde, plantando árvores (o objetivo de uma organização urbana chamada Tree People); lidar positivamente com o processo da morte, como faz Elisabeth Kübler-Ross; tocar bela música no pistom, como Wynton Marsalis; ou proteger tartarugas feridas e doentes, como Ila Loetscher. Uma Missão de Vida, portanto, é um papel individual que é benéfico para a vida como um todo.

As missões podem ser humildes ou grandiosas. Algumas expressões humildes de missão que observei: manter vivas as flores do hospital local; dar às pessoas a mais inusitada e inesquecível corrida de táxi que já fizeram; ou fazer as mais elaboradas e enormes bolhas de sabão possíveis para as crianças.

O ESPÍRITO MISSIONÁRIO

Toda missão requer coragem e dedicação. Pessoas com uma missão são almas intrépidas, tenazes. Elas responderam à sua voz interior, assumiram riscos e reagiram quando a oportunidade bateu à porta. Suas vidas parecem dizer: "Sei quem sou e aonde quero ir, e ninguém vai interferir entre mim e o meu destino. Recuso-me a recuar ou a me desviar do meu objetivo." Para atender ao seu chamado, os buscadores da missão tiveram de batalhar contra as instituições, contra o governo, contra a sociedade, os parentes e até mesmo contra os parceiros. Eles perseveraram sem pedir permissão aos outros e aceitaram a responsabilidade pelo resultado. E você também pode fazer isso.

DA MISSÃO IMPOSSÍVEL PARA A MISSÃO POSSÍVEL

No velho seriado de televisão chamado "Missão impossível", o personagem principal sempre recebia uma tarefa "impossível" para cumprir. "Sua missão, se resolver aceitá-la, é..." — era a afirmação de fundo todas as semanas. Os espectadores sabiam que o personagem principal ia aceitar a missão, e nunca houve dúvidas de que ele seria bem-sucedido. Trata-se de uma boa mensagem divulgada no programa. Vamos comparar esse seriado de televisão com o conceito de missão:

Você tem a sua Missão de Vida dentro de si mesmo. Ao contrário da qualidade do espetáculo, sua qualidade vem de dentro, da sua alma. Sua primeira tarefa é descobrir o que sempre existiu, mas tem de ser conscientemente percebido.

No entanto, você pode protestar: "Tenho de pagar pela minha cacatua exótica, garantir a escola das crianças, manter o meu padrão de vida, freqüentar o clube de campo." Tudo menos: "Isso é o que eu tenho de fazer." A trama criativa que você tece, como aquela da aranha, tem de vir de dentro. Manifestar a sua Missão de Vida é como tecer a sua própria teia especial. Não há outro padrão igual ao *seu*.

A sua missão é possível. Seria a quintessência de uma brincadeira cósmica se você quisesse realizar algo que não pudesse cumprir. Se se trata do desejo do seu coração, então *você pode realizá-lo.*

O Fazendeiro Gene

Gene, um rapaz esbelto do norte de Iowa, candidatou-se a posições de executivo depois de graduar-se no colégio. Acreditando que devia ter um emprego "de verdade", enviou currículos para posições que não desejava. Desde o início, sabia que essas posições não eram a sua vocação. Como uma criança que finge gostar da escola, quando na verdade quer ficar ao ar livre, ele estava sendo levado por impulsos.

O problema não eram as suas qualificações. Gene tinha um diploma de perito contador com honra ao mérito da Universidade de Minnesota. Mas os cargos que ele pretendia não se relacionavam apropriadamente com a sua Missão de Vida. Ele tinha muitos expedientes: divertia-se sentindo-se "em casa" olhando velhas fotografias de família, o acolchoado da avó, tocando a harmônica do pai ou fazendo caminhadas pelo campo com o cachorro. E, cada vez que havia uma folga, ele voltava à fazenda da família, onde cuidava dos animais domésticos e observava as condições do solo e da propriedade. "Quando criança", ele contou, "eu gostava muito dos animais. Cuidei de muitos passarinhos de asa quebrada e falava com as vacas durante a ordenha."

O coração de Gene era o de um rapaz do campo. Ele se sentia tão à vontade no terno de trabalho quanto um unicórnio numa loja de colchões de água. Contudo, para agradar ao pai, ele foi para a cidade para "fazer fama por conta própria" (ou seja, para a sua família). Ao aceitar um emprego das nove às dezessete horas, ele estava cego para as próprias idéias.

Depois de trabalhar durante dez anos em escritórios, Gene procurou quem o aconselhasse. Demorou muito pouco para ele ver a luz: voltou para os lugares que amava e comprou umas terras. Pouco lhe importava que à sua direita e à esquerda as fazendas estivessem se desenvolvendo. Ele respondeu ao seu chamado de tornar-se um fazendeiro. E o seu diploma de perito contador vinha a calhar. Ele não o engavetou (nunca se perde o que se aprendeu), mas combinou o trabalho de fazendeiro com o de aconselhamento para os negócios locais e para os fazendeiros.

Para uma missão ser verdadeiramente sua, é preciso que o desejo e a habilidade estejam em harmonia. Como Gene, você pode se convencer e pensar que deseja seguir um determinado caminho, mas essa ilusão não funciona para sempre. Nunca é permanente. A busca da missão exige honestidade e determinação.

Você tem a opção de aceitar a sua Missão de Vida. A escolha é sua. Ser você mesmo é bastante simples. Quem está melhor qualificado para isso do que você mesmo? O que aconteceria se outra pessoa decidisse assumir o seu papel na vida? Você ficaria calmamente sentado, sem fazer nenhum comentário? Provavelmente, acharia que essa pessoa de fato não pode ser você tão bem quanto você mesmo. A decisão de aceitar o seu papel e de agir de acordo com a sua verdadeira natureza é sua.

A sua Missão de Vida é única. Se você foi condicionado a pensar que faz parte da massa, enfatizando as semelhanças e minimizando as diferenças, é difícil identificar a parte única de si mesmo.

O que há de especial em você? Afirmações como "Eu sou a mãe de três filhos", ou "Eu gosto de gente", ou "Eu tenho um porco-da-terra no quintal" não valem, porque se referem a algo externo, e não a uma qualidade especial que você tem. Concentre-se numa característica que sempre foi inseparável de você.

Quando perguntei a Jim, um cientista, sobre a sua missão, ele disse que tinha a capacidade única de saber como as coisas estão interligadas. Com sete anos havia declarado: "O bombardeio de Hiroshima é mau para as pessoas e também irá prejudicar os peixes!" Para ele, cuidar do planeta e estabelecer conexões entre os eventos constituiu a sua missão única como ambientalista.

ÀS VEZES ME SINTO COMO UMA CRIANÇA SEM MISSÃO

Muitas pessoas negligenciaram sua missão. Como o homem na parábola de Kafka, "Diante da Lei", eles ficam definhando na entrada da porta do seu próprio espaço.

O que o impede de abraçar o que é mais genuinamente seu? Você talvez precise simplesmente de conceitos e instrumentos para começar a cumprir a sua missão. Talvez você só esteja com medo. Ou talvez precise de encorajamento. Talvez sinta que os anos perdidos serão dolorosos demais, que os outros desaprovarão a sua decisão, ou que perderá o que conquistou se mudar de rumo agora.

No entanto, como diz a canção: "Como se pode perder o que nunca se teve?" Qual será o seu lucro se conquistar o mundo todo mas perder a sua missão?

Seja o que for que o tirou do rumo, você pode mudar agora! Negar o seu destino é, em última análise, negar a si mesmo!

Lembre-se de que:

- Há indícios de que a sua missão sempre esteve dentro de você.
- Missões perdidas podem — e devem — ser descobertas.
- Você pode romper quaisquer barreiras para chegar até a sua missão.
- Responder ao chamado é a verdadeira medida da felicidade.

Não há atalhos para modelar a sua vida; não há faça isto agora, faça aquilo depois. Leia todos os livros do tipo "faça você mesmo" que existem e que oferecem soluções e conselhos rápidos. A paixão nacional por caminhos alternativos, como ficar "alto" por meio de drogas, do sexo ou de caprichos, é um exemplo de como chegar ao topo sem fazer força. Você alcança esse pico se estiver disposto a escalá-lo. É por isso que este livro não é apenas para ser lido junto à lareira comendo pipocas ao lado do gato, mas um trabalho sério.

MISSÃO: VAMOS AOS NEGÓCIOS

O conceito de missão tem sido usado desde há muito tempo nos negócios. A maioria das firmas tem uma declaração de metas em seus estatutos. Até um curso local de golfe tem uma declaração de metas pregada no vidro do carro do iniciante! A declaração responde a duas questões básicas: que benefícios prestamos à humanidade com o nosso produto ou serviço? Qual é a nossa responsabilidade diante do mundo como um todo?

Quer se trate de uma empresa que produz carruagens, cerejas ou chaminés, ou providencie serviços, como o de aconselhamento profissional, fornecimento ou limpeza, ela tem de ter um propósito claro que vá além do produto em si. Companhias que cumprem suas metas são imediatamente reconhecidas. Pense numa loja em que você gosta de fazer negócios. As probabilidades são de que essa firma vai bem e é popular diante dos clientes, porque se trata de um lugar com um objetivo claramente definido.

Um bom exemplo de firmas com uma missão clara são a Celestial Seasonings, a Erewhon, a Reka e a Tom's do Maine. No caso desta última, o proprietário, Tom Chapell, tem paixão não só por manufaturar produtos ecologicamente seguros e dirigir um negócio socialmente responsável, mas também por comprometer todos na declaração da missão. Em apenas oito anos, ele e seus empregados transformaram o Tom's do Maine numa empresa de 18 milhões de dólares!

EXERCÍCIOS DE AUTO-AJUDA PARA INICIAR A BUSCA PELA SUA MISSÃO DE VIDA

Não é pelo fato de você ter uma Missão de Vida que ela sempre será auto-evidente. Você terá de fazer o trabalho interior de ouvir a si mesmo, de entender quem você é. Você terá de ser muito claro. Exatamente quem é a pessoa que busca essa missão?

Exercício: Eu Sou

Cada um de nós é uma mistura singular, um tipo único de talentos, experiências e formação. Gosto de pensar nessa mistura como sendo o seu DNA — uma combinação inconfundível encontrada somente em VOCÊ. As partes são como a urdidura e trama da sua textura única. Em pedaços separados de papel, coloque um EU SOU no alto de cada página. Em seguida, anote coisas como: EU SOU uma filha, um aluno, um entusiasta pelo tênis. Agora o que o seu conjunto de ingredientes diz sobre você mesmo? Por exemplo, eis a lista de uma cliente, como amostra:

EU SOU: mulher, fluente em francês, viajante, leitora de autobiografias, viciada em novelas, colecionadora de fronhas, amante de plantas, dançarina, norte-americana, jogadora de golfe (por baixo, faço 80 pontos). Essa pessoa começou a procurar novas idéias para tornar mais bonitos os campos de golfe — na França!

Ao ver-se como alguém único, você poderá responder ao seu dom particular interior. Sua missão expressa o seu papel específico, e a sua singularidade é o seu DNA particular que você tem de colocar em prática.

Exercício: Fale com sua Missão como se Fosse com a Pessoa Amada

Imagine a sua missão como uma pessoa a quem você ama e que está sentada à sua frente. Veja-a como um relacionamento íntimo. Sinta-a como uma energia, um espírito, uma parte de você. Você quer "limpar o ar" de problemas no relacionamento. Essa é a hora de ser honesto com a sua parceira. (Por enquanto, você não precisa saber qual o nome da sua missão.)

- Diga à sua missão tudo o que você gosta nela, como diria a uma pessoa amada.

Fale com a sua missão, chamando-a de "você". Por exemplo: "Eu a amo porque você me dá uma sensação de poder e de energia sempre que faço algo que aprecio." "Dou uma arrancada sempre que sei que estamos em sintonia."

- Agora, diga à sua missão o que espera dela como parceira. Seja sincero! O que você espera da sua missão? Por exemplo: "Quero que me encoraje e permita que eu saiba quando estou negligenciando você. Dê-me pistas para eu saber quem você é!"
- Diga à sua missão de que modo suas exigências ainda não foram atendidas.
- De que sente falta no seu relacionamento? "Precisamos de um tempo tranqüilo para conversar."
- Agora, inverta os papéis e torne-se a sua missão. (Repita as três primeiras etapas). Como a missão, diga A SI MESMO o que você — COMO MISSÃO — espera e o que — COMO MISSÃO — não está recebendo. "Você nunca fica o tempo suficiente comigo. Você me deixa por último em seus planos."
- Analise essa cena como se estivesse ouvindo dois amantes discutindo seu relacionamento. Qual é a sua contribuição ao problema deles? Como estão se saindo? Qual é o prognóstico para seu relacionamento? Se não for tão bom, o que cada parte precisa fazer para melhorá-lo?
- Finalmente, escreva uma carta de amor à sua missão. Diga tudo o que sente. Se descobrir que tem sentido medo de ficar íntimo demais com o seu filho ou filha, coloque isso no papel. Não se acanhe quanto ao papel que a sua missão representa. Isso pode dar-lhe um bocado de conhecimento sobre como se sente.

Exercício: Descreva a Aparência e os Sentimentos da sua Missão de Vida

Use qualquer metáfora, imagem ou analogia de que possa se lembrar. Você está desenvolvendo a sua mitologia pessoal. Ponha quantos detalhes sensoriais forem possíveis. Pode ser algo semelhante a isto: "Minha missão se parece com um enorme castelo medieval numa montanha, com torres e bandeiras oscilando à brisa do verão", ou "Minha missão se parece com os atos de uma dedicada Perséfone viajando entre o inferno e este lugar."

Que tipos de coisas são lembradas quando você lê a sua descrição? Para Perséfone, você poderia escrever: "Sou uma viajante como você, ligando os dois mundos: o do espírito e o da matéria." Escreva as suas verdades num diário de Missão de Vida. Volte de vez em quando a essa descrição. Note se algum padrão ou tema está sendo repetido. (O meu sempre tem referências musicais.)

Exercício: Imagine que Escreveu o Roteiro da sua Vida

Você não é uma vítima. Comece vendo sua família como uma propriedade pessoal. Ao concentrar-se no papel que representou na sua família, você descobrirá como a sua família lhe permitiu ser quem você é e de que maneira ela ajudou a moldar a sua missão.

Reescreva o roteiro. Imagine que você escolheu os seus pais. O que o teria levado a escolhê-los e ao número de irmãos que tem? Por que preferiu nascer em determinada época e lugar da história? O que pôde aprender com o estilo de vida que escolheu, com os seus parentes e com os membros da sua família?

Júlia, uma jornalista *free-lance,* escolheu uma família em que havia um alto grau de energia intelectual. Ela recebeu muitas coisas prontas: pais educados, estímulo intelectual e conversação animada. Mas sua família tinha dificuldade para expressar sentimentos. Quando Júlia se tornou jornalista, descobriu que sua vida familiar lhe deu profundidade de análise crítica e habilidade para pensar e conversar. Mas talvez o mais importante fosse a sua compaixão por pessoas que evitam os sentimentos. Na terapia, ela trabalhou para livrar-se de muitos dos seus bloqueios de auto-expressão. Agora, ela é um gênio para levar as pessoas que entrevista a se expressarem, sabendo de primeira mão como isso foi difícil para ela mesma fazer.

Mike sentia que ser homossexual era uma desvantagem. Como poderia ter desejado ser assim? Então, começou a analisar essa sua "tendência" como uma propriedade e descobriu que sua sexualidade lhe permitia ver as coisas de ambos os lados da moeda. (Outras minorias entenderão isso.) O dom de Mike era a sua habilidade de resolver problemas. Ele era especialmente talentoso em apresentar pontos de vista alternativos — e não tinha dificuldade para agir dessa maneira porque vivia fora da "regra". Ele começou a olhar sua sexualidade não como uma maldição mas como uma oportunidade. Ela lhe permitia ver as coisas de uma perspectiva diferente, pois sua vida estava livre de escolhas convencionais.

Em seu diário, relacione as razões pelas quais as circunstâncias da sua vida exigiram que você vivesse onde e quando viveu.

Analise por que precisou de cada membro próximo da família para o crescimento da sua vida.

SUGESTÕES PARA CUMPRIR A SUA MISSÃO

Todos gostam de pistas. Elas dão a mais importante evidência da sua Missão de Vida através de toda a sua vida. Eis aqui algumas sugestões vitais para ajudá-lo a manter o rumo certo no processo da sua missão.

Sugestão nº 1: Paixões e divertimentos. Jean, uma corretora de imóveis, estava sempre trabalhando em seu jardim e ajudando os amigos a arrumar o deles. Habitualmente, ela parava para observar modificações na paisagem, e tinha uma coleção de livros sobre decoração de interiores. Mas, por mais difícil que seja acreditar nisso, até Jean analisar o que realmente gostava de fazer — criar beleza por intermédio da natureza — ela não reconheceu as pistas! O corpo sempre responde à ação correta e ao pensamento correto, dando-lhe energia. Observe as ocasiões em que sentiu essa energia. Na maior parte das vezes, ela será evidente quando você estiver ocupado com uma paixão ou divertimento. Se está na trilha, descobre que se sente entusiasmado, motivado e vivo. Analisemos o exemplo de Brenda.

Invista nas suas Habilidades

Brenda, mulher sulista muito inteligente, com uma tendência para a investigação, chegou aos quarenta sentindo que estava completamente fora de sintonia com a sua missão. Nascida na Geórgia, ela amava aquelas velhas mansões sulistas bem como a consciência de história que impregnava aquele seu ambiente e lamentava a ruína dessas construções sempre que lia sobre isso (pista!).

Brenda sabia no que estava interessada, mas passava muito tempo tentando traduzir isso em termos práticos. Constantemente descobria motivos pelos quais não podia cumprir sua missão de preservação estética. Professora de francês, ela secretamente desejava usar seus talentos artísticos para restaurar e recuperar a arte. No entanto, insistia em que não havia um meio de expressar exatamente o que queria porque se tratava de algo raro.

Ela me contou um incidente num vôo de carreira em que um companheiro de vôo descreveu uma paixão bastante incomum. Ele fazia desenhos de sítios arqueológicos embaixo de água. "Você não gostaria de fazer isso"?, perguntei. Ela literalmente levantou-se da cadeira, seus olhos brilharam e ela gritou: "SIM"! Então despencou na cadeira e assinalou: "Mas não há mercado para essa coisa tão estranha." Por um momento, Brenda havia sentido qual a paixão de sua vida.

O que aquele "arqueólogo submarino" estaria fazendo agora, se tivesse impedido sua criatividade com esse pensamento? O mercado para os seus talentos precisa unicamente de uma pessoa: por que não você?

O que lhe inspira paixão? O que lhe dá energia? Inclua quaisquer itens do passado. Preste atenção àquelas pistas que lhe dizem o que VOCÊ quer na sua missão. Mesmo se o prazer não passar de um breve momento, tome nota! Observe o que lhe traz diversão (nem sempre é óbvio). Algumas vezes, poderá se defrontar com uma paixão e não reconhecê-la. Ao ficar ativamente consciente das suas paixões, você poderá começar a ver a sua missão tomar forma com maior nitidez.

Pegue o seu diário de Missão de Vida e anote exemplos. Não pare para analisá-los ou censurá-los. Apenas anote suas paixões e diversões tão depressa quanto puder, até o ponto de não poder pensar em mais nada. Acrescente o que aconteceu com você ao longo do tempo. Depois que tiver uma lista considerável, digamos uns 10 ou 20 itens, procure as pistas — laços comuns e experiências cuja trama está visível em toda a sua lista.

Você gosta de coisas materiais? De assuntos intelectuais? Ou de fazer algo ao ar livre? Algo para fazer a sós? Coisas relacionadas com a natureza? Com animais? Posicione-se para encontrar mais paixões e divertimentos buscando ambientes atraentes onde esses sentimentos possam ser estimulados. Se gosta de animais, por exemplo, vá ao zoológico. Se aprecia montanhas, vá passear. Se gosta de crianças, vá a um parque de diversões!

Sugestão nº 2: Monitore sua dores e sofrimentos. Quando você deixa de responder à sua sabedoria interior, você tem emoções e reações físicas específicas em virtude dessa negligência. Sua missão se aninhará em algum lugar do seu corpo e revelará sua presença através de dores e sofrimentos. Consulte o seu corpo e ele lhe dirá qual é o problema.

Mantenha-se atento a essa dores e sofrimentos. Quando e onde elas surgem? Identifique as experiências tristes que tenha tido e onde a dor se localizou. Quais eram as circunstâncias da experiência? Como você reagiu? O que fez a dor parar, se é que conseguiu eliminá-la?

Catherine não Podia Trabalhar com Madeira

Catherine, recentemente divorciada, sentiu a dor pela primeira vez ao trabalhar nas portas de sua casa. O processo de limpá-las, pintá-las e envernizá-las trouxe de volta lembranças do trabalho de construção que havia feito logo depois da Universidade. Ela sempre gostou de trabalhar com madeira, mas lhe disseram que desistisse porque esse não era um trabalho suficientemente "feminino". Se você lhe perguntar qualquer coisa sobre madeira, ela ficará falando durante horas.

Mas só quando começou a construir uma casa para os filhos na árvore é que seu amor por madeira de fato a afetou. Surgiu uma dor no peito, tanto que pensou que o esforço físico poderia estar causando tensão no seu coração. O médico não encontrou nada errado. (Era exatamente o contrário, naturalmente. A sua negligência havia causado a tensão no coração.) Ela começou a passar tanto tempo com madeira quanto possível. A dor parou e ela satisfez sua necessidade de usar madeira para brincar e para o prazer. E, além disso, obteve lucros.

Catherine abriu um negócio de desenhar e construir casas de madeira em árvores e casas de brinquedo.

Sugestão nº 3: Busque a recompensa. Você nunca será castigado por trilhar o caminho da sua alma e sempre terá alguma forma de recompensa. Algo positivo acontecerá. Pode vir na forma de um presente, assim como uma viagem para um país do exterior recebida de um parente, ou pode ser uma bolsa para continuar a estudar.

Comprei novos alto-falantes estereofônicos pela primeira vez, depois de 17 anos, para encorajar e apoiar o meu eu musical recém-desperto. Na primeira vez em que ouvi os novos alto-falantes, experimentei a emoção que senti com os primeiros que tive. Com o correio do dia seguinte recebi um cheque de fonte inesperada com a quantia exata que pagara pelos alto-falantes! Coincidência? Ou uma recompensa?

Durante um período de três semanas, concentre-se em fazer o que de fato gosta por tanto tempo quanto puder reservar para isso (veja sugestão nº 1, para idéias). Nesse tempo, anote tudo que lhe acontecer de positivo, inusitado ou inesperado. Esses acontecimentos serão as suas recompensas!

Nancy, uma contadora, estava lutando para fazer algumas mudanças em sua vida. Ela decidiu trabalhar num projeto para os sem-teto e abandonou sua prática como contadora. Também decidiu fazer mais alguns cursos, muito embora ainda não soubesse quais seriam. Durante três semanas, ela manteve uma lista e totalizou mais de 50 recompensas, entre elas:

- Um prospecto por via aérea, endereçado ao ocupante anterior do seu endereço, de um curso que deu a ela a resposta sobre o rumo que deveria tomar em seus estudos.
- Uma inesperada referência para uma nova conta, com uma enorme comissão.
- Sua senhoria lhe deu permissão de dar um lar a um gato vadio (sem teto).

Sempre há recompensas por executar a sua Missão de Vida. Podem ser imperceptíveis na ocasião, mas você as receberá. Aproxime-se do seu caminho e você será cumulado de apoio.

Sugestão nº 4: Analise os seus medos. O medo é um lembrete amigável de que você pode estar fugindo do que gosta. O medo muitas vezes surge quando você se recusa a encarar a sua missão. Veja o caso de Dan:

Pai Dan

Dan, executivo de uma grande empresa financeira, estava com tanto medo de lidar com sua Missão de Vida (proteger pessoas jovens) que, na verdade, se encolhia se alguém dissesse alguma palavra remotamente ligada ao assunto. Era como se com a palavra provocasse um raio que o atingiria. Ele temia o que amava. Dan estava especialmente interessado em ajudar crianças a fazerem seu planejamento financeiro.

Dan passou vinte anos fugindo do seu desejo de ser um protetor financeiro para os jovens. Ele achava não ser essa uma atitude masculina e não podia ver como ganhar a vida com isso. Até resistiu em ir ao centro local para jovens para oferecer-lhes orientação financeira. Finalmente, encarou a sua paixão de proteger os outros e foi recompensado com um novo emprego e uma posição de liderança no clube para os jovens da cidade.

Ele de vez em quando oferecia seus trabalhos voluntários para os jovens, e seu rosto corou ao me contar isso. "Aqueles garotos de fato me agradeceram por ajudá-los a fazer um orçamento" — disse —, e lágrimas correram dos seus olhos. "Talvez o seu futuro seja um pouco mais livre de ansiedade do que o meu quando eu tinha a idade deles."

Eis aqui um exercício que pode ajudá-lo a enfrentar o peso da sua missão:

- Complete a sentença: "Estou com medo de............" Anote cada medo individualmente, não importa quão tolo, trivial ou grande ele seja. "Estou com medo de tossir no cinema e no teatro" é um reconhecimento tão importante quanto "tenho medo da morte".
- Em página separada, transforme essas afirmações de medo em desejos, completando as sentenças: "Eu quero................" Por exemplo, escreva: "Quero assistir ao filme todo tranqüilamente", ou "Quero aceitar a minha própria mortalidade".
- Para cada desejo, acrescente o resultado que quer alcançar. Afir-

mações como "Quero ir ao cinema uma vez por semana" ou "Quero escrever o meu testamento com toda a calma", podem ser atividades que executaria se por tanto tempo o medo não o tivesse impedido. Escrever sobre os seus medos o encorajará a analisá-los, fazendo-o agir para chegar aonde quer. Comece agora com um exemplo!

Sugestão nº 5: O que você quer aprender? Quando está empenhado em descobrir algo, isso mostra que um desejo despertou em você. O que estimula a sua curiosidade? Pegue um catálogo universitário e passe os olhos por ele, escolhendo os cursos que faria se não estivesse preocupado com o tempo, o dinheiro, suas habilidades ou com outras restrições. Anote todos os itens no seu diário.

Em seguida, busque informações sobre o que deseja conhecer melhor. Talvez alguns itens da lista o surpreendam. Na lista de uma cliente constava astronomia. Ela compreendeu que precisava mudar-se para um Estado do oeste do país, para um lugar com céus amplamente abertos a fim de realizar sua missão de elevar a consciência das pessoas a tratar os animais com mais gentileza.

O mestre ensina o que sabe. A missão e o aprendizado se refletem como se estivessem mirando-se num lago. Afinal, Mozart queria saber mais sobre música e Leonardo da Vinci sobre a figura humana (e não vice-versa). O que você quer aprender lhe dá pistas sobre a sua missão.

O Delicado Joe

Joe, um velho político de 45 anos, com aparência rude e rígida e um interior tranqüilo, viu sua Missão de Vida tomar forma: fazer do mundo um lugar mais seguro para as crianças. Quando garotinho, Joe era regularmente agredido ao se dirigir para a escola. Mais tarde (ainda sem saber o motivo), decidiu ser um policial. Interessou-se por desvendar crimes, técnicas de autodefesa, pela maneira de destruir padrões de violência entre os alunos das escolas.

Joe se tornou comissário de polícia. Só vinte anos depois compreendeu por que entrara para a força de defesa da lei. (Lembre-se de que sua Missão de Vida muitas vezes pode estar muito visível, embora nem sempre você a veja.) Joe fez mais uma transição: estudou para obter um diploma de ciência política a fim de continuar o andamento da sua missão na política.

Anote dez assuntos que mais lhe interessam aprender. O que mais desperta a sua atenção em cada um deles? Quem poderá ajudá-lo a conseguir mais informação ou treinamento nesse campo? O que a sua lista revela sobre a sua Missão de Vida?

Sugestão nº 6: Quem são os seus heróis? Pense nos livros que costumava ler quando criança ou naqueles que seus pais liam para você. Quem são as pessoas, de ficção ou reais, vivas ou mortas, que você admira? Talvez tenha guardado um recorte de jornal sobre os seus heróis. Talvez tenha voltado inúmeras vezes à biblioteca da cidade para reler uma história sobre Amelia Earhart ou sobre Jackie Robinson, o jogador da primeira liga afro-americana de basquete. Essas histórias lhe dirão muita coisa sobre a pessoa que você quer ser. O tipo de pessoas que eles foram, as situações em que se envolveram e os resultados que obtiveram lhe darão conhecimentos sobre os seus próprios rumos.

Santa Bárbara

Bárbara se identificava com Santa Joana D'Arc, mas reconheceu que suas necessidades de ser uma cruzada, uma ativista e uma mulher famosa há muito haviam se diluído. Seus interesses estavam na ciência e em escrever, e dentre seus heróis encontravam-se Jacques Cousteau e Maria Sybill, conhecida como Merian, uma naturalista alemã do século XVIII. Bárbara queria saber mais sobre como escrever artigos de não-ficção, antigos científicos de forma mais criativa. Ela queria direcionar seu espírito de cruzada para o serviço do ambiente, usando sua formação científica e sua habilidade de escrever para apoiar essas causas.

Anote três heróis com os quais se identificou e as qualidades e feitos deles que admirou. Identifique os traços que VOCÊ gostaria de ter. Em que contexto (lar, lugar de trabalho, localidade geográfica, etc.) essas qualidades poderão ser mais bem usadas?

AFIRMAÇÕES DA MISSÃO DE VIDA

Está na hora de você dar o primeiro passo e descrever a sua Missão de Vida. Preencha os espaços nas sentenças. Use apenas uma palavra por espaço:

EU SOU...

Torno-me mais autêntico quando sou .... (estado de ser).

Gosto demais de... (interesse, atividade) e sinto isso mais intensamente quando estou .... (ambiente).

Sou mais confiante quando estou .... (atividade).

Sinto-me melhor quando uso meu talento para ....

Quero aprender mais sobre ....

Meu herói é ....

Acho que nasci na minha família para viver ....

Minha missão exige a qualidade de .... de mim.

Minha missão se parece com .... (descrição).

Minha missão é inseparável do meu talento para ....

Daqui em diante, forme suas próprias sentenças. Nos capítulos seguintes, você estará analisando a sua Missão de Vida por focalizá-la de diferentes ângulos. Na verdade, o objetivo de cada exercício deste livro é ajudá-lo a identificar, desenvolver, manifestar e, em seguida, viver a missão que lhe foi destinada na vida. Será que a sua missão é daquelas que fazem as pessoas rir? Ou de representar peças de teatro para deficientes físicos? Ou ela compreende criar beleza em papelão, gravar fatos sobre a vida dos elefantes, tornar a vida das pessoas mais fácil pela manufatura de cintas elásticas, ou educar as pessoas para a beleza e a ecologia do Grand Canyon? (Recolhi todos estes exemplos de fontes reais).

A natureza de uma missão pode ser qualquer uma. Qualquer missão é válida enquanto expressar o talento, o dom e a causa que lhe for mais cara. O importante é que ela reflita o intento da sua alma. Esteja certo de que, quando você vive a sua missão, está em sintonia com a sua Fonte, e o mundo só pode se beneficiar com a sua contribuição.

Este capítulo marca o início de um processo excitante e satisfatório. Saiba que a sua missão agora está ao seu alcance. Sua tarefa é começar o processo de descoberta com dedicação, alegria e fé.

Sua Missão de Vida é, segundo o notável poema *On His Blindness* [Sobre a sua Cegueira] de John Milton, "aquele talento que ocultar significa morrer". É o talento que você recebeu. Você terá de responder à ânsia da sua alma oculta dentro de você: faça-o parte da sua percepção consciente. Não há melhor presente a dar a si mesmo — e aos outros — do que o talento que você tem.

2

Missão à la Mode

Você está aqui para fazer barulho ou para trabalhar tranqüilamente? Prefere trabalhar com pessoas ou com fatos e coisas? Quer deixar a sua marca nos bastidores por trás do palco? Quer mover montanhas ou inspirar as pessoas a movê-las?

Escolha a categoria que descreve o modo como você gosta de agir:

—Eu assumo o controle para que as coisas sejam feitas.

—Eu estimulo os outros a fazerem as coisas.

—Eu coopero com os outros para fazer as coisas.

—Eu asseguro que as coisas sejam feitas com qualidade e mantendo os padrões.

Cada um de vocês prefere viver segundo um dos quatro modos específicos no intuito de atingir suas metas e atender às suas necessidades. Chamo a isso de "o seu Modo Primário" (MP), o estilo do processo para a sua missão. O estilo que usar (chamado Fazedor, Motivador, Estabilizador ou Analista) descreve o seu comportamento. A Missão de Vida expressa quem você é, e o MP mostra *o modo* como você prefere executar essa missão.

Como a sua missão, o seu MP é uma "zona de conforto". Deve *combinar* com você, e não o contrário. Quando a sua missão está em desacordo com seu MP, isso cria tensão e aborrecimento e raramente leva a esforços produtivos.

O seu MP reflete quem você é quando você está agindo da maneira mais natural. Assim que reconhecer que gosta de fazer as coisas de certo modo e entender como usar esse conhecimento da maneira apropriada, você poderá arriscar aceitar a missão que combine com o seu MP (sempre combinará). A finalidade deste capítulo é levá-lo a conhecer o modo como gosta de agir e como fazer o MP trabalhar para você quando estiver a serviço da sua missão, além de demonstrar as condições incompatíveis com o seu MP.

COMO FAZER ALGO NATURALMENTE

Você atua melhor quando pode ser autêntico e quando pode agir com autoconsciência e em harmonia com o seu MP. O MP de uma pessoa não é necessariamente o de outra. No entanto, diria você, eu não usaria naturalmente o meu próprio Modo Primário? Não necessariamente. Muitas vezes nos submetemos aos outros quanto ao modo de viver a nossa vida. Por exemplo, meu pai e eu tínhamos modos diferentes de atingir nossas metas, e cada modo era válido, por si. Para ele, os sermões tinham de ser ensaiados nas quintas-feiras, das nove às doze horas, e precisavam conter exatamente três páginas e meia de texto datilografado.

Durante muitos anos, usei um MP mais semelhante ao do meu pai (ele era um Analista), escrevendo todas as anotações para as palestras e ensaiando-as na noite anterior. Sabia quantas páginas eram necessárias para uma hora de palestra, e cheguei até a praticar andando em círculos! Eu deliberava e ficava obcecada com as coisas. Discutiríamos o Período Rococó antes das férias da primavera ou depois? Isso não funcionava! Inconscientemente, eu estava tentando padronizar o meu comportamento de acordo com o MP do meu pai (sou uma Motivadora/Fazedora). Posteriormente, compreendi que para ser uma oradora mais eficaz, minha abordagem tinha de ser mais espontânea. Minha missão — em todos os seus aspectos (orientar, escrever, compor e falar, por exemplo) — tinha de ser executada usando o MP motivador.

Você padronizou um aspecto da sua missão segundo o modelo ou papel representado por um dos pais, cujo MP, nessa atividade, *difere claramente* do seu? Então está na hora de tornar-se consciente do seu MP. Para realizar a sua missão de modo suave e bem-sucedido é imperativo honrar o seu próprio modo de ação, ou seja, você tem de agir de modo a "viajar" mais harmoniosamente pelo caminho da sua alma.

Talvez você também tenha padronizado parte do seu MP conforme o de outra pessoa. Agora está na hora de aprender algo sobre o seu estilo e sobre como terá de agir para percorrer o caminho da sua alma.

POR QUE VOCÊ TEM DE ESTAR CONSCIENTE DO SEU MP

Numa cena hilariante de *I Love Lucy,* Lucille Ball representou uma operária apressada tentando acompanhar uma linha de montagem que se movia cada vez mais depressa. A correia de transportar materiais venceu. Talvez você tenha tido ocasião de se sentir nessa posição. Não importa o que faça, a vida quer que isso seja feito mais depressa ou de forma diferente. Você se sente desamparado para atender às exigências dos outros. E então, como Lucy, você acaba pensando que qualquer fracasso é culpa sua.

Entender mal o seu MP pode fazer com que negue o seu próprio comportamento. Quanto mais clareza tiver sobre o seu MP e quanto melhor se sentir consigo mesmo, mais poderá trabalhar a seu modo numa missão. Vejamos os casos de Alan e de Marilyn:

Alan Aceita

Alan, um escritor *free-lance*, estava acovardado. Sua missão de inspirar consciência política nas pessoas por meio dos seus escritos estava fraquejando. Homem esbelto, de ombros largos e uma mecha de cabelos loiros caindo nos olhos, ele parecia a ponto de se desintegrar ao sentar-se em meu escritório, remexendo na sua pasta para encontrar o porta-documentos. A vida financeira de Alan também estava num estado de caos crônico. No meio das folhas de trabalho escrito havia contas e faturas sem pagar.

Sempre que Alan fazia leitura de provas, correções e edições de material, ele sentia um certo peso. Ora, Alan *pensava* que era uma pessoa orientada pelos detalhes: afinal, uma pessoa que escreve tem de ser organizada, certo? Quando seu artigo mais importante apareceu numa revista com o título "General _____ chegou *desinformado* e pronto para a ação", Alan compreendeu que tinha de fazer alguma coisa.

A percepção e a aceitação do seu MP ajudaram Alan a agir mais em sintonia com a sua missão. Ele percebeu que seus erros freqüentes (como *desinformado*, em vez de uniformizado) eram erros de grafia em vez de um resultado de suas baixas prioridades. A frustração devida à sua desorganização estava lhe tirando a habilidade de escrever com acerto. Sugeri que contratasse um revisor e um contador em vez de desgastar-se com algo em que não era bom. Por que tentar atingir a excelência fazendo coisas de que não gostava, quando outros fariam esse serviço muito melhor? Seus lucros e sua auto-estima aumentaram.

Magia em Hollywood

Depois de analisar o seu MP, Marilyn, uma moça da Nova Inglaterra de fala macia e com uma postura elegante, compreendeu por que não gostava de detalhes, de trajes formais, e trabalhar da maneira ordenada e de "seguir o regularmento". (Ela era uma Fazedora.) No entanto, isso era o que a sua posição numa agência estatal "exigia" dela. Marilyn não podia mais concordar em ser a empregada devotada, especialmente por ser mais velha que os patrões. A atmosfera da agência era austera e isenta de humor. Para dar vazão à sua frustração, Marilyn teria de esperar pelas próximas férias, durante as quais poderia sonhar com sua missão (ser uma pesquisadora da cidade).

Pedi que Marilyn descrevesse como passaria um dia típico de trabalho se pudesse desenhar à sua maneira. Seu MP adquiriu outra aparência totalmente diferente. "Num escritório claro de Hollywood, eu desenvolveria novas idéias para desenho de ruas que mostrariam às pessoas um novo modo de se alegrarem com a sua cidade", explicou excitada. Ela queria ser o seu próprio patrão e reconheceu que sempre fora uma aventureira. "Não sei por que não vi isso antes, mas quero ser um grande jorro de água, não uma gotinha minúscula." Agora ela está trabalhando num projeto da cidade de que gosta, porém o faz à sua própria maneira.

Marilyn sentiu que era incompetente e que estava perdendo tempo. Alan pensou que fosse desleixado. Marilyn compreendeu que ter uma atmosfera estética urbana de criatividade com "carta branca" era decisivo para sua saúde emocional e mental. Alan, por outro lado, compreendeu que precisava de um ambiente limpo para escrever seus ensaios.

Exercício: Escreva

Pegue uma caneta e faça a sua assinatura como se estivesse preenchendo um cheque. Melhor ainda: tire seu talão de cheques do bolso e assine um a favor de Naomi Stephan (é uma brincadeira!) Agora use a mão não-dominante e torne a assinar. Compare as duas assinaturas. Qual tem melhor aparência? Qual foi escrita mais depressa? Qual foi mais fácil de fazer? Mais eficiente? A assinatura feita com a sua mão preferida, é claro! Quantas vezes usou a outra mão para assinar a última centena de cheques? Provavelmente, nenhuma vez, e por um bom motivo. O seu MP, como a sua missão, torna a vida mais fácil, consegue resultados, atua mais depressa e tem melhor aparência. Certo? Por que não começar a usá-lo mais conscientemente?

COMO TOMAR CONSCIÊNCIA DO SEU MP

Copie horizontalmente a lista da página seguinte e avalie cada uma das quatro palavras em cada linha quanto ao modo como descreve você: **4** = me descreve melhor; **3** = é a descrição seguinte mais aproximada; **2** = é a descrição mais próxima da pior; **1** = é a pior descrição.

Use todos os números (nenhum duas vezes) para cada fileira. Uma resposta exemplificativa é: **3** = *obstinado;* **4** = *entusiasmado;* **2** = *responsável;* **1** = *organizado.*

FAZEDOR	MOTIVADOR	ESTABILIZADOR	ANALISTA
corajoso	generoso	compreensivo	convencional
obstinado	entusiasmado	suscetível	organizado
decidido	influenciável	agradável	ordeiro
competitivo	crédulo	calmo	indiferente
autoconfiante	bem-humorado	protetor	indeciso
criador de tensão	imaginativo	dependente	detalhista
pragmático	encantador	tradicional	ordeiro
abrupto	emotivo	retraído	contido
vigoroso	que promove a si mesmo	tem espírito de equipe	crítico
impaciente	impulsivo	previsível	disciplinado
dominador	manipulador	leal	meticuloso
frio	dramático	direto	satisfatório
orientado para a ação	confiante demais	bom ouvinte	avaliador
iniciador	alto contato	pessoa lógica	trabalha só
aceita desafios	usa a intuição	se atém às regras	lento
gosta de riscos	gosta de persuasão	trabalha em pequenos grupos	não-verbal
impetuoso	aprecia empregos e opiniões divertidos	gosta de estruturas	tipo homem de negócios
disciplinado, rápido	gosta de motivar	quieto nas reuniões	respeita os fatos
trabalha com a intuição	não gosta de detalhes	metódico	resolve problemas
aceita desafios	visionário	tradicional	gosta de clareza

Total __________

Minha contagem mais alta é__________ Meu PM é __________

O próximo passo no seu trabalho com o MP é avaliá-lo e aceitá-lo. Veja se as suas escolhas do inventário acima (e no início do capítulo) *lhe parecem* adequadas. Alguns de vocês podem ter segundas escolhas que contam quase tanto quanto as primeiras. Obviamente, somos combinações dos quatro traços, porém habitualmente preferimos usar um traço mais do que os outros. Para a finalidade deste livro, concentre-se na sua contagem mais alta.

DESCRIÇÃO DE CADA MP

As descrições seguintes lhe darão mais clareza e informações sobre cada MP. Leia primeiro sobre o seu; então, leia os outros. Você fez pontos em todas as categorias e usa todos os estilos numa ocasião ou noutra, mas para os nossos fins concentre-se em identificar o seu MP. Lembre-se de que aqui não estamos julgando ações. Estamos, em vez disso, descrevendo maneiras de agir de pessoas de um estilo particular, para atender às suas necessidades.

OS FAZEDORES

Os Fazedores obtêm resultados rápidos. Reconheço clientes fazedores quando me perguntam diretamente, com os olhos penetrantes e os dedos batendo impacientemente na cadeira: "Quanto tempo este processo vai tomar de mim?" (Adivinhe quem tem os maiores problemas com o processo da Missão de Vida!)

Os Fazedores apreciam desafios, riscos e obstáculos. Eles gostam de se pôr em ação, especialmente quando há problemas. Os Fazedores buscam dissonância e florescem em meio a conflitos. Como um deles me disse: "Não suporto um emprego em que não acontece nada. Dê-me uma boa luta e estou pronto a agir."

Os Fazedores raramente misturam emoções com missões. Se as pessoas não agem e há algo a ser terminado, os Fazedores cuidarão desse trabalho sem recuar. Desejam dizer ao resto do mundo o que fazer e assumem a responsabilidade pelos resultados. Bem, alguns de nós têm de ser suficientemente ousados para arriscar conquistar o que pretendemos!

Mas se algo exige preparação ou deliberação, os Fazedores encontram dificuldade em esperar. Por outro lado, se uma decisão rápida for necessária, deixem-nos resolver o problema.

Se você é um Fazedor, dá os passos necessários enquanto todos os outros andam em círculos torcendo as mãos. É provável que você tenha o seu próprio local de trabalho, mas raramente é encontrado lá (e isso também se percebe). No bridge, você dá o lance antes e depois conta os pontos.

As coisas que se adaptam ao seu MP orientado pelos resultados são aquelas que implicam assumir responsabilidades pesadas e prazos curtos. Você gosta de atravessar os fatos e passar aos negócios. Você é um competidor que prefere ser o número um (lembre-se de Marilyn). Você não chora sobre o leite derramado nem se envolve emocionalmente no processo. Tem um forte senso de finalidade, de personalidade, e é uma pessoa que se preocupa mais com o que está acontecendo agora do que com o futuro.

Incidentalmente, você pode se surpreender dizendo: "E daí? Conheço todos esses fatos." Lembre-se de que os Fazedores tendem a se ver como modelos de comportamento humano.

Aponte o Fazedor

Dorothy, uma mulher vistosa de 35 anos, havia estado durante um longo tempo em empregos que davam pouco realce às suas qualidades. Buscando uma mudança na sua posição de representante de uma fábrica no Kansas, ela se mudou de repente para Los Angeles. Num grupo de estudos de MP, Dorothy "descobriu" que era uma Fazedora clássica. "E daí?", ela zombou (confirmação rápida de que a análise estava correta.)

Dorothy estava em fase de transição e planejava ter um emprego novo num campo novo (recursos humanos), dentro das próximas duas semanas. (Dorothy sempre estava dez passos à frente de qualquer outra pessoa.) Os Fazedores fazem tudo depressa e, é óbvio, Dorothy conseguiu seu novo emprego em tempo recorde. Eu lhe telefonei e perguntei como estava se saindo. "Oh!", ela disse, "estou irritada por ter de ir ao trabalho às cinco horas da manhã." "Por quê?", perguntei. "Tenho de estar lá às seis, para ter a certeza de que ninguém chega antes de mim!", foi sua resposta.

Eu disse a Dorothy que ela podia continuar a sair irritada de casa ou compreender que era da natureza do seu MP querer estar na frente, e que ela poderia sair cedo de casa para o trabalho em paz consigo mesma se assumisse a responsabilidade pela sua conduta competitiva.

A compreensão de Dorothy levou-a a melhores desempenhos, porque agora ela chega ao trabalho pronta para agir em vez de estar com raiva e ser hostil. As colegas começaram a achar mais fácil trabalhar com ela. A primeira coisa que se soube é que está dirigindo um seminário para a empresa em que trabalha. Os Fazedores conhecem uma única direção: para a frente!

Você tem de ter uma missão-chave importante. Tem de ser uma apresentação em maiúsculas, que exija poder e reconhecimento de comando. Você tem de fazer as coisas aconteceram rapidamente. Tem de ser o campeão de uma causa e ter prazer nisso. Você é um rebelde inato para o bem da humanidade. Para realizar o que tem de realizar, terá de ter uma posição de liderança.

Conselhos amigáveis aos Fazedores:

- Prepare as idéias (*seja* mais, *atue* menos).
- Pese as provas com mais cuidado.
- Ouça o conselho dos outros.
- Ponha mais calor e sentimento no seu relacionamento com os outros.

OS MOTIVADORES

Os Motivadores são os artistas do quarteto. Sempre no palco, emotivos, espirituosos, de pensamento rápido, querem ser como o flautista de Hamelin, inspirando as pessoas a rumar para um objetivo comum. Se houver necessidade de alguém para promover idéias ou para chamar a atenção para um produto ou pessoa, os Motivadores são a melhor escolha. Eles são vendedores consumados e podem fazer poesia sobre escovas de dentes, coleiras para cães, sal de cozinha ou lousas de cemitério.

Os Motivadores gostam de uma atmosfera agradável, estética e que não pareça de negócios. Preferem fazer seu trabalho num café local em vez de num escritório abafado. Ao jogar bridge, eles sempre têm suas cartas arrumadas apropriadamente por naipes; contudo, são arrematadores criativos.

Se você gosta de fazer discursos, estar num palco, falar em público ou fazer apresentações de qualquer tipo, você é um Motivador. Pode-se ter a certeza de que você será amigável, encantador e entusiasmado, mesmo nas piores circunstâncias. Altamente reativo, é provável que você se incendeie rapidamente e dramatize qualquer situação. Tremores de terra se transformarão em terremotos quando se sentir vulnerável. Enquanto os Fazedores podem esquecer-se depressa de situações dolorosas, os Motivadores podem alimentar a mágoa muito depois que todos os outros se esqueceram do assunto.

Enquanto os Fazedores podem trabalhar sozinhos, vocês, os Motivadores, dependem das outras pessoas para apoio e aprovação emocional. Vocês definham quando os outros não reagem e acham difícil ser críticos ou disciplinados. Vocês são os buscadores da harmonia, evitando o conflito, desejando o acordo.

Tenho um amigo Motivador que sente grande prazer em inventar mensagens telefônicas divertidas para deliciar seus clientes. Ator inveterado, ele faz as pessoas lhe telefonarem apenas para ouvir a última moda em trocadilhos espirituosos. Como você pode imaginar, qualquer telefonema para esse sujeito deve provocar uma série de risadas. Os Motivadores fazem as coisas com gosto. Atenção, Motivadores, para se manterem concentrados no processo da sua missão em meio a todo esse divertimento!

O Ativista Alex

Na primeira sessão com Alex, eu mal consegui dizer uma palavra para suavizar a conversa (típico de Motivadores). Homem jovial, de boa natureza e cativante, Alex havia passado os últimos anos na indústria do entretenimento trabalhando como produtor em Hollywood. Nesse trabalho, Alex foi capaz de explorar grande parte do seu talento como escritor e comunicador. Seu casamento era estável, o futuro parecia brilhante, tudo na superfície parecia andar bem.

Entretanto, ele sabia que algo não estava certo. O velho fogo que sentira nos anos 60, como ativista político liderando marchas, nunca mais tinha vindo à tona. Ele também ansiava por voltar àquelas áreas do mundo em que havia viajado nos seus vinte anos. Agora se sentia estagnado, entediado, fora de compasso consigo mesmo, e incapaz de encontrar uma válvula de escape para a sua energia.

Alex havia passado um ano tendo centenas de idéias para si mesmo, mas havia rejeitado cada uma como impraticável. Seu último emprego muitas vezes o deixava se sentindo só e desprezado, e suas idéias muitas vezes eram desconsideradas. A pressão da indústria solapava a força de Alex para o trabalho motivado. Ele sentia falta dos rapazes da universidade com os quais costumava trabalhar, e das causas pelas quais batalhara.

Alex costumava fazer as coisas só pela metade, passando para o próximo item. Como muitos Motivadores, ele pensava que precisava ter tudo, sem entender que quando tinha o que queria tinha tudo. Assim que reconheceu que precisava estar lá fora com as tropas, liderando-as, e que precisava de uma causa em que se concentrar, finalmente começou a ter vislumbres da sua missão. Ele voltou ao seu eu ativista dos anos 60, sendo vinte anos mais sábio, e se pôs a serviço do ensino.

Alex demonstra que os Motivadores são mestres em modos criativos de fazer as coisas e que usam métodos de raciocínio rápido para conseguir que algo seja feito; contudo, necessitam de ajuda para seguir em frente.

Se você é um Motivador, tem de ser protegido, amado e apoiado por pessoas, contatos e aplausos. É por isso que é o realizador do grupo. Tem de ser visionário e instilar entusiasmo nas pessoas. Você é um missionário sonhador. Você gosta de gerar mais idéias e descobrir mais novos modos de fazer as coisas do que poderia usar em toda a sua vida. Quando ninguém consegue pensar num novo modo de fazer algo ou quando todas as idéias parecem velhas, você faz as pessoas levantarem vôo.

Sua missão precisa envolver estimulação, motivação e inspiração de pessoas usando sua criatividade e talentos para o bem comum. Você tem de usar suas idéias para uma mudança futura e para criar uma atmosfera de verdadeira harmonia.

Conselhos amigáveis aos Motivadores:

- Examine o seu comportamento impulsivo.
- Evite manipular emoções.
- Organize suas prioridades.
- Trabalhe para completar o que começou.

OS ESTABILIZADORES

Certa vez, alguém disse que Fazedores e Motivadores obtêm aumentos pelo que eles *dizem* que fazem, e os Estabilizadores e Analistas pelo que eles *de fato* fazem. Os Estabilizadores são os rochedos de Gibraltar, o povo frio, calmo e concentrado que deixa todo mundo à vontade e torna a vida suportável. Os Estabilizadores são pessoas amáveis que preferem estar rodeadas de pessoas de tipo semelhante, embora não em grupos tão grandes como os Motivadores. Os Estabilizadores são sinceros, leais e cooperadores. São excelentes jogadores em equipe. Eles não gostam de correr riscos, mas preferem trabalhar de modo cuidadoso, direto, sem mudanças súbitas.

Certa vez, tive uma secretária Estabilizadora. Eu não podia esperar que iniciasse as coisas, mas quando dava ordens, elas as executava. Ela seguia uma rotina fantástica e a usava em tudo o que eu lhe pedisse. Eu podia contar com ela ao lhe dar muitas coisas para fazer, porque ela decidiria sobre o método de realizar tudo. Um Motivador tentaria trabalhar em todas as tarefas de uma só vez e uma secretária Fazedora demoraria somente o tempo necessário para remodelar todo o escritório.

Uma de minhas clientes, Dora, recusou-se a reconhecer que era uma Estabilizadora. (Ao contrário dos Fazedores, os Estabilizadores muitas vezes têm dificuldade para aceitar o seu MP.) Perguntei-lhe há quando tempo estava na sua atual posição. Ela respondeu: "Há nove anos." E por quanto tempo, em média, as pessoas permanecem no seu departamento? "Dois anos." Nuf disse que os Estabilizadores tendem a ficar em empregos, relacionamentos e projetos por mais tempo do que é produtivo para eles. Para eles, correr demais resulta em pressão, em adiamentos demais, em frustração.

Sendo um Estabilizador, você tem um temperamento estável, deixa as pessoas à vontade e torna a atmosfera do trabalho relaxante por reduzir conflitos. Você é uma verdadeira ponte sobre águas turbulentas. Na verdade, sua bondade muitas vezes lhe causa problemas — você assume mais trabalho do que pode realizar. Você coloca as necessidades dos outros em primeiro plano, e reprime o ressentimento em vez de expressá-lo. Muitas vezes, recomendo treinamento de afirmação pessoal para os Estabilizadores.

Você funciona muito bem com os seus procedimentos e a sua rotina. É provável que no seu ambiente de trabalho haja plantas e retratos de pessoas queridas. Você assimila informação e é protetor e confiável, ao mesmo tempo que irradia calma. No bridge, você joga de modo tradicional e raramente corre riscos.

Você gosta de ambientes e procedimentos tradicionais e questiona por que as coisas têm de ser mudadas apenas por causa da mudança. Se um processo de longa duração muda, você se sente inclinado a dizer: "Poderíamos falar sobre o assunto primeiro?" Os Estabilizadores querem que as coisas sejam permanentes. É por isso que a segurança é a maior prioridade para eles.

Vocês, Estabilizadores, precisam ter missões que digam respeito à preservação, ao serviço comunitário, à continuidade, à proteção e à permanência. Vocês têm de manter o mundo em equilíbrio e estável. Vocês são como uma cola que mantém as coisas unidas. Vocês, Estabilizadores, amam o método — talvez um pouco demais. Mas lembrem-se: o método da missão é fluido e sujeito a alterações.

Conselhos amigáveis aos Estabilizadores:

- Tomem a iniciativa.
- Digam *não* com mais freqüência.
- Trabalhem com flexibilidade e espontaneidade.
- Aprendam a enfrentar conflitos e a fazer críticas.

OS ANALISTAS

Os Analistas contribuem com uma abordagem detalhada e cuidadosa à vida, o que lhes permite demonstrar qualidade. Eles são os cães de guarda para fazer as coisas direito, segundo regras e regulamentos, coletando e analisando dados para assegurar exatidão e precisão.

Você gostaria de ter um cirurgião Fazedor? "Vamos acabar logo com esta operação. Esta tarde tenho o meu jogo de golfe e preciso vencer o dr. Sicrano. O quê? Acidentalmente tirei o apêndice do paciente em vez de retirar sua vesícula biliar? Bem, este paciente viverá melhor sem ele." Se precisar de uma cirurgia, você desejará que o operador seja um Analista!

A Analista Trish veio para sua primeira sessão de Missão de Vida armada com doze diferentes testes profissionais recém-feitos, em ordem alfabética. Ainda não se resolvera sobre os resultados porque precisava de um pouco mais de informação. Eu soube imediatamente que ela era uma Analista porque os Analistas são viciados em informação, preferindo detalhes completos, copiosos e uma análise cuidadosa para conseguir resultados.

Se o seu MP é Analista, você gosta que as coisas sejam racionais e organizadas. Falar não é o seu modo favorito de comunicação. É bem mais provável que você use métodos não-verbais com mais eficácia.

Você toma decisões com dificuldade porque tem de pesar todas as provas. Você tem pronta a sua informação, suas credenciais estão em ordem e seus métodos são diretos. Você prepara uma porção de perguntas que servem para esclarecer qualquer assunto complicado. Você não está pronto a deixar que algo lhe escape por entre os dedos sem um escrutínio cuidadoso! Desde que você é sensível quanto ao modo como as coisas têm de ser feitas, pode demorar mais para decidir o que quer, mas as suas escolhas sempre são bem-informadas.

Você espera pontualidade, organização e um programa de trabalho detalhado em vez do procedimento irrefletido dos Fazedores. O caos pode ser um obstáculo para a sua necessidade de clareza. Você trabalha de maneira elegante, atenta e séria, e facilmente pode despertar a memória dos seus vizinhos, que lembrarão de tê-lo visto sair cedo pela manhã nos últimos anos. Muitas vezes você confunde o método com as soluções e demora para tomar decisões porque tem informações demais. Cuide para evitar uma paralisia analítica devido ao excesso de dados!

Você é o jogador de bridge que conhece as mais obscuras convenções e jogos segundo Hoyle; sabe todas as regras de cor e joga de acordo com elas. Você se sai melhor numa atmosfera de deliberação, pesando as evidências. Você não irá se meter em aventuras arriscadas, mas, ao contrário, optará pelo lance mais seguro. Os ambientes mais adequados para você são aqueles em que há definições claras do que se espera e são necessárias investigações lentas, pacientes e acuradas. Você é a pessoa que controla a qualidade dos produtos. Observe Laurie:

A Furtiva Laurie

Uma mulher quieta, deliberada, com os cabelos cuidadosamente penteados e o olhar penetrante, Laurie apareceu com um novo tipo de especulação comercial criativa envolvendo desenho profissional. Laurie estava com medo de mudar para um negócio pessoal. (Fazer negócios por conta própria muitas vezes pode ser difícil para Analistas.)

Laurie só fez essa mudança depois de preparar um plano de negócio para dois anos, pesquisando completamente seu mercado, procurando um consultor de *marketing* e fazendo vários testes.

Ela estava muito consciente de seus pontos fortes (planejamento, *design*, cálculos). Eles lhe permitiam superar uma boa dose de resistência pessoal em se estabelecer por conta própria e lhe davam coragem para trabalhar em suas capacidades menores de afirmação e iniciação. Ela chegou mais perto de entender sua missão, que é a de melhorar ambientes, particularmente ambientes internos.

Se você é um Analista, sua missão tem de incluir segurança, proteção, exatidão, qualidade, ou pesquisa e desenvolvimento. Você completa com precisão o que os Fazedores, os Motivadores e os Estabilizadores iniciaram. Sua missão tem de lidar com tudo o que diga respeito a melhorar a qualidade de vida. Vocês são os cães de guarda do universo, assegurando a cada um que as coisas funcionem melhor com a sua ajuda de especialista. Os Analistas têm de se lembrar de que o processo da missão não tem "fim," mas antes uma série de começos e de fins.

Conselhos amigáveis aos Analistas:

- Aprendam a tomar decisões mais depressa e as mantenham.
- Aprendam a parar de juntar informações.
- Evitem uma abordagem rígida à vida.
- Estejam dispostos a aceitar mais riscos.

O seu MP é o modo como você se expressa mais autenticamente. Ele reflete o seu processo e missão criativos. Entender o seu MP não só dá forma e direção à sua vida, mas também uma estrutura dentro da qual poderá executar sua missão de maneira mais caracteristicamente sua. Armado com a autopercepção, você poderá desenvolver opções e cristalizá-las na sua busca.

Os buscadores da missão cumprem-na *à la mode!*

3

A Conexão Criativa

Um gato disse a um esquilo: "Que maravilhosa é a sua capacidade de localizar com tanta exatidão as nozes enterradas que deverão alimentá-lo durante o inverno!" O esquilo respondeu: "Para um esquilo, o extraordinário seria ver um esquilo que fosse incapaz de fazer isso!"

O fato de que somente algumas pessoas nascem com a ilusória qualidade da criatividade é um mito. Como diria o nosso esquilo, "Tolice!" Se você sente que precisa esculpir como Michelangelo, escrever poesia como Emily Dickinson ou compor como Beethoven para ser criativo, espere um momento! Emily Dickinson sabia pintar, Michelangelo cantar, Marie Curie escrever poesia ou Ludwing van Beethoven entendia de bactérias? Provavelmente, não! E isso não importa. O que importa é que eles alimentaram a própria criatividade.

Todos têm a habilidade de ser criativos. Você tem essa qualidade, eu a tenho. O importante é que você toque seus recursos interiores e expresse suas capacidades criativas, sejam elas quais forem. Como disse o psicólogo Abraham Maslow, "Eu aprendi... que uma sopa de primeira classe é mais criativa do que uma pintura de segunda e que, em geral, cozinhar, ser pai ou construir um lar pode ser criativo, enquanto fazer poesia não precisa ser, e pode ser não-criativo."

A finalidade deste capítulo é

1. Ajudá-lo a reconhecer, apreciar e desenvolver a sua criatividade.
2. Relacionar o processo criativo com o estilo do seu processo MP.
3. Colocar a criatividade a serviço de sua Missão de Vida e do caminho da sua alma.

Fortalecer a conexão com a sua criatividade aumentará sua autoestima, bem como afirmará e enriquecerá os recursos inventivos dentro de você. Trabalhe diariamente com as técnicas do capítulo e os resultados realmente o surpreenderão.

CRIATIVIDADE E MISSÃO DE VIDA

A criatividade é o elo para você ter acesso à sua Missão de Vida. Ambos são processos. Paul Torrance, conhecida autoridade em criatividade, definiu-a como "o processo de tornar-se sensível aos problemas, deficiências, falhas de conhecimento, aos elementos que faltam, às desarmonias... identificando a dificuldade, buscando soluções..." Em outras palavras, se você desenvolver sua criatividade, será mais capaz de lidar com os seus problemas e visualizar a sua vida como quer que ela seja.

A criatividade liga você à sua sabedoria interior, da qual provêm todas as suas idéias. A criatividade é um método não-linear, não-lógico de ganhar informação. Nenhuma quantidade de listas, de identificação de habilidades, de testes vocacionais ou de raciocínio pode realmente explicar a paixão por uma missão, digamos, semelhante à de fazer sabão (como o dr. Bronner descreve nos rótulos de seus sabões).

Analisemos agora o que é criatividade, por que ela é importante e como transformar obstáculos em tijolos para a construção da sua missão.

CRIATIVIDADE: UM ATO DE CLASSE

A criatividade é fundamental para descobrir sua Missão de Vida de dois modos importantes:

1. Você descobre a sua missão por meios criativos.
2. Você toca seus recursos criativos interiores para ter chaves para a sua missão.

A supressão da criatividade contribui para a infelicidade, a insatisfação e a falta de produtividade. Sempre que a inovação e a exploração forem desencorajadas, os empregos se tornam rotineiros e tediosos. As pessoas ficam frustradas porque sua expressão pessoal está sendo bloqueada.

No início de um semestre, perguntei aos membros de uma classe chamada "Mulheres e o Processo Criativo", se elas se consideravam criativas. Muitas tinham dúvidas. Pedi às alunas para trazerem à aula da última sessão algo criativo que tivessem feito e o partilhassem com as outras. Quatorze semanas depois, elas trouxeram uma variedade surpreendente de criações para essa última aula.

Uma mulher leu poesia sobre sua avó, material que nunca mostrara a ninguém. Outra trouxe móbiles. Uma terceira escreveu alguns haicais em japonês — e ela era norte-americana! Uma mulher trouxe planos de decoração interior que ela havia desenhado e há anos mantinha escondidos da família. Todas haviam feito algo de que se sentiam orgulhosas. Houve muitas risadas e lágrimas nessa noite e aquelas mulheres se expressaram abertamente, muitas pela primeira vez.

Animais também podem nos mostrar a importância da criatividade. Um programa de TV exibiu um babuíno desatento sentado numa gaiola — até que alguém lhe deu papéis de computador para brincar. A cena seguinte mostrou o animal correndo em volta da gaiola, feliz, arremessando as páginas no ar, deslizando sobre elas, divertindo-se muito. O babuíno havia tido algo com que estimular seu cérebro.

E então houve o experimento com ratos bebês. Todos os dias os pesquisadores voltavam às gaiolas e davam aos bebês ratos novos brinquedos. Eles reagiram de maneira positiva e, literalmente, começaram a se aglomerar na frente das gaiolas esperando pelos seus "presentes" diários.

CONEXÕES INTERROMPIDAS

Quando a sua vida é estimulante e cheia de variedade, você reage alegremente como aqueles babuínos ou camundongos. Mas, sem instrumentos para a imaginação, as pessoas passam desatentas pelos fatos da vida. Elas interromperam a ligação com seus eus criativos. Este é um fenômeno comum no final do século XX. Por quê?

A pesquisa sugere que muito da nossa criatividade é reprimida aos sete anos de idade. Nos anos setenta, muitas aulas de arte foram preteridas em favor de assuntos mais "práticos", como negócios, ciência ou tecnologia. A habilidade de conseguir um emprego, de ganhar dinheiro e de avançar passou a ser de primeira importância. A situação continua até os dias de hoje. Qual é a importância de aprender a tocar piano? De desenhar? De escrever um poema? De entender mitologia grega? De entender as lições da história? Esse conhecimento não paga uma casa nem compra um carro, coisas que pessoas com a mente prática exigem.

Se a sua escola foi igual à minha, como aluno você foi recompensado mais por regurgitar fatos do que pelo que podia sonhar ou formar com a sua mente. Você foi estimulado a ter resultados 100% em seus testes em vez de ser inspirado a usar a imaginação. A mensagem era clara: criatividade é um ornamento vistoso, o glacê sobre o bolo ou algo para usar no seu tempo de lazer — ou alguma coisa para artistas lunáticos.

Acrescente a isso o "efeito do tubo". Antes de a pessoa comum atingir a idade de 21 anos, ela terá passado um total de cinco anos vendo televisão. Embora alguns programas de televisão educacionais e de interesse público sejam excelentes, as chances são de que esses não sejam os programas assistidos pelas pessoas. A energia aplicada em ver TV, ouvir rádio e ir ao cinema não deixam tempo para a reflexão interior e a análise dos fatos. Imaginem o crescimento e a percepção que as pessoas poderiam obter se o total desses cinco anos fosse usado para cultivar a criatividade!

Três fatores principais contribuem para o declínio da criatividade: a inabilidade de pensar, o fato de permanecer desinformado e a falta de imaginação.

PENSO, PORTANTO EXISTO

A criatividade depende da disposição de manter nossa mente alerta, aberta, fértil, curiosa e, acima de tudo, depende da capacidade de pensar.

Mas as habilidades básicas de raciocínio declinaram. Num estudo recente sobre crianças em idade escolar, descobriu-se que elas facilmente podem resolver problemas com uma calculadora. Quando lhes perguntaram quantas pessoas caberiam num ônibus em determinadas condições, responderam 36.7, indicando que deixaram de pensar se suas respostas fariam sentido. (Você gostaria de estar num ônibus com 36.7 pessoas?)

A tecnologia deu às pessoas a falsa noção de que elas podem *abdicar* da responsabilidade de pensar. Eu me lembro de estar na caixa registradora de uma loja de departamentos observando o caixa lutar para somar minhas compras. Finalmente, ele se voltou para sua calculadora e exclamou: "Graças a Deus, as máquinas têm de pensar e nós não precisamos!" Na verdade, tem de haver uma ligação entre abdicar de pensar e o declínio da criatividade. Certamente as máquinas podem guardar informação, calcular e aliviar bastante a necessidade de nos lembrarmos de fatos; no entanto, elas não substituem a necessidade de usar a nossa mente. A tecnologia rivaliza com nossa devoção e, com freqüência, o resultado é a pobreza da nossa sabedoria interior.

Quando perguntaram a Einstein o número do seu telefone, ele disse que não se lembrava e que não precisava abarrotar seu cérebro com essa informação. Para isso, podia usar uma lista telefônica. Ele queria usa o cérebro para pensar. Como Einstein reconheceu, você pode usar a tecnologia — e não a cabeça — para guardar informações. Isso deixa muito mais espaço para você usar sua imaginação e muito menos desculpas para não usá-la.

IGNORÂNCIA NÃO SIGNIFICA FELICIDADE

O ditado diz que ser ignorante é ser feliz. (Bem, se isso é verdade, por que não há mais pessoas felizes?) A tecnologia dá poder até um grau nunca antes possível na história. Contudo, o poder sem a habilidade de pensar criativamente é uma combinação mortal. Leve as pessoas para debaixo da terra, num terreno para mísseis; sem a habilidade de pensar, eles poderiam destruir com um único apertar de botão tudo o que constar do mapa.

Há informação sobre praticamente tudo. É impossível enterrar a cabeça na areia e dizer "Eu não sei" ou "Eu não tenho de pensar". A ignorância é um roubo não premeditado. Você entende os efeitos do álcool no seu corpo, sabe o que os cigarros farão aos seus pulmões e o que acontecerá se resolver ficar deitado tempo demais ao sol. E, se estiver usando drogas, está consciente (mesmo que não se importe) de que está destruindo as capacidades do seu cérebro.

Acesso instantâneo a outros países através da informação e viagens removeram os últimos vestígios da ignorância global pelo isolamento. O mundo é uma única unidade interligada, e não consiste mais em países separados com modos estranhos e esquisitos de fazer as coisas. O ar contaminado de uma parte do mundo soprará para outra partes assim como a radiação da usina nuclear russa de Chernobyl poluiu a Europa Ocidental, e a devastação das florestas tropicais do Brasil afeta os padrões climáticos da América do Norte. Da mesma forma, a ignorância de um país afeta o outro país. Enterrar a cabeça na areia não ajuda mais. Você tem a obrigação de estar alerta, de ser consciente, sábio — e criativo.

O FUTURO NÃO É MAIS O QUE COSTUMAVA SER

Você não resolverá os problemas do amanhã com métodos de ontem. As opções de vida costumam incluir assuntos de sobrevivência, como ficar vivos, fazer as safras aumentarem, manter-se quente ou lidar com uma terceira gravidez indesejada.

Era costume você escolher a mesma carreira que seu pai ou sua mãe. As escolhas parentais de uma carreira se tornavam automaticamente as suas. Mas não são mais. Fazendeiro? Farmacêutico? Ministro? Sapateiro? Mesmo que você continue com a tradição da família, provavelmente não a exercitará durante toda a vida.

Para tornar as coisas mais difíceis, as escolhas de carreira são mais complexas do que nunca. É provável que haja, em média, de três a cinco mudanças de carreira durante uma vida, além de algumas mudanças laterais (ou seja, fixar-se em algum tipo de trabalho, mas mudar-se para outra firma). Uau!

Você não pode lidar com essas mudanças rápidas sem raciocínio imaginativo. Hoje em dia, questões de moral, de ética e de natureza pessoal, tais como "Quem sou eu?", "Como poderei maximizar o meu potencial?" "Qual é o caminho da minha alma?" têm de, ao contrário das questões anteriores sobre sobrevivência, ser respondidas com o lado intuitivo (direito) do cérebro, que vê e processa os fatos de um modo holístico. O alicerce para apoiar essas mudanças é ter uma missão concreta de vida.

BLOQUEIOS E CRIATIVIDADE

"Certo, eu gosto de ser criativo, mas me considero totalmente bloqueado!", disse-me um cliente desesperado, recentemente. Se você está bloqueado também, e está ansioso para "resolver o caso", a próxima sessão é especial para você. Você pode transformar esses obstáculos em tijolos de construção. Como?

Trate os bloqueios como sinais amigáveis de atenção. Eles podem ser uma indicação de algo que você quer, porque eles têm a ver com as coisas de que você gosta. Olhe para uma afirmação como "Eu estou bloqueado para lavar, pagar as contas, ou para catar as pulgas do gato!" A palavra *bloqueio*, neste contexto, é mal usada. *Bloquear* significa uma inabilidade crônica de executar uma função mental ou criativa. Assim, se você está bloqueado para uma missão, para escrever uma história ou resolver um problema, isso significa que está separado de algo criativo e desafiador. Significa que o fluxo de energia criativa parou.

Você se *livra* de bloqueios redirecionando a sua energia. Comece a nadar descendo a correnteza e siga com o seu fluxo criativo!

Exercício: Quatro Passos para Transformar Bloqueios

Seja o garoto que domina os bloqueios em vez de ser o garoto dominado por eles. Transforme esses obstáculos em blocos de construção. Primeiro você tem de entender seu bloqueio, antes de poder transformá-lo ou ultrapassá-lo. Há quatro passos para realizar este processo:

1. Descreva o bloqueio.
2. Identifique o motivo pelo qual você criou esse bloqueio.

3. Transforme o seu bloqueio numa imagem positiva.
4. Relacione o significado que você vê na imagem positiva com a sua missão.

Em primeiro lugar, dê uma forma definida ao seu bloqueio até poder identificar a sua forma. Se ajudar, lembre-se da situação que causou o bloqueio e sinta como isso o está afetando fisicamente. Analisar a ligação entre a forma e a natureza do seu bloqueio esclarecerá o seu papel no processo. Você criou esse bloqueio particular. O que ele lhe está dizendo sobre você mesmo?

Lembre-se de que, se você o pôde criar, também poderá transformá-lo. Todo bloqueio pessoal é bastante individual na aparência. Trabalhe da maneira mais eficaz para mudar o formato do seu bloqueio. Agora, examine três casos — um com grandes detalhes — sobre os modos como as pessoas dominaram seus bloqueios.

Analisemos Jane e Irene:

A Bolha de Jane

Jane pensou em seu bloqueio como repleto de algum tipo de substância pegajosa, ilusória, pesada, escura e densa. Quando tentava fazer algo com a substância, ela deslizava e não podia ser segurada. Incapaz de se livrar dessa bolha, Jane se revolvia na cadeira, apenas falando sobre ela. Em seu caso, encolhê-la ou destruí-la seria a maneira correta de lidar com a sua bolha escorregadia. Literalmente, Jane nunca conseguia lidar com as coisas porque não conseguia concentrar-se nelas.

Jane nunca tivera de fazer escolhas. Com 38 anos, ela jamais resolvera sobre a assinatura de um cheque. Seu marido decidia tudo. Quando saíam para comer fora, ela habitualmente dizia:

"O que você quiser." Ela raramente teve uma opinião independente.

Jane entrou em contato com a sua indisposição de comprometer-se com algo. Ela transformou sua bolha num raio *laser* branco que dirigia uma corrente de energia para o assunto que estava se recusando a enfrentar. Sempre que criava novas bolhas (quando tentava evitar se concentrar), ela as redirecionava para aquele raio e se concentrava no seu problema.

O raio *laser* deu-lhe uma nova imagem de si mesma como pessoa direta, corajosa, decidida, que não podia ser detida. (Na verdade, havia sido assim quando jovem, como descobriu.) Embora ainda tivesse um trabalho à sua frente para transformar essa imagem antiga numa realidade, isso lhe deu energia renovada e determinação.

A Brecha de Irene

Irene, secretária de um advogado, vinha adiando uma mudança de carreira há oito anos. Seu bloqueio era uma enorme fenda, tão funda e ameaçadora que não havia como atravessá-la. Ela ficava paralisada na margem. Ela sempre se detivera pouco antes de seguir sua inclinação de se tornar uma advogada e havia criado uma enorme brecha entre ela mesma e o seu objetivo.

Irene imaginou modos fantasiosos de abrir caminho, tirando as sugestões da sua imaginação (e do vasto arquivo de leituras). Ela desenhou uma adorável companheira, a "Velha Mãe do Vento Oeste", que passou a ajudá-la lançando-a por cima da brecha sempre que esta aparecia. A velha simplesmente franzia as sobrancelhas, enchia os pulmões de ar e fazia Irene flutuar suavemente sobre a brecha, com facilidade. Irene era confortada pela imagem da velha dando-lhe ajuda.

Na verdade, "Velha Mãe do Vento Oeste" era a força nutriente de Irene, que ela relutava usar. Seu bloqueio resultara de um sentimento de que tinha de fazer tudo por si mesma; ela havia criado o bloqueio por causa dos seus sentimentos de isolamento. Irene começou a ver que havia forças fora dela que podiam ajudá-la, se primeiro aceitasse a responsabilidade pelos seus atos.

Agora analisaremos o caso de John, que passou por todas as etapas do processo.

A Jornada de John

1. Descreva o seu bloqueio.

John tinha um bloqueio que parecia uma enorme parede de concreto. Não havia modo de pular sobre ela, de passar por baixo ou através dela. Ela era diferente de tudo o que já vira na vida real. Mesmo o Empire State Building empalidecia na comparação: ele tanto estava com medo como intimidado pelo seu bloqueio.

2. Identifique os motivos de ter criado o bloqueio.

Homem frágil com olhos penetrantes e um sorriso vago, John havia seguido relutantemente as pegadas do pai ao dirigir uma loja de varejo numa grande cidade. Ele compreendeu por que fizera a parede tão imponente. Visto que não poderia ser forte e grande, criara algo que nunca seria capaz de vencer — ou assim ele pensava. Entrando em contato com seus sentimentos de desamparo e desvalorização, John se sentia insignificante demais para escalar aquela grande parede. Quando falou sobre isso, ele na verdade se encolheu na cadeira e retesou o corpo.

3. Transforme o seu bloqueio numa imagem positiva.

Em primeiro lugar, John levantou-se e imaginou que era uma espécie de Terminador, dotado de poderes superiores para transformar tudo. Então ele de fato visitou uma construção onde uma turma estava demolindo um velho prédio de escritórios. Finalmente, ele imaginou a si mesmo demolindo construções. Arranha-céus desapareciam diante de seus olhos. Em seguida, ele praticou fazer o mesmo com o seu bloqueio: a parede. Enquanto a demolia, John tentou transformar a energia da parede, imaginando-a passar pelo seu corpo onde se sentia mais fraco: em seu peito, braços e mãos.

4. Relacione o significado que você vê na imagem positiva com a sua Missão.

Para John, foi uma revelação ver a si mesmo forte e poderoso como um Terminador. Durante toda a sua carreira, ele havia se restringido a posições sem prestígio e insignificantes. Sempre que surgiam pensamentos de desamparo na sua carreira, John praticava o método da demolição. Lentamente, ele começou a transformar aquela parede na sua *missão*, porque agora ele sabia que ela era a sua fonte de energia.

Enquanto você tiver criatividade, os bloqueios estarão presentes. Trata-se de parte do processo. A boa notícia é que cada vez que eles aparecem e você lida com eles, a transformação se torna mais fácil. Então você pode atravessá-los e mover-se além dos bloqueios.

SOBRE O SEU CAMINHO

Você também pode usar a imaginação orientada para continuar ajudando-o a transformar o seu bloqueio. Grave as seguintes sugestões numa fita para si mesmo, ou faça alguém lê-las lentamente para você.

Prepare-se para essa viagem orientada da mente, sentando-se numa posição descontraída, sem cruzar as pernas. Faça uma respiração profunda e deixe o ar sair lentamente. Feche os olhos e deixe que a imagem em seus olhos mentais siga o que a voz lhe disser. Não se sinta obrigado a criar algo como se fosse um escravo. Simplesmente relaxe com o que lhe vier. (Se tiver problemas de visualização, consulte o Capítulo 10.)

Imagine que está dando um passeio num belo dia de verão. Você está no campo, andando por um caminho. Preste atenção aos odores, às paisagens e aos sons ao seu redor. PAUSA. À medida que se aproxima de uma ramificação da estrada, você nota dois sinais: um aponta para a direita e o outro para a esquerda. Tome nota do que vê nas placas, escolha uma direção e siga por ela.

Andando, você chega a uma barreira. Pare, olhe bem para essa barreira e passe por ela com muita facilidade. PAUSA.

A distância você vê uma casa. Olhe cuidadosamente para ela, observando seu estilo e tamanho. Não há ninguém na casa; no entanto, parece que você está sendo esperado e que deve entrar. A porta está aberta. Você entra, passando de quarto em quarto, comprazendo-se em tudo o que vê. Observe a mobília, as janelas, a decoração dessa casa. PAUSA. Agora suba as escadas para o segundo andar, onde há um grande saguão iluminado pela luz que vem de um quarto.

Você caminha até esse quarto e ao entrar vê uma criancinha divertindo-se tranqüilamente com brinquedos e outros objetos. Você faz companhia à criança, brincando com ela. PAUSA. Depois de algum tempo, a criança escolhe um dos brinquedos e o entrega a você, dizendo: "Este é um presente meu para você." Você agradece à criança e sai silenciosamente do quarto, apreciando seu objeto ao voltar para o andar de baixo. Saia pela porta da frente com o seu presente e continue sua caminhada. Volte com o seu presente para o espaço em que está.

Para manter um diálogo com um amigo ou conselheiro use as perguntas seguintes, visto que muitas das verdades se tornam mais claras com o diálogo. Anote as respostas no seu diário para posterior consulta.

1. Como você estava vestido e como se sentiu durante a caminhada?
2. Qual a aparência do caminho e dos arredores?
3. Que caminho escolheu ao chegar à encruzilhada? O que estava escrito nas placas?
4. Descreva o caminho depois da encruzilhada.
5. Qual a aparência da barreira? A barreira equivale ao bloqueio que você pôs no seu caminho. Você teve algum problema ao passar por ela? Como se sentiu ao transpô-la? Como você a transformou?
6. Descreva a casa. Que tipo de casa escolheu? Um bangalô? Uma cabana? Uma casa de estilo colonial? Um rancho? Muitas vezes a casa é um símbolo do eu. Ela reflete muito do que você vê em si mesmo. Você sentiu que podia se movimentar nela com facilidade? Ela estava aberta e era convidativa, ou estava escura e fechada?
7. Descreva o interior da casa. Era grande, pequena, clara, arejada, escura, cheia de objetos, vazia? Havia muitas ou poucas janelas?
8. Descreva a experiência com a criança no quarto. Qual a aparência dela? Com o que a criança estava brincando quando você entrou no quarto? Que tipo de jogo fez com a criança? Ela teve algum dificuldade em escolher um objeto para você? Que objeto a criança lhe deu? Como isso o afetou? Ficou surpreso ao recebê-lo? Sentiu-se bem em levá-lo consigo e guardá-lo? Como esse objeto o afetou emocionalmente? O que ele significa para você?

A BRINCADEIRA E A CRIANÇA CRIATIVA NO SEU INTERIOR

A brincadeira é absolutamente essencial porque ajuda a remover bloqueios e a liberar a criatividade. Mas a brincadeira muitas vezes está associada com as crianças. Ser criança é um modo maravilhoso de se divertir, de fantasiar e de rir. O mundo adulto raramente encoraja as brincadeiras. Muitas vezes, os adultos brincam somente quando praticam esportes. Quanto tempo faz que você foi outra vez uma criança?

Quanto tempo faz que foi um louco, um palhaço em atividade, ou jogou os jogos da infância?

Num curso corporativo, toquei uma fita de música e pedi aos participantes que zumbissem como uma gaita de foles, pintassem com os dedos ou desenhassem o que quisessem enquanto ouviam a música. Eles logo começaram a se divertir apesar de estarem dentro das paredes daquela firma! Quando depois discutimos o exercício, os participantes disseram que haviam entrado em contato com experiências do tempo de escola e que tiveram lembranças sensoriais (cheiros, visões, sons) daquele tempo. Enquanto pintava com os dedos, um participante exclamou: "Não faço isso há anos. Estou me sentindo como se estivesse outra vez no terceiro ano do primário!"

Crianças criativas freqüentemente sonham acordadas, devaneiam ou se mostram impacientes na escola. É provável que ouçam: "Fique na fila! Seja como os outros! Decore os fatos para ter boas notas! Preste atenção ao professor. Não devaneie!" Não é de admirar que a nossa criança interior criativa seja tão intratável! É preciso coragem para religar-se a essa criança!

Dana me contou uma história de sua vida que é quase igual a um exemplo que estive citando durante dois anos nos meus cursos!

"Quando eu estava no terceiro ano, pediram-nos que desenhássemos árvores na aula de arte. A professora não havia dito qual a aparência que a árvore deveria ter, mas quando passou pela minha carteira, ela franziu as sobrancelhas e disse: 'Uma árvore não é assim. Faça deste modo.' Ela desenhou o tipo de árvore que você costuma ver em livros para crianças. Não correspondia à minha versão. Esse momento se congelou vividamente na minha memória e daí em diante nunca mais ousei ser criativa. Eu apenas fazia o que me mandavam fazer." De repente, Dana havia se separado do seu eu criativo e aprendera o modo "aceitável" de fazer as coisas.

Dana ficou verdadeiramente impedida de descobrir as soluções criativas que a sua carreira exigia devido a um "pequeno" incidente da infância. Se você estiver tendo problemas com bloqueios, entre em contato com a sua criança interior indo a um parque de diversões, freqüentando um teatro infantil, fazendo algo que uma criança faria, ou apenas

BRINQUE um pouco (não vale levar uma criança junto — Você tem de ir sozinho).

Suas respostas nesta visualização têm muito que ver com o modo como você vê o seu caminho, com a aparência das suas barreiras e com o que você daria a si mesmo como presente. Seu caminho também é um modo de analisar a sua missão. A palavra *carreira* significa veículo, da palavra latina *carraria* (da qual provêm as palavras *carro* e *carruagem*). Você pode pensar numa carreira como num veículo que tem de usar para viajar no seu caminho de vida.

O CIÚME E A INVEJA: DOIS BLOQUEIOS AMIGÁVEIS

Certos tipos de bloqueios podem ser advertências amigáveis do que você está negligenciando. Lembra-se de quando você ficava verdadeiramente com ciúme de alguma coisa? Se você for como eu, você tentou dizer a si mesmo que não era "correto" ter esses sentimentos, mas de qualquer modo você os alimentou. Bem, eis aqui um modo de fazer o ciúme trabalhar para você.

Quando Gloria Steinem veio à cidade para promover seu último livro, vi o anúncio no jornal e senti ciúme. Eu não sentiria inveja se um famoso analista do mercado de ações autografasse um livro. Mas o fato de invejar Gloria Steinem despertou a minha consciência. Eu precisava ser uma escritora e promover um livro, e descobri que parte da minha missão é ser uma escritora e comunicadora.

Eu estava bloqueada em algumas áreas e usei meu ciúme para me ajudar a determinar onde trabalhar primeiro. (Se estabelecer prioridades é um dos seus bloqueios, você aproveitará em dobro este exemplo.) Determine a pessoa que mais despertou seu ciúme e as circunstâncias em que esse ciúme foi despertado.

Eis o meu exemplo:

A PESSOA EM QUESTÃO	CIRCUNSTÂNCIA DO ESTÍMULO	LIÇÃO A APRENDER
(a) Steinem	Noite de autógrafos	Começar a escrever um romance Comprar um computador
(b) Rodgers and Hammerstein	Características da televisão em suas carreiras	Fazer um curso de composição Começar a compor
(c) Professor de música	Ver todo o seu equipamento de música eletrônica	Ler sobre música eletrônica Comprar um sintetizador Aumentar os lucros
(d) Um amigo	Visita a um instituto de alta tecnologia	Ser mais organizada Atualizar o equipamento do escritório

De quem tem mais ciúme e o que você precisa fazer para continuar vivendo? Compare o seu ciúme da pessoa mencionada em cada série de letras:

a *versus* **b** a **a** *versus* **d** a **b** *versus* **d** b
a *versus* **c** a **b** *versus* **c** c **c** *versus* **d** c

Minha contagem mais alta foi **a** (três vezes), o que mostra que eu estava com mais inveja de Steinem. Conclusão? Trabalhar no meu livro era a coisa mais importante (surpresa!)

Você pode usar este método para qualquer tipo de prioridade. Restrinja-se a um máximo de seis itens ou menos (ou ficará preso noites seguidas à sua lista em vez de trabalhar com o item vencedor). Comece com o seu maior bloqueio e analise os outros em outra ocasião.

DEZ BLOQUEIOS CONSTRUTIVOS PARA A MISSÃO CRIATIVA DA SUA VIDA

Seguem-se dez idéias sobre criatividade que você pode usar na busca da sua missão.

Criatividade é novidade. Usar sua criatividade significa dar vida a algo que não existia antes nessa forma. O importante é que seja novo para você. No entanto, há uma diferença entre repetir o que outra pessoa já criou (reinventar a roda) e fazer algo novo e com consciência. Se 487 pessoas já tiverem descoberto o mesmo que você, isso não torna o seu esforço menos criativo. O que conta é a intenção. Você queria explorar e criar.

A distinção é fundamental. Muitas pessoas sentem que tudo já foi feito; portanto, para que se preocupar? Isso não seria criativo. Mas por que a décima gravação da Quinta Sinfonia de Beethoven, velhas canções favoritas ou outro livro sobre culinária italiana são publicados? Porque sempre há novos modos de observar tudo o que existe. Criatividade é expressão pessoal. Não há regras que digam o que está certo ou errado. É importante investigar, explorar, arriscar e olhar as coisas de novas maneiras — como escrever um romance em forma de verso.

Da mesma forma, sua missão é única, singular e não tem paralelos com a de ninguém mais, porque ela vem de você (a menos que você tenha um clone em qualquer lugar). Portanto, não diga que algo foi feito antes. O mundo necessita da sua versão — da sua energia e da sua produção!

Criatividade é alterar o *status quo*. Desafie o modo como as coisas são feitas, vire-as de ponta-cabeça ou de dentro para fora. Há aspectos da criatividade que têm o seu lado doloroso. Quando você cria algo, está terminando ou, possivelmente, destruindo outra coisa. Galileu mostrou que a Terra não era mais o centro do Universo, fazendo assim as pessoas reconhecerem a sua dependência do Sol e desafiarem novos desenvolvimentos teológicos. Isso foi aborrecido, mas fazia parte da sua missão de exploração científica e de descoberta da verdade.

Sua missão também vai transtornar os seus planos de alguma maneira. Você não quer que a sua pedra faça ondas ao jogá-la na água?

Criatividade é assumir riscos. Assumir riscos pode significar cunhar uma nova palavra, fazer as pessoas rir quando estão doentes ou recusar-se a seguir o padrão com que todos os outros fazem algo. É tentar algo que você nunca fez antes, sem conhecer o resultado. Os membros do grupo de Resistência Alemã, chamado "White Rose", arriscaram suas vidas ao espalhar folhetos clandestinos na Alemanha nazista, e os pintores expressionistas pintaram o rosto de verde, em vez de usarem cor-de-carne, arriscando-se à desaprovação dos seus contemporâneos.

Riscos criativos podem causar mudanças, esclarecer, sacudir as grades da mente, enfurecer ou elevar os ânimos. Tenha em mente que a sua missão pode criar problemas entre os seus amigos. O maior risco de todos é fazer mudanças em si mesmo; isso pode representar uma ameaça para as pessoas que você ama, porque estará rompendo as regras a que elas estão acostumadas.

Criatividade é estabelecer novas conexões. Algumas das invenções mais comuns surgiram porque alguém combinou duas coisas ou duas idéias. As calças masculinas de *jockey*, por exemplo, foram o resultado direto da união do seu molde com o das fraldas de bebê. O que você obtém quando associa carros e hotéis? Motéis! A lista é interminável. Você descobrirá que as coisas de que gosta podem ser interligadas de novas maneiras (habitualmente chamadas de missão). Combine pesquisa anatômica, pintura e interesse por hidráulica, e você obterá alguns dos principais ingredientes da missão de Leonardo da Vinci.

Criatividade é preservar a sua curiosidade. Você pode se admirar com algo, fazer uma pergunta do tipo "e se" e deixar tudo como está, ou pode querer ir além. Alguém poderia dizer: "Tive essa idéia em 1985." Por certo, houve a idéia, mas o que aconteceu depois? Criatividade sem continuidade é como deixar farinha na prateleira para sempre. É de pouca utilidade, a menos que seja usada. Quando criança, você sonhava — talvez em se tornar uma princesa, um cavalheiro, um bombeiro ou um palhaço. Você dava-se ao luxo de sonhar. Como adulto, você dá-se ao luxo de fantasiar e de realizar o sonho. Uma dançarina comentou certa vez que todas as outras crianças sonhavam em ser bailarinas, e ela veio a sê-lo. Ela queria saber mais sobre dança. Explore a sua curiosidade!

Criatividade é ser diferente. Passar condicionador no seu cabelo pode ser ótimo — o condicionador mantém tudo no lugar — mas não é saudável para a criatividade. Ser criativo significa afastar-se da turba, alterar as regras e pensar independentemente. Jacques Cousteau disse numa entrevista ao *Los Angeles Times*: "Não assisto a filmes dos outros. Não tenho tempo. Não estou interessado no que as outras pessoas estão fazendo porque estamos fazendo isso de outra maneira... Um produtor cinematográfico tem a sua personalidade e vê as coisas de outro modo... Faço os meus filmes para serem diferentes. Eu quero o meu modo de ver as coisas. Estou convencido de que um mundo em que as pessoas se divertem do modo adequado — na criação, criando qualquer coisa — e pensando somente na criação que estão fazendo, é um mundo melhor do que aquele em que as pessoas dão conselhos..."

A menos que você viva uma vida do tipo "cópia-de-carbono", acostume-se a ser diferente. Sua missão só pode ser diferente se você também o for.

Criatividade é submeter-se ao processo. O fator mais importante é o caminho que o leva até o objetivo. Os passos deste livro começaram com o meu interesse por artes no colégio, seguidos pelo aconselhamento aos alunos como professora, começando um negócio próprio, e então dirigindo seminários de criatividade. Finalmente, esse trabalho levou ao desenho de um marcador de páginas e o marcador de páginas providenciou os capítulos deste livro. Foi um processo que minha sabedoria interior conhecia naquela ocasião! Eu simplesmente me submeti. Criatividade significa processar antes de produzir — uma noção não popular nos dias de hoje. Você tem de deixar que a sua missão se torne tudo o que for preciso sem constante controle e sem ficar desencorajado.

Criatividade é compartilhar os seus dons. Algumas pessoas têm problemas em compartilhar seus dons com os outros. Leonardo da Vinci guardou a Mona Lisa durante 20 anos, fazendo constantes mudanças e "melhorias".

Por outro lado, algumas pessoas não estão dispostas a usar sua criatividade em favor de certos grupos. Bach nunca compartilhou suas lições de música com suas filhas. Arthur Rubenstein não quis tocar na Alemanha e Thomas Mann não pôde voltar a morar lá nunca mais.

Algumas pessoas têm problemas para mostrar suas criações. Emily Dickinson guardou seus poemas numa gaveta.

Uma história arrepiante de E. T. A. Hoffmann, chamada "The Golden Pot", que aconteceu em Paris no tempo de Louis XIV, ilustra a inabilidade de um artista para se separar da sua criação e, portanto, sua inabilidade de partilhá-la com o mundo.

Nessa história, um ourives excêntrico mas muito talentoso fez a jóia mais fabulosa de toda Paris. Durante certo período de tempo, aconteceu uma série de assassinatos de mulheres da nobreza e ninguém conseguia descobrir o assassino. Uma longa investigação revelou que todas as vítimas tinham encomendado jóias de um certo ourives. O artista, como se descobriu, tinha uma incontrolável necessidade de matar todas as vítimas porque era incapaz de se separar de suas criações. A história mostra os efeitos horríveis do apego nocivo às próprias criações.

Sua missão é um dom, e um dom, por definição, tanto é recebido como é dado. Desapegue-se do seu dom e deixe que todo mundo compartilhe dele. Uma parte de você vai com o seu dom, mas ela nunca se perde. Para ser criativo, você precisa render-se ao processo de dar e receber. Você não pode ter uma coisa sem ter a outra. Se bloquear uma coisa ou outra, você negará a si mesmo e ao mundo a alegria da sua contribuição.

Criatividade é aceitar a si mesmo. Resistir a SER QUEM VOCÊ É é o maior obstáculo à sua criatividade. Quando você resiste, sente mais a dor, e isso impede a expressão, por enrijecer o eu. Trata-se de um paradoxo constante: tudo acontece porque tem de acontecer, no entanto você tem de se esforçar para que aconteça. Você tanto é criador como criação; é o fazedor de potes e o pote; o que envia e o que recebe. Ver uma missão como algo a que se submeter e como um chamado coloca você na posição de ouvir sua voz interior e de lhe responder. Sair para o caminho errado sem ouvir essa voz interior é fazer ouvidos moucos à sua missão.

Criatividade é uma mensagem da sua alma. O modo como você expressa a sua criatividade pode lhe dizer muita coisa sobre a intenção da sua alma para esta vida. Que tipo de criatividade você aprecia? Eu gosto de quebra-cabeças, de histórias de espionagem e de mistérios. Trabalhar para ajudar pessoas a descobrir indicações da sua missão é como resolver um mistério. É como ser Sherlock Holmes (a quem admiro!).

A criatividade requer que você desista de velhos padrões com os quais se acostumou. Requer abandono de tudo, a não ser de você mesmo como fonte e recurso, começo e fim. Sua criatividade mostra-lhe a voz da sua alma e o caminho para realizar a sua missão. A missão, por sua vez, é a expressão da sua verdadeira essência.

Os capítulos subseqüentes representam uma virada diferente do caleidoscópio. Eles lhe mostrarão como ativar o seu processo de Missão de Vida. Eles o ajudarão a sintonizar-se com sua Fonte e aumentar ao máximo o seu potencial.

Agora é hora de libertar o eu que esteve esperando o seu chamado. Expressão criativa é amor-próprio compartilhado. Entre em contato com o talento que mais divinamente é seu. Todos a bordo!

SEGUNDA

PARTE

4

Limpe a sua Mente

Imagine um sótão repleto de velhos álbuns e cartas, arcas com roupas que nunca mais serão usadas, mobília posta de lado e "toneladas" de teias de aranha. Como esse cômodo, o seu cérebro com freqüência está repleto até o topo de tagarelice, criticismo, velhos negócios, pensamentos de ansiedade e incessante diálogo. Como disse Norman Cousins, ele precisa da bênção do silêncio.

Você pode pensar três vezes mais rápido do que fala ou ouve. Sua mente está correndo constantemente. Tente isto: levante os olhos desta página e marque o tempo. Durante um minuto, tente não pensar em nada. Quando o tempo passar, avalie quantos pensamentos teve. Se não teve nenhum, pule este capítulo e prossiga.

Para a maioria das pessoas, a mente tem milhares de pensamentos por dia. Eis como o parágrafo de abertura pode de fato soar em sua mente quando você lê ou alguém lê para você:

Imagine um sótão, *Eu não tenho um sótão, eu moro num condomínio,* repleto de velhos álbuns e cartas, *Será que me lembrei de deixar um bilhete para Madge mandar aquelas cartas pelo correio?* arcas com roupas que nunca mais serão usadas, *Esse não é um modo estranho de dizer isso?* mobília posta de lado e "toneladas" de teias de aranha. *Aposto que Henry nunca conseguirá limpar o seu carro.*

As sentenças grifadas mostram exemplos de uma mente importuna. Você não pode fazer muita coisa nesse estado de confusão.

PERMITA QUE EU DEIXE ISTO PERFEITAMENTE CLARO

A palavra *claro*, na verdade, significa tanto iluminado como espaço em branco. Você tem de ter um espaço mental claro para desenvolver um raciocínio claro. Você não pode pensar num espaço mental atulhado até o topo. Limpe o seu sótão de forma que o seu cérebro tenha um espaço desimpedido. Ao varrer e tirar o entulho da sua mente, você pode se tornar organizado, concentrar-se em seus objetivos e conectar-se com a sua missão. Sua missão está gritando para ser ouvida. Ouça-a!

Neste capítulo, você aprenderá como reduzir a interferência exterior, eliminar o lixo com que alimenta a sua mente, e usar um programa de oito passos — que eu chamo de "Limpe a Sua Mente" (LASM) — para descansar e recarregar seu cérebro todos os dias. O objetivo é manter a sua mente aberta e livre de obstrução, de forma que você possa deixá-la em branco e dedicar-se à sua missão, entregando-se à execução das intenções da sua alma.

Leia, a seguir, uma rápida lista para você verificar se a sua mente está limpa:

—*The Who* lhe sugere dificuldade de audição ou lhe lembra um grupo de *rock*?
—Quando dirige, você costuma ouvir rádio?
—Você deixa a televisão ligada enquanto conversa?
—Você evita períodos de silêncio (30 minutos ou mais)?
—Habitualmente, você nota a música nas lojas?
—Você se exercita com fones de ouvido? (ou caminha ouvindo uma fita gravada?)
—Na sua casa, você ouve música de fundo?
—Você gosta de fazer várias coisas ao mesmo tempo (ler e comer, assistir televisão e escrever cartas?)
—Acha difícil ficar alguns minutos sem pensar?

— Você assiste a mais do que duas horas de televisão por dia (três horas, se for TV educativa ou a cabo)?
— Você evita lugares tranqüilos, como bibliotecas?
— Nas férias, você leva um rádio ou televisão?
— Você come em restaurantes mesmo que a música seja muito alta?
— Você atende ao telefone mesmo nas ocasiões em que está concentrado em algo?
— Você só fala quando precisa?
— Seus pensamentos constantemente giram em torno do passado ou antecipam o futuro?

Se você respondeu ao menos a metade das questões acima com um "sim" ou com "eu não sei", sua mente está atulhada. Você precisa se livrar do lixo mental, registrar somente a informação que de fato possa usar e ignorar o resto. A parte mais popular de um programa de televisão, "CBS Sunday Morning", é o segmento final de dois ou três minutos mostrando cenas belas e tranqüilas da natureza, sem comentários. Num clube de saúde local, notei que o vestiário dos executivos é silencioso: não há nenhuma música popular tocando nessa área. Na verdade, é grande o número de pessoas que conhece o valor do silêncio e da serenidade.

ATENÇÃO À SUA MENTE

O seu cérebro é um arquivo de informações, um lugar para guardar lembranças e um reservatório de pensamentos. Você levaria quatro minutos para escrever um número que fosse igual ao total de neutrinos (a menor partícula do universo) existentes. Mas com a mesma velocidade, você precisaria de noventa anos para escrever o número de sinapses do cérebro humano.

O cérebro compreende somente cerca de 2,5 a 3% do peso corporal, mas requer por volta de 22% da energia do corpo para estimulá-lo. Se você tirar o seu cérebro e espalhá-lo no chão, terá uma circunferência de mais do que 76 cm (e um cérebro estendido). O crânio é feito para ação e poder, mas primeiro você tem de cuidar bem dele, para que ele possa ter um bom desempenho.

Um cérebro bem sintonizado permite que você faça escolhas, assuma riscos, seja criativo e, acima de tudo, pense. O mundo necessita da sua inteligência atuando com toda a energia e você precisa dessa inteligência para cumprir a sua Missão de Vida.

COGITO, ERGO SUM: PENSO, LOGO EXISTO

Pensar é uma capacidade não desenvolvida. Provavelmente, você não aprendeu a pensar na escola. Mas a incapacidade de pensar é universal. Pergunte algo sobre a estrutura padrão da companhia telefônica; descubra qual é a missão dessa empresa; ouça uma palestra pela televisão ou leia uma conferência do presidente divulgada pelo jornal: se tiver sorte, obterá afirmações coerentes durante 50% do tempo.

Quando eu ensinava criatividade em cursos para empresas, a gerência freqüentemente perguntava quais os benefícios que esses cursos trariam aos participantes. Eu dizia: "A capacidade de pensar." Eles respondiam: "Bem, quando tivermos tempo pensaremos na sua proposta, porque primeiro precisamos cuidar de assuntos mais importantes. Consideraremos essa possibilidade quando todos os nossos cursos básicos (!) de treinamento forem completados." Nenhum treinamento, por mais intensivo que seja, será útil se um empregado não for criativo. A única coisa agradável que há no fato de pensar é que você nunca sofrerá de solidão. A criatividade é básica porque abre a mente. Ela informa.

CORPO *VERSUS* MENTE

As pessoas passam horas trabalhando em seu corpo, mas raramente fazem um programa específico para a mente. Elas levam mais tempo escolhendo a roupa para lavar do que selecionando seus pensamentos. O fato de haver poucos programas práticos para forçar a imaginação, exercitar o cérebro e elevar os espíritos é marca registrada da nossa cultura. A versão do final do século XX para a canção *Body and Soul* (Corpo e Alma) poderia ser: "Eu sou todo seu, corpo e... corpo."

As notas dos exames de aptidão para entrar para a escola secundária diminuíram visivelmente no correr dos anos; as marcas de criatividade diminuíram e a ignorância está em alta. Gente, estamos vendo os cérebros se deteriorarem diante dos nossos olhos (ou disfarçadamente)!

SINTO, PORTANTO, EU SEI

Um efeito desastroso de um cérebro obstruído é que os sentimentos ficam impedidos de dar informações valiosas. Os sentimentos virão à tona como se fossem um creme, desde que você pare de empurrá-los para baixo e ouça a si mesmo. Veja o exemplo de Claudia:

"Eu não Sabia que Sentia Isso"

Claudia era uma fazendeira de 44 anos. Ela havia atuado em algumas peças de teatro da escola secundária, mas depois de tirar o diploma dedicou-se a "coisas melhores e mais sérias". Ela raciocinou que representar era "apenas uma fase pela qual todos passam durante o período escolar". (Invocou a palavra *todos* para racionalizar sua escolha.)

Pouco importava o fato de ter tido no colégio aulas de literatura inglesa, especialmente Shakespeare. Pouco importava que, depois de mudar para uma cidade rural do Oeste, ela precisasse dirigir duas horas para chegar à cidade grande mais próxima, apenas para assistir a um nova peça teatral. Depois de sair do colégio, Claudia se casou, criou quatro filhos, serviu como voluntária em inúmeras organizações — tomando parte, inclusive, num projeto local de um grupo de teatro amador — e levantou fundos para a nova escola secundária (certificando-se de que teria um bom teatro).

Ela compreendeu que se esquecera do seu amor pelo teatro, sobrecarregando o cérebro com coisas para pensar e fazer. Como supermãe, dispunha de pouco tempo para prestar atenção aos sonhos adormecidos. Claudia nunca parou para pensar sobre o rumo que sua vida estava tomando, muito embora o sofrimento de não atender a um chamado estivesse tomando a forma de dores de cabeça, explosões de zanga e brigas. Ela sempre terminava tendo "coisas melhores a fazer" do que a sua missão.

Eu a encorajei a praticar o exercício "Limpe a sua Mente" (LASM), fazendo caminhadas e refletindo, sentando-se tranqüilamente à noite para ouvir a sua voz interior. Nada de crianças, de televisão, nenhuma atividade: apenas Claudia com Claudia. A mensagem que recebeu durante essas horas tranqüilas foi inequivocamente: "Faça alguma coisa para você mesma longe das crianças." Ela foi a Nova York, visitou sua antiga professora de teatro, que estava atuando numa peça, lembrando-se das suas palavras encorajadoras de alguns anos antes: "Se você não optar pelo teatro, você perderá a oportunidade." Claudia sabia que seria agora ou nunca.

Ela resolveu recomeçar a representar e mudou-se com a família para Los Angeles. Deu um *ultimatum* ao marido: "Ou você aceita o meu novo caminho, ou ficará representando o papel de pai e de mãe para os nossos três filhos que ainda estão em casa." (Sua antiga habilidade a ajudou aqui.) Por sorte, o marido resolveu aceitar o plano. Na verdade, seu relacionamento estava salvo. Agora Claudia freqüenta cursos de dramaturgia num colégio local e se prepara para o curso principal de teatro. Ela entrou em contato com o seu verdadeiro eu, removendo as barreiras que haviam nublado o seu raciocínio e bloqueado a sua criatividade. Assim ela pôde ouvir e responder à sua missão de auto-expressão através do teatro.

Como Claudia, muitas pessoas têm um bloqueio quanto à sua missão porque seu raciocínio e seus pensamentos estão nublados. O programa "Limpe a sua Mente" põe você em contato com essa missão dando-lhe clareza, concentração e um objetivo. Quando você sentir qual é a sua missão, seus desejos mais profundos, suas vontades e paixões se irradiarão outra vez para o exterior. Quando reacender a flama, toda tristeza diminuirá.

A ERA DA INFORMAÇÃO: ENTRADA DO LIXO

Agora daremos uma olhada mais de perto no que provoca mentes obstruídas e incertezas, e no que você pode fazer para clarear a sua mente. Você não pode cumprir uma missão se a atividade do seu cérebro estiver reduzida.

No entanto, reduzir a atividade é o meio adequado para o cérebro proteger a si mesmo dos excessos de informação.

Esta é uma era governada pela informação — obtendo-a, transmitindo-a e processando-a. Durante grande parte do tempo, a informação é tolice, ou não foi solicitada ou ambas as coisas. Nós, humanos, somos bombardeados diariamente com anúncios, com programas de rádio e TV, com os programas nos rádios dos carros, com computadores e telefones. Isso é lixo que entra em nós. Podemos ter conquistado o espaço; todavia, nosso ambiente carece de espaço.

Outro dia fui a um pequeno café e tive de suportar uma conversa pelo rádio destinada a me "divertir". Restaurantes e bares em geral têm uma televisão ligada (não saia de casa sem ela). Toda loja de departamentos tem seu próprio sistema de som. Os cinemas fazem propaganda antes do filme (você se lembra de que isso nem sempre foi assim?) e as principais estradas e super-rodovias estão repletas de quadros de anúncios.

Está ficando cada vez mais difícil fugir dessa invasão. Você também ouve anúncios pelo telefone enquanto espera que atendam ao seu chamado. Ou é obrigado a ouvir música que não ouviria por conta própria. Os computadores com mensagens pré-gravadas invadem a sua vida, bem como alarmes e bipes.

Pior ainda é a intercalação de anúncios sem sentido na programação séria da televisão. Um professor francês, em visita, me contou que se levantou cedo pela manhã para assistir televisão e ficou encantado por encontrar uma conferência sobre Voltaire. "De repente," disse ele, "um gorila começou a se movimentar na tela à minha frente, e ainda não consegui encontrar a ligação do animal com Voltaire." Bem-vindo aos intervalos comerciais norte-americanos! Uma estação local de rádio terminou uma bela sonata para violino com um anúncio para uma casa de carnes. É de admirar que as pessoas tenham dificuldade para fazer associação de idéias?

A comunicação instantânea tornou quase impossível às pessoas se esconderem. Carros e aviões têm telefones, fax, etc., e até mesmo aparelhos de televisão. As pessoas levam seus bipes para todo lugar. Nossa sociedade, de fato, sofre de facilidade de comunicação. O único modo de garantir silêncio é intimar os oficiais do governo e os militares a testemunharem diante de um comitê do Congresso. E, então, há as pessoas que gostam de lhe dar um pedaço de suas mentes. Elas são generosas e gostam de repisar velhas histórias também. Amigos, parentes e parceiros podem ser incansáveis com seus conselhos e tagarelices. Algumas vezes é mais fácil desligar o rádio do que se livrar dos comentários de outra pessoa.

DECISÕES, DECISÕES, DECISÕES

Pelo fato de haver tanta informação, seu cérebro está sendo constantemente estimulado. Tente tomar uma decisão nesse estado de tensão: é como pensar numa loja com dez televisões ligadas.

Agora, acrescente a essa confusão os tipos de decisões que se exige que você tome. Compre alguma coisa e você será inundado com escolhas. Cheques com ou sem número de telefone? Coloridos ou branco e preto? Com linhas ou figuras? Com carbono ou canhotos destacáveis? Com motivos desenhados ou com uma mensagem pessoal? Começando com que número?

Ou resolva comprar um carro. Henry Ford disse em certa ocasião: "Você pode ter qualquer cor de carro que quiser, desde que seja preta." Se fosse assim agora, Henry! Além da cor, você tem de escolher o modelo, o estilo (manual ou automático?), o tipo dos pneus, pintura (metálica ou não?) e o tipo de vidro (pintado ou simples?). As escolhas continuam. Ar-condicionado? Eixo de direção forte? Rádio digital, com ou sem gravador? Sistema de alarme? Garantia ampla? E então há o seguro. Não admira que comprar um carro — ou, por assim dizer, qualquer outra coisa — seja tão traumático.

A solução não está em dizer que não há esperança e que a vida está difícil demais. A despeito das complexidades da vida atual, se tomar decisões causa muitos problemas, é difícil demais ou resulta em falta de ação, você tem um problema de raciocínio. Sem dúvida, o seu cérebro está sobrecarregado!

Para manter a cabeça fresca, você tem de se isolar dos estímulos externos que deixam de contribuir para o seu crescimento e missão. Você é responsável por reduzir o barulho externo na sua vida. Como você reagiria se alguém, de repente, largasse um saco carregado de lixo no seu jardim ou na sua sala de estar? Ou se alguém soprasse fumaça no seu rosto? Mas os abusos na nossa mente acontecem quase que diariamente na forma de rádios tocando, televisões ligadas, tráfego e entregadores de folhetos.

Aqui estão dez diretrizes para reduzir a estimulação de fora e dar ao seu cérebro o descanso de que ele necessita para funcionar com plena capacidade:

1. Só ligue o rádio, a televisão, etc., quando de fato você estiver ouvindo.
2. Faça uma coisa por vez: ouça o rádio ou assista à televisão.
3. Concentre-se inteiramente no que estiver fazendo (isso ajuda você com o número 2).
4. Fale somente quando tiver algo a dizer. (Falatório desnecessário é o mesmo que tagarelice.)
5. Evite o barulho, as distrações e os ambientes barulhentos.
6. Evite contribuir para a poluição sonora dos outros.
7. Dedique 30 minutos de cada dia ao silêncio (a não ser que você seja uma freira Carmelita).
8. Concorde em ficar algum tempo em silêncio quando estiver com outras pessoas.
9. Passe certo período de tempo por dia a sós.
10. Descubra lugares tranqüilos para visitar nas vizinhanças.

PROCURE O SILÊNCIO

Viver conscientemente a sua missão só é possível quando você pode pensar sobre ela com clareza e tranqüilidade. Você pode fazer algo sobre a interferência externa. Algumas vezes, retirar-se fisicamente é a única coisa que você poderá fazer; mas, antes de recorrer a isso, procure uma ação alternativa que possa empreender. Uma mulher de uma comunidade próxima coletou assinaturas contra os aspiradores de folhas de árvore porque o barulho incomodava as pessoas. Resultado: os aspiradores de folhas foram banidos.

Diga às empresas que você não gosta de música no escritório ou quando aguarda que atendam à sua chamada telefônica. Informe ao restaurantes para desligarem a música horrível que tocam e notifique a polícia se tiver vizinhos barulhentos. Diga ao gerente do cinema que o som do filme está alto demais. Eu odeio pensar na forma que os ouvidos das pessoas têm de ter quando permitem esse tipo de volume. Há um par de anos instalei-me na sala de um dentista à espera de que me extraísse um dente. A recepcionista estava tocando música de *rock* alto o bastante para irritar meus nervos. A despeito da minha necessidade urgente de extrair o dente, eu falei à recepcionista para diminuir o barulho ou dizer ao dentista que esquecesse a minha hora marcada.

Pelo lado positivo, quando alguém toca música decente (num nível de som decente) ou providencia um ambiente tranqüilo, diga à pessoa encarregada o quanto você aprecia isso. Dê proteção e apoio aos esforços para manter o ambiente seguro e saudável.

O importante é agir de forma positiva e silenciar a algazarra ao seu redor. Não se acomode, tornando-se uma lata de lixo para o barulho. A maioria das comunidades têm departamentos de controle de ruído. Chame-os! O silêncio é de ouro! Você o merece e o seu cérebro precisa dele.

A ERA DA INFORMAÇÃO: LIXO INTERIOR

Há um bocado de barulho que vem de fora, mas você contribui ainda mais com barulho no seu interior. Não é de admirar que fique paralisado ao fazer escolhas simples. Mas eis aqui a oportunidade de realmente fazer algo para eliminar esse transtorno. A única coisa que você deve ser capaz de ouvir em alto e bom som é a sabedoria interior.

Livre-se de tudo o mais que distraia a sua atenção! Até o falar consigo mesmo impede que você ouça a si mesmo. Essas fitas internas — pensamentos sobre como está se saindo, comentários sobre a sua produtividade (muitas vezes, sobre a falta de produtividade), planejamento e relatórios, reviver o passado, obsessão quanto às outras pessoas, ensaiar o que dizer, temer o futuro — contribuem pouco para a sua paz de espírito. Não é de surpreender que tenhamos problemas para pensar! Nosso cérebro não tem tido chance!

CRIE UM SANTUÁRIO NA MENTE

Para um pensamento saudável, escolha o seu ambiente de forma a incluir nele um espaço tranqüilo. Eu o chamo de santuário da mente. Um santuário é um porto, um lugar de segurança e refúgio. Quando as pessoas não têm a bênção de ter um santuário, o resultado é a sobrecarga de informações. As desculpas são várias, mas o resultado é o mesmo: "Não tenho tempo para mim porque não o mereço." "Não tenho tempo de ter tempo." "Vou tirar férias depois do dia 15 de abril." E vai por aí.

Mas a sua missão só pode se fazer ouvir numa atmosfera de confiança, de tranqüilidade e repouso. Ela precisa da sua atenção total, do seu amor e dedicação. A sua missão tem de sentir que pode se comunicar com você em segurança, sem interferência interna ou externa.

MENOS É MAIS

O único propósito (a alma!) do seu santuário é não fazer nada. Cuidado! Você tem de praticar essa noção deliciosa ativamente. A solução para limpar o pensamento está em fazer menos, e não mais. Mas isso é exatamente o que você gravou dentro de si mesmo desde criança: fazer alguma coisa. E alguma coisa é melhor do que não fazer nada.

Muitas pessoas acham que não fazer nada é um pecado, é preguiça ou procrastinação. A sociedade encoraja a ação, o movimento, a velocidade e os resultados. E embora essas sejam coisas boas, é um erro pensar que você tem de estar em contínuo movimento para conquistar algo. Veja "Winnie the Pooh".* Nada de programas, de agendas e nada de entalhes num bastão para ele. O ursinho Winnie the Pooh apenas vivia.

La Donna é Mobile

Com 51 anos, Donna dedicara toda a sua vida a uma companhia de seguros. Como Analista, ela passava todo o dia fazendo listas, inspecionando relatórios, respondendo a telefonemas e conferindo dados. Os períodos em que tirava cinco minutos do trabalho para relaxar eram quase lendários. Esperava-se que fizesse tudo com rapidez. Não havia tempo para pensar; apenas para fazer, fazer e fazer. Donna se sentia

---

* Conto popular infantil que narra as travessuras do ursinho Winnie the Pooh.

compelida a fazer seu trabalho de maneira incompatível com seu estilo de Analista.

Sugeri que ela tirasse duas semanas de férias. Uma idéia impensável! "Como eles sobreviveriam sem mim?" — queixou-se ela. Depois de alguma luta, Donna concordou e fez planos para suas férias de duas semanas. Ela fez listas intermináveis de atividades, incluindo limpeza de casa. Nenhuma atividade incluiu um tempo para reflexão.

Donna voltou ao trabalho cansada, ressentida e zangada. Não é de admirar, pois preparara e revisara listas e planejara tudo, mas nunca pensou em reservar espaço e silêncio para si mesma. Para ela, foi difícil pensar com clareza. O período "de férias" mostrou que até mesmo quando tinha tempo era incapaz de tirar vantagem disso. Donna tinha de fazer um sério reajustamento: ela precisava descansar para recarregar a mente antes de voltar à ação, e precisava passar mais tempo sozinha para meditar tranqüilamente.

Insisti para que diminuísse o ritmo de trabalho, não levasse nada para fazer em casa e tornasse os seus finais de semana bem planejados. Acima de tudo, ela precisava dar a ela mesma prioridade sobre tudo — marido, cachorro, filhos, casa ou amigos. Todos os dias, teria de criar um santuário na mente, num espaço que ela escolheria com cuidado para si mesma, num recanto de seu refúgio.

Logo Donna começou a limpar as teias de aranha mentais. Ela pôde ver claramente que a primeira coisa a fazer era diminuir seu ritmo frenético e continuar com o seu programa de "Limpe a sua Mente". Sua missão começou a tomar forma depois que a neblina se esvaiu: providenciar uma atmosfera de segurança no que se referia à saúde das pessoas. Seis semanas depois, ela estava a caminho de um novo emprego que expressava essa fase da sua missão.

Exercício: Lixo Interior para Fora!

Eis aqui cinco diretrizes para você se livrar do lixo interior. Para usá-las da melhor maneira, crie um santuário especial para si mesmo e de fato vá até ele. A ênfase é: silêncio e segurança.

1. Observe quando a sua mente divaga e por quê. Encontre uma palavra para fazê-la voltar à trilha (como concentração). Evite situações que o estimulem a ter pensamentos errantes.

2. Permita que vozes interiores críticas se manifestem, mas não siga seus conselhos. Reagir à crítica será como reagir a crianças que querem chamar a sua atenção. Ouça-as e depois diga educadamente: "Passem um bom dia" — e continue sua meditação.

3. Escolha uma hora determinada do dia para pensar em suas preocupações. Em vez de se preocupar no meio da noite, ou nas horas de trabalho ou durante o seu tempo no santuário, faça um acordo consigo mesmo de que cuidará de todas as suas preocupações (digamos, entre as três ou quatro horas das tardes das quintas-feiras). Você se surpreenderá ao saber quantas delas terão desaparecido até essa ocasião.

4. Passe ao menos quinze minutos por dia exercendo uma atividade ligada ao cérebro direito. Você pode desenhar, tocar música, escrever com a outra mão, praticar ioga ou fazer seja lá o que for que o tire do modo verbal para o seu modo não-verbal.

5. Identifique o lugar do seu corpo em que os pensamentos negativos estão alojados. Quando você diz: "Meu chefe é um verdadeiro torcicolo!", você achou a área do corpo onde a tensão causada pelo seu chefe, ou por qualquer outra coisa que o aborreça, está localizada. Sempre que pensamentos negativos surgirem, pare, respire profundamente e imagine que você está respirando através daquela área. Se o seu pescoço está tenso, respire concentrando-se nele, até os músculos relaxarem.

LIGAR PARA DESLIGAR — MAS NÃO PARA SEMPRE!

Qualquer método praticado em excesso, até mesmo o programa "Limpe a sua Mente", torna-se ineficaz. Não estou falando sobre ficar olhando fixamente para a parede durante dois dias. O programa "Limpe a sua Mente" é como uma estação na estrada, como uma clareira na floresta para você enxergar o seu caminho. Trata-se de se preparar para a ação, bem como de um relaxamento. E é um meio para alcançar um fim.

Conquanto "Limpe a sua Mente" seja um passo importante no processo, não é ponto final. Mas você precisa desse passo para desenraizar seja o que for que o estiver bloqueando, ou para reanimá-lo e energizá-lo. Pense no "Limpe a sua Mente" como num programa que cria calma e evita tempestades. Neste capítulo, estamos falando sobre equilíbrio. Uma boa receita é exatamente a quantidade correta de reflexão e de ação. Portanto, embora estejamos enfatizando o "Limpe a sua Mente", cuidado para não ficar nessa zona de conforto por um tempo demasiado longo!

TESTEMUNHA JIM: OM, OM DURANTE O PERCURSO

Jim, um estudante de metafísica e de ioga, estava encantado com a vida eterna. Ele vivia numa espécie de perpétuo sonambulismo. Fazia listas, passava o tempo em longas caminhadas perdido em pensamentos, meditava, cantava e devaneava. Ora, todas essas coisas são boas. Mas Jim ficou tão obcecado pelo seu estilo de vida entoando mantras e tão desatualizado e "fora de sintonia", que era incapaz de traduzir seu preparo espiritual em resultados. Jim era como alguém que tem um carro e nunca o dirige, ou como um avião na pista sem levantar vôo. Todos os sistemas funcionavam, exceto aquele em seu interior.

Exercício: Você tem o Direito de Ficar Calado — Seu Programa em Oito Etapas

Depois de reduzir a sobrecarga de informações vinda de fora e de dentro, reserve um tempo, todos os dias, para fortalecer e manter com eficácia esse estado desanuviado da mente com um programa em oito etapas:

1. Preparo. Escolha uma hora em que pode se livrar das distrações do seu ambiente e ficar em silêncio. Peça aos que vivem com você que respeitem a sua necessidade de silêncio. As crianças têm de entender que você precisa ficar sozinho. Você não precisa dar lições de moral sobre o fato de ter de desligar as tomadas. Faça-o! Tire o telefone do gancho ou ligue a secretária eletrônica. Vá ao aposento mais silencioso da casa e permaneça aí de 15 minutos até uma hora.

2. Relaxamento. Sente-se, fique em posição confortável e comece a respirar profundamente e a se concentrar na respiração. Mantenha a parte de cima do tronco relaxada e quieta. Comece o exercício quando sua respiração for estável e profunda. Agora, imagine que está respirando pelos pés, então, devagar, comece a subir pelo seu corpo, dizendo a cada parte para "relaxar". Continue o exercício respirando mentalmente pelos tornozelos, continuando através das pernas, dos joelhos, das coxas, das nádegas, da pelve, do peito, dos braços, dos ombros, do pescoço, do rosto, da testa e, por fim, pela coroa.

3. Esvaziamento. Imagine que toda a sujeira interior está saindo lentamente pelos seus membros. Quando tiver terminado, sinta o brilho da inspiração lavando-o a partir da sua coroa, passando pela seu corpo. Todo cansaço e tensões saem pelos seus pés, passando para o solo. Sua mente agora está livre para se concentrar num assunto específico.

Continue a sessão e, quando um pensamento lhe ocorrer, suavemente deixe-o de lado, como faria com árvores novas e tenras ao andar num caminho da floresta, na primavera. Sua mente agora está livre para se concentrar num assunto específico.

4. Medite ativamente. O propósito da meditação ativa neste ponto é concentrar-se num tema. Sente-se numa cadeira ou no chão, com as pernas retas, ou deite-se no chão. Não medite na cama, porque poderia adormecer. Pratique sem ouvir música e com os olhos fechados.

Imagine o problema que quer solucionar agora movendo-se adiante, na sua consciência desobstruída e sem nuvens. Espere tranqüilamente por orientação. Ouça o que você está se dizendo e desconsidere qualquer crítica. Talvez nada lhe ocorra exatamente agora. Isso está certo: quanto mais você praticar o método "Limpe a sua Mente", tanto mais coisas lhe ocorrerão. O principal é praticar esta técnica com regularidade. Você será recompensado com mais facilidade para lidar com a sua missão.

Vamos ver como John usou esta meditação ativa. Ele se perguntou qual qualidade era tão inerentemente sua que, se a perdesse, ele seria um estranho para si mesmo.

Movimentos Espirituais

John, outrora um pastor, sentia que sua única qualidade era a compaixão. Meditando, descobriu que não conseguia suportar ver sua empregada ser explorada por um comerciante de carros e, embora não fosse advogado, cuidou do caso pessoalmente, negociando com ele. John também trabalhou em projetos em favor dos pobres e dos sem-teto. Ele ficou com raiva de um professor que se recusou a deixá-lo fazer um teste porque um projeto para os pobres havia coincidido com a data do exame (John também precisava de compaixão).

Quando pensou numa transição do serviço religioso para a indústria de filmes, John ficou imaginando se compaixão seria uma qualidade necessária nos filmes. Mas, como descobriu, havia um modo de usar sua compaixão e espiritualidade em escala muito mais ampla em documentários e filmes educativos. Seu primeiro documentário foi a respeito de como cuidar de pessoas com AIDS. A capacidade de John sentir compaixão foi a chave do sucesso desse filme e uma qualidade central da sua Missão de Vida.

5. Use filmes de curta metragem. Qual é a sua habilidade especial e onde você poderia começar a usá-la mais eficazmente a serviço da sua Missão de Vida? Você pode usar essa meditação ativa com grande eficácia mesmo durante momentos breves de tempo durante o dia. Vamos imaginar que você trabalhe num escritório onde haja grande quantidade de trabalho, muito barulho, tensão e telefones tocando. Você chegou ao limite do que pode suportar quando o Sr. Frazzle entra anunciando a última crise.

Essa é precisamente a hora de tirar de um a três minutos para assistir a um filme de curta metragem, como eu chamo esse processo. Mentalmente, você pode pintar o lugar mais lindo e sereno da terra. Chamaremos a ele de o seu paraíso secreto. Ponha-se nele e fique por quanto tempo puder. Se tiver de correr para o seu carro ou sentar-se no banheiro ou sair para descobrir um local para meditar, faça-o. Isso servirá como teste: será que pode reservar algum tempo para meditar na hora e onde lhe parecer apropriado? Filmes de curta metragem podem ser tão eficazes como os de longa metragem. O uso freqüente desses pequenos intervalos de tempo é como uma injeção muscular de ânimo para a ação criativa.

6. Leia. Agora, durante pelo menos cinco minutos, volte-se para alguma leitura inspiradora para o dia. Simplesmente, abra um livro ao acaso e leia a página. Você descobrirá que algo nessa página lhe dará a informação de que precisa nesse mesmo dia. Para idéias sobre quais livros ler, por favor consulte a bibliografia.

7. Afirme. Uma afirmação é uma sentença curta e positiva no tempo presente, feita na primeira pessoa, descrevendo a qualidade que você quer desenvolver ou algo que quer que seja manifestado. "Eu não vou sentir medo", é um exemplo de como *não* escrever uma afirmação. Recrie essa sentença com algo positivo: "Pratico a minha coragem diariamente." Uma afirmação para este capítulo pode ser: "Penso com facilidade e minha mente está clara"; ou "Sou uma pessoa tranqüila". Um pensamento mantido na mente é um pensamento manifestado.

A princípio você poderá achar difícil acreditar no que está dizendo. Exercite-se confiando na sua sabedoria interior — a parte sua que conhece e revela o que você deseja. As afirmações colocam as coisas em movimento a partir da ocasião em que você as faz. Fortaleça a sua sessão afirmando que a solução que alcançou ou o conselho que ouviu está se manifestando agora. O que você quer, acontecerá!

8. Aja. O objetivo das etapas de 1 a 7 é recarregar e preparar você de forma positiva para o dia, bem como organizar e focalizar a sua energia. Então, logo depois, faça algo diretamente ativo. Talvez você possa trabalhar no seu último livro, sonhar com idéias para o projeto que está tentando realizar, ou fazer planos para o dia. Você é mais criativo nessa hora. O importante, em última análise, é traduzir a sua sabedoria meditativa em AÇÃO.

Embora haja oito partes no programa "Limpe a sua Mente", você não precisa cumprir numa sessão. É melhor manter uma forma descontraída em vez de uma forma compulsiva e estruturada, porque você pode usar o que lhe parecer apropriado para esse dia específico. Ter uma grande variedade de possibilidades para escolher também torna a sua meditação variada. E você ainda pode acrescentar as suas próprias variações. Por exemplo, você pode se esquecer inteiramente dessa hora ou sair a passeio: isso também está certo. Ou talvez você queira cantar sua canção favorita, ou dançar com música durante alguns minutos. Use o que funciona — tudo o que o deixa em sintonia consigo mesmo, o que o ativa e o carrega positivamente de energia para o dia. Logo você desenvolverá a sua própria rotina, aquela que seja mais eficaz para você. O principal é fazer regularmente o seu programa "Limpe a sua Mente", e certificar-se de que cada sessão inclui algum tempo em silêncio, sem nenhum programa a cumprir.

Como Goethe escreveu em seu poema *In the Forest,*

Andei sozinho pelos campos.
Concentrei-me em não ver nada.

Faça o "Limpe a sua Mente" só para você. Dê espaço a si mesmo e ouça a si mesmo. Armado com o conselho que obterá do seu íntimo, você poderá avançar com confiança. Este é o assunto do próximo capítulo.

5

Arrisque Todos os Dias

A vida é um risco. Os primeiros passos que deu quando criança foram exatamente isso. Você sabia o que esperar? Poderia ter caído e se machucado (arriscar-se significa correr o risco de se ferir), mas alguma coisa o impulsionou e você andou. Recupere essa criança aventureira dentro de você para conseguir o que você de fato deseja. Raymond Loewy, famoso desenhista, disse certa vez: "Eu busco a surpresa: procuro excitação e adoro assumir riscos. Estou disposto a falhas, contanto que conquiste algo grande."

Corra o risco de viver a sua missão em vez de esperar que algo aconteça.

RISCO E MISSÃO DE VIDA

Arriscar significa aventurar-se em algo desconhecido, em arenas não analisadas, saindo de padrões aceitáveis — e, o que é mais importante, *conquistar iluminação na sua missão única.* A Missão de Vida é um risco? — pergunta você. Como pode ser isso? Não se trata do que é unicamente meu? Sim. E eis a ordem: ouse fazer o que é seu, só seu!

Muitas pessoas não se sentem bem fazendo algo apenas para si mesmas. Elas preferem ser como os pais que defendem abertamente os filhos, mas nunca expressam nada em seu próprio benefício. E a busca da sua missão pode separar você daqueles que querem adaptá-lo aos seus moldes. Há uma enorme sedução em ficar com as mensagens — e programas de trabalho — que você recebe dos outros.

A MISSÃO DE VIDA: UM ASSUNTO PESSOAL

O caminho para a descoberta da sua Missão de Vida é um processo intensamente *pessoal*. Ninguém pode concretizar o propósito da sua alma a não ser você. Você tem a opção de responder ao seu chamado ou não. Sim, assumir intencionalmente uma responsabilidade *por si mesmo* pode parecer arriscado! Você poderá sentir o que os nadadores principiantes sentem ao ficar em pé na margem, vendo os outros nadar. Você se sente seguro onde está. Cair na água é algo tão assustador! Afinal, você pode se afogar. Primeiro, você terá de dominar a natação através de uma forma de entrega — aprendendo a flutuar. Quase como um desafio ao bom senso, você tem de confiar em que a água o suportará. E o mesmo vale para o processo da Missão de Vida.

Seguir sua Missão de Vida significa render-se ao apoio da sua Fonte (o mesmo que fez com a água). Quando cruzar o limiar da confiança absoluta e livrar-se da sensação de que não haverá nada para tomar o seu lugar, você aprenderá que será sustentado pela sua Fonte.

O RISCO: ARRISCAR-SE A CUMPRIR A MISSÃO

Aprenda com o título da velha canção: "Aposte no amor." O que esse título significa? Bem, simplesmente que, quando aposto no amor, estou disposto a ter amor na minha vida. Analogamente, quando você aposta na sua Missão de Vida está dizendo que está disposto a assumir o risco de amar e de buscar a sua missão, em vez de continuar sendo a pessoa que não é. "O único modo de cumprir a minha missão é confiar na minha Fonte, à qual pertenço e à qual retornarei, pois ela é o alicerce essencial do meu ser."

Apostar na sua missão exige sua dedicação. Mas aqui existe um paradoxo: você arrisca *tudo* se não for autêntico! Só você poderá realizar o propósito da sua alma até o grau em que estiver disposto a se arriscar para cumprir a sua própria missão.

O SIGNIFICADO DO RISCO

Arriscar significa passar do familiar para o desconhecido. Significa deixar a sua zona de segurança e estender-se até o limiar de novas possibilidades. Se estiver se sentindo seguro, estará menos motivado para tentar algo novo; quando estiver disposto a substituir a certeza pelo crescimento, o benefício será seu.

Como disse astutamente um executivo, "Você tem de reconhecer que toda manobra bem-sucedida terá de ser solitária. Mas se se sentir totalmente bem, não estará à frente o suficiente para fazer algum bem. A agradável sensação de que tudo está correndo bem em geral é a sensação de calor no centro da multidão. Sensações de calor e risco não se misturam." Este capítulo convida você a entrar de mansinho em algo menos confortável e a aprender como arriscar-se de modo a poder "conquistar algo grande", como definiu Loewy.

AS RECOMPENSAS DO RISCO

É enorme o pagamento que você recebe por arriscar-se a ser quem você é. O risco lhe dá um elevado senso do eu, permitindo-lhe explorar e valorizar suas autênticas necessidades. *Lembre-se de que, sempre que você arrisca, o resultado demonstra que vale o esforço.* O que você lucra é crescimento, desenvolvimento e transformação.

O risco pode deixá-lo com medo porque põe em movimento um processo evolutivo que o leva inevitavelmente rumo à transformação, inclusive à morte. Só com a aceitação da morte e da transformação você pode encarar a vida de frente.

O risco põe você em contato com as suas forças. Você compreende que o conforto de viver os planos que os outros fizerem para você é uma ilusão, e começa a viver segundo os seus planos. Você aumentará a sua auto-estima e o seu amor-próprio, optando pela autenticidade (sendo quem você é) e identificando-se mais com o que você precisa ser. Finalmente, você aprenderá como arriscar-se a levar uma vida que lhe dê o que você quer. (Você se arriscaria, se fosse para obter algo que não deseja?)

PRIMEIROS PASSOS

Aprender como assumir riscos é uma aventura sem fim. Não há melhor antídoto contra a depressão e a inércia no seu processo de Missão de Vida do que dar esses primeiros e arriscados passos. Algumas vezes, todo esse processo poderá parecer demasiado esmagador e grande demais para ser controlado. Um modo de enfrentar o risco é considerar o processo e analisá-lo por partes.

A Viagem de Sally

Sally, uma mulher de 63 anos, de cabelos prateados, queria fazer uma viagem sozinha e nunca tivera ousadia para isso. Viúva, com dois cachorros para cuidar, há dez anos não viajava mais — desde a morte do marido. Ela passava o tempo todo em casa, deprimida, raramente se aventurando a sair. O marido sempre cuidara de seus planos, e assim ela se sentia aterrorizada diante da possibilidade de viajar sozinha. Eu lhe pedi para fazer uma lista de tudo o que a amedrontava diante da idéia de fazer uma viagem.

Sua lista foi:

- Estar sozinha e longe de casa durante a noite.
- Decidir para onde ir.
- Ficar sem os meus animais.
- Descobrir meu lugar de destino no mapa.
- Ir a uma biblioteca e ler sobre esse lugar.
- Telefonar para o agente de viagens.
- Verificar o talão de cheques para ver se é possível pagar a viagem.
- Comprar malas.
- Decidir como quero chegar lá (de carro, de ônibus, de avião, de trem).
- Identificar as coisas especiais de que necessito, como pílulas, injeções, equipamento especial.
- Pesquisar canis para deixar os cães.

Pedi que Sally identificasse o item mais amedrontador da sua lista.

Para sua surpresa, ela compreendeu que seus temores se concentravam em torno do fato de ter de deixar os animais. Ninguém podia tomar conta deles; um canil estava fora de cogitação. "Engaiolá-los desse modo seria terrível", ela insistia. Sally deixara que os animais a prendessem em casa. Ela resolveu enfrentar seus medos: buscou modos alternativos de cuidar dos animais, achando um canil onde eles pudessem correr e se exercitar.

O medo que Sally tinha de viajar estava relacionado com essa lista imaginária que levava com ela, como você pode ver. Cada item por si só era controlável (alguns mais do que outros, naturalmente). Mas, ao lidar com o "pior" da lista, ela manteve o fluxo dos acontecimentos em ação. Assumindo o risco, ela finalmente visitou um irmão que não via há cinco anos. Continuou a viagem a partir da casa dele em Minnesota, indo a Nova York para visitar uma amiga. Depois de voltar para casa, Sally prometeu a si mesma que viajaria uma vez por mês. Sua saúde e sua vitalidade emocional melhoraram.

Exercício: Destrua os seus Fatores de Risco

É mais fácil e menos problemático começar com um aspecto do processo de risco. Como Sally, identifique alguma coisa que você tem medo de arriscar. Então, divida o projeto ou atividade em suas partes componentes, selecionando o item-chave com o qual está tendo dificuldades.

1. *Analise o item que você quer dominar.* O que o aborrece nele? Determine os passos que pode dar para superar o medo que você tem desse item. Para Sally, era ficar longe dos seus animais. A solução: Sally levou os cães para a casa de um vizinho durante um dia.
2. *Divida o seu risco em estágios.* Se, por exemplo, você estiver com medo de fazer um curso universitário, poderá passar uma tarde andando pelo campus, ler um livro sobre o assunto, assistir a uma palestra, conversar com um professor ou freqüentar um curso como ouvinte. Sally foi passear sozinha sem os seus animais.

3. *Mude de atitude.* Se você escolher alguma coisa que não gosta de fazer, como poderá mudar sua atitude a esse respeito? Por exemplo, se os detalhes de uma viagem consistirem num aborrecimento, ou seja, negociar com o agente de viagens e fazer pesquisa, você pode convencer um amigo a ajudá-lo nisso?
4. *Examine como o risco irá beneficiá-lo.* Sally compreendeu duas coisas. Em primeiro lugar, ela não havia pensado no que faria se fosse hospitalizada. Pensar nesse item de risco tornou-a consciente da necessidade de ter um plano de saúde alternativo para os seus animais. Em segundo lugar, ela pôde ver o irmão de quem sentia muita falta.

Como você se sente agora sobre o seu risco? Ele é tão mau assim? Aposto que já parece um tanto bom.

O RISCO ESTÁ NOS OLHOS DE QUEM CORRE O RISCO

Muitas pessoas presumem que algo é um risco quando não é. Eu deixei de largar um cargo na Universidade, esperando muito mais tempo do que seria necessário, porque tinha medo das conseqüências de assumir esse risco. Não havia outro emprego para substituí-lo e eu não tinha nada em vista. Analisando o fato agora, fico imaginando por que tanta complicação. Eu achava que abandonar um emprego seguro era um risco; no entanto, o verdadeiro risco era eu continuar lecionando na Universidade.

A cidade em que a Universidade está localizada, Valparaíso, em Indiana, é um lugar tranqüilo, pacato e conservador à espera do grande evento do ano: o festival da pipoca. Minha vida na Universidade consistia em preparar-me para as aulas, planejar os cursos do ano seguinte e, para meu alívio, tirar férias. Sem as férias, eu não poderia enfrentar o semestre seguinte. Como disse Santo Agostinho, era o meu modo de passar pelo pior do inferno à espera de conquistar o céu.

Hoje, vejo meu descontentamento e depressão como indicações claras de que eu tinha necessidade de sair do emprego, quando na verdade eu pensava que estava com medo de deixar uma situação que me deixasse desapontada. No entanto, ao rotular minha demissão como de risco, eu vivi durante cinco anos com medo de largar o emprego. Foram necessários três anos para eu fazer a transição afastando-me de Valparaíso, mas deu certo, porque eu ousei seguir a visão de me transformar no que eu de fato era, em vez de continuar sendo o que não era. Comecei a ver que sair da Universidade era a única maneira de assegurar minha saúde mental e emocional. Acima de tudo, vi que para me sintonizar com a minha Missão de Vida, eu teria de renunciar à minha posição de professora. Quando compreendi isso, sair do emprego não mais pareceu um risco.

O RISCO E O SEU MODO PRIMÁRIO

Alguns MP se sentirão melhor com riscos do que outros. Os Fazedores preferem o risco (mas não o risco emocional), porque eles querem manter o poder. Os Motivadores evitam agir de forma concreta. Os Estabilizadores têm medo de mudança e de movimentos repentinos, visto que relutam em iniciar o que quer que seja. Os Analistas fazem as coisas somente quando têm a certeza de que as farão direito, portanto tomar decisões é um risco para eles.

Pense num risco que você reluta em assumir. Ele pertence ao nível emocional? Dizer uma palavra amável a um chefe que você não suporta? Chorar diante de um dos seus filhos ou do parceiro? Mostrar o seu eu amoroso? Dizer o que realmente sente para alguém que ama ou odeia? Expor uma parte vulnerável de si mesmo? Ou talvez cometer um erro no trabalho, tomar a iniciativa quando outros sempre tomaram as decisões, ou ficar sentado ouvindo quando já sabe as respostas? Um novo comportamento é um risco; mas, ao mudar, você estimula o crescimento.

Exercício: O seu Cociente de Risco

Avalie a si mesmo pelo modo como responde às seguintes afirmações, fazendo um círculo ao redor do número adequado. Se concordar intensamente com uma afirmação, circule o nº 1; circule o nº 2, se concordar; o nº 3, se for neutro; o nº 4, se discordar; e o nº 5, se discordar veementemente. Some o total de pontos.

	Concordo ↔ discordo
1. Antes de arriscar algo tenho de pedir permissão a mim mesmo.	1 2 3 4 5
2. Eu só assumo riscos quanto tudo o mais falhou.	1 2 3 4 5
3. Só arrisco quando já fiz o mesmo tipo de coisa antes.	1 2 3 4 5
4. Antes de fazer algo, analiso totalmente os fatos.	1 2 3 4 5
5. Não sou um arriscador compulsivo.	1 2 3 4 5
6. Só me arrisco quando é absolutamente necessário.	1 2 3 4 5
7. Meus pais ou guardiães tendem a tomar decisões seguras.	1 2 3 4 5
8. Inclino-me a fazer as coisas de modo previsível.	1 2 3 4 5
9. Não rio muito de mim mesmo.	1 2 3 4 5
10. Preocupo-me mais em fazer tudo certo do que em agir.	1 2 3 4 5
11. Não gosto de estruturar demais o meu dia.	1 2 3 4 5
12. Tento me adaptar onde quer que eu esteja.	1 2 3 4 5
13. Transformo pequenas coisas num grande negócio.	1 2 3 4 5
14. Sigo instruções e procedimentos com facilidade.	1 2 3 4 5
15. Inclino-me a aceitar o *status quo*.	1 2 3 4 5
16. Inclino-me a acompanhar o grupo.	1 2 3 4 5
17. Questionários como este me deixam pouco à vontade.	1 2 3 4 5
18. Tenho muito medo de mudanças.	1 2 3 4 5
19. Desencorajo os outros de assumirem riscos.	1 2 3 4 5
20. Gosto de saber no que estou entrando antes de agir.	1 2 3 4 5
	Total:____________

O que a sua contagem significa:

20 a 30: É provável que você tenha medo de sair do útero.
31 a 40: Você sai do útero, mas não de casa.
41 a 50: Você sempre leva um guarda-chuva consigo, com exceção talvez, quando vai a Palm Springs.
51 a 60: Faz tempo que você não verifica o seu pneu sobressalente.
61 a 70: Você planeja as férias quando está de férias.
71 a 80: Você costuma apostar nas zebras.
81 a 90: Você nunca se apressa em assumir riscos.
91 a 100: Você só nota a montanha depois que deu o salto.

Falando sério, se a sua contagem foi inferior a 40, você precisa pensar em participar de uma aula de positividade, além de fazer os exercícios abaixo. Se a contagem foi entre 40-60, os métodos de auto-ajuda que seguem devem ajudá-lo a melhorar essa marca. Se sua contagem foi entre 60-80, você desejará examinar alguns aspectos da sua vida em que ainda não se arriscou e dar-lhes atenção. E se você contou mais do que 80 pontos, gostará de indagar por que assume riscos sem primeiro planejar suas idéias.

ASSUMIR RISCOS E POSITIVIDADE

Assumir riscos e positividade andam de mãos dadas. Uma conduta sadia é proteger e reclamar o próprio espaço. Quando faz isso, você está dizendo: "Meu comportamento indica que eu penso no meu espaço tanto quanto os outros." Eis com que se parecem os comportamentos passivo, positivo e agressivo:

O círculo representa o relacionamento entre duas pessoas. Cada um é responsável pelos seus 100% (digamos que 50% seriam mais "lógicos", mas não mostram a importância da plena responsabilidade).

O comportamento agressivo invade o espaço da outra pessoa. O

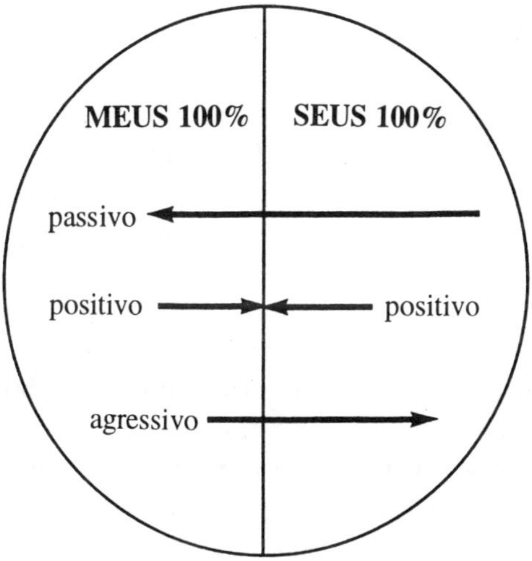

comportamento passivo, por outro lado, permite que o agressor entre na outra metade do espaço. O comportamento positivo diz: "Sou responsável pelos meus 100%, mas não pela sua metade. Posso ser simpático à sua metade, mas não sou responsável por ela e opto por não entrar nela." Arriscar significa reclamar o seu espaço sem invadir o dos outros.

Você precisará dessa preparação para reclamar o seu próprio espaço (a sua Missão de Vida).

Ser ou não Ser

Evelyn B., uma tranqüila e tímida secretária, é um exemplo de como o uso da positividade ajuda a assumir riscos por uma Missão de Vida. Na sessão que deu continuidade a uma série de cursos, os participantes falaram a respeito das coisas que haviam arriscado fazer nos meses intermediários.

Evelyn havia mudado seu processo de trabalho. Trabalhando num pequeno consultório médico, ela decidira computadorizar suas fichas de arquivo mesmo antes de saber como usar o programa. Anteriormente, quando pensava em fazer algo novo, ela eliminava a idéia dizendo a si mesma que a companhia não permitiria ou que ela não o permitiria. Ela sentia a frustração de ver as fichas de informação formando pilhas no escritório e sabia que tinha de haver um modo melhor.

Evelyn literalmente decidiu afirmar seu espaço, o que foi difícil, por ser uma Estabilizadora. Evelyn disse que pediu ao chefe para reduzir o tempo de serviço no consultório para que o sistema fosse implantado. Isso, para ela, tinha um profundo significado de ir para o limbo.

Resmungando, o chefe só lhe deu algumas horas de folga na semana e pouco apoio emocional. A ameaça de ser despedida "por gastar muito tempo" ficou suspensa constantemente sobre a sua cabeça. Ela aceitou o desafio, "trabalhou na sua metade do círculo" e descobriu uma solução positiva para o problema do escritório.

Agora os colegas de Evelyn salvam um tempo valioso ao examinar e atualizar fichas, tendo acesso rápido à informação. Ela se dispôs a dar um salto de uma forma inédita. Seu risco particular foi dizer a si mesma que podia iniciar um novo projeto no trabalho. Sua decisão de assumir a responsabilidade pelo seu próprio espaço lhe deu confiança e a abriu para a Missão de Vida que incluía meios de melhorar a comunicação e a organização. O passo seguinte foi fácil!

MODOS DE ASSUMIR RISCOS

Nunca é tarde para assumir riscos e sair do seu limbo pessoal. (Afinal, é onde a árvore dá frutos). O objetivo é sentir-se confortável com os riscos. Comece a assumir mais riscos tanto quanto possa continuar a se sentir seguro (mas não seguro DEMAIS). Eis algumas sugestões:

Reveja o seu processo de risco. Pense na última vez em que arriscou algo. Quais eram as circunstâncias? O que você estava arriscando? Quais eram as suas expectativas? Qual o resultado? O que aprendeu com o fato? Você assumiria o mesmo risco outra vez? Você alguma vez assumiu esse risco na sua carreira?

Saiba o que você quer ao assumir o seu risco. Muitas vezes, alguma coisa parece arriscada porque você não tem a mínima noção dos resultados que quer conseguir. Seja claro sobre o seu motivo ao fazer algo, e reserve antes um tempo para pensar (este é um bom conselho, principalmente para Fazedores e Motivadores). Se você não está certo sobre os resultados que deseja, relacione os piores e os melhores resultados possíveis. O que você quer provavelmente é algo intermediário. Anote os objetivos específicos, usando a informação que tem, e visualize a si mesmo alcançando-os. O exemplo de Evelyn mostra um fator importante ao assumir riscos.

Com demasiada freqüência as pessoas tendem a se deter no meio do caminho, interrompendo um impulso espontâneo de assumir um risco. Mas, se você sabe o que quer de uma determinada situação, pode arriscar de forma mais inteligente e reduzir ao mínimo a probabilidade de parar no meio da corrente. Lembre-se de quando estava na estrada errada porque não tinha um mapa rodoviário? Com a sua Missão de Vida você tem esse mapa; seu objetivo é uma necessidade claramente definida, e o risco é o combustível para levá-lo até lá.

Assuma um risco íntimo. Sugiro um risco íntimo porque o nível de risco usualmente é baixo e apresenta uma boa chance de resultar a seu favor. Um risco íntimo é algo que só você sabe que está assumindo. Eis um exemplo: numa classe, os participantes compartilharam seus riscos íntimos. Uma participante contou que saiu um sábado à tarde sem programa nenhum. Normalmente, ela preencheria cada minuto com atividades previamente escolhidas. Para ela, isso era algo exorbitante, *mas ninguém sabia.* Eis outro exemplo: o participante de um curso disse que nunca havia ousado antes usar uma gravata vermelha para trabalhar. Para ele, um risco íntimo podia ser começar a usar gravatas mais alegres até chegar a usar uma vermelha.

Ensaie o seu risco. O ensaio é vital para Estabilizadores e Analistas que gostam de fazer tudo com perfeição, enquanto os Fazedores e Motivadores precisam de uma revisão porque raramente preparam algo.

Escolha uma situação em que quer melhorar o resultado. Digamos, por exemplo, que você comprou um forno de microondas e ele não foi tão eficaz nem correspondeu às suas expectativas. Reveja o que fez na situação que deixou de atender às suas necessidades. Talvez você simplesmente tenha ficado com o forno ou o devolveu, zangado.

Refaça a cena como gostaria que ela fosse. Pratique mentalmente até se sentir bem. Na próxima vez em que ocorrer uma situação semelhante — digamos, a máquina de lavar roupa não funciona como lhe garantiram —, ensaie o que irá dizer. Esteja certo de que tem o resultado desejado na mente antes de começar. Tente com um parceiro e represente a cena, se quiser. Obtenha alguma informação sobre como está se saindo. Isso ajudará a diminuir o sentimento de ansiedade e lhe dará confiança. Então vá e ponha em ação o que estava ensaiando. Você acrescentará um pouco de vapor à sua auto-estima!

Encoraje a si mesmo. Aumente a sua habilidade de assumir riscos dizendo a si mesmo todas as coisas que admira em você. Pratique fazer isso diante de um espelho (isso por si só é um risco). Talvez uma de suas melhores qualidades seja a sua capacidade de empatia. Ao usá-la, talvez você possa persuadir o vendedor a aceitar de volta o item defeituoso mencionado no exemplo acima. Ou talvez você seja engraçado. (Vocês, Motivadores, apreciarão isto.) Você pode arriscar contar uma piada aos colegas. Para cada risco que assumir, conseguindo o que quer, dê a si mesmo alguma coisa como recompensa. Em todas as ocasiões, seja gentil e delicado consigo mesmo.

Compartilhe seus medos. O risco pode ser uma aventura solitária. Fale consigo mesmo sobre quaisquer sentimentos de isolamento que estiver sentindo. Dê a si mesmo o espaço para viver quaisquer ansiedades e preocupações, e discuta-as consigo mesmo. Constate qualquer medo, de modo que possa vencê-lo.

Aceite o fracasso como parte do processo. O risco exige que aceitemos possíveis erros ao longo do caminho. Como disse uma cliente, "Se você falhou em alguma coisa, estará fazendo algo direito!"

Se você parar de assumir riscos só porque teme o fracasso, pense em Jane. Ela ficou paralisada pelo pensamento de algum risco de fracasso. A ironia é que ela havia falhado várias vezes ao longo do caminho! Entre outras coisas, ela foi reprovada num exame, foi despedida de dois empregos e se divorciou uma vez (ela ainda não havia compreendido que precisava sofrer esses fracassos para ser livre). Naturalmente, tive de lhe perguntar por que sentia medo do fracasso, pois achei que ela já se habituara a ele. Afinal, pessoas bem-sucedidas também sofrem reveses. Edison catalogou listas de fracassos isolados antes de inventar a lâmpada.

Pergunte se é realmente um risco. Dê uma boa olhada no risco que está levando em consideração. Trata-se de fato de um risco? Quem disse que é? Você ou outra pessoa? Se você *não* tivesse largado aquele emprego, por exemplo, como estaria a sua saúde? Se algo representa um risco, quais são as alternativas para não assumi-lo? (Lembre-se do meu exemplo em Valparaíso.)

Assuma o risco com os outros. Você não tem de arriscar tudo sozinho. Inclua os outros nas suas aventuras. Consiga o apoio e os conhecimentos deles. Pergunte às pessoas sobre os riscos que elas assumiram. Leia autobiografias de aventureiros, exploradores, pioneiros e de pessoas que gostam de correr riscos. Descubra como elas fizeram e o processo de tentativas e erros por que passaram. Suas histórias lhe darão encorajamento. Cole quadros de seus heróis na parede e leia o jornal procurando histórias de pessoas que você possa imitar e respeitar, e que deram passos audaciosos em suas vidas.

Reconheça os riscos que já correu. Vire um pedaço de papel de lado e trace uma linha horizontal, pondo marcas para cada cinco anos da sua vida. Acima dessa linha, escreva ao menos quatro decisões importantes que tomou nesses períodos de sua vida. Abaixo da linha, escreva o que teria feito se não tivesse tomado aquelas decisões.

Exercício: Decisões Importantes que Tomei

Desenhe uma tabela que se pareça com esta:

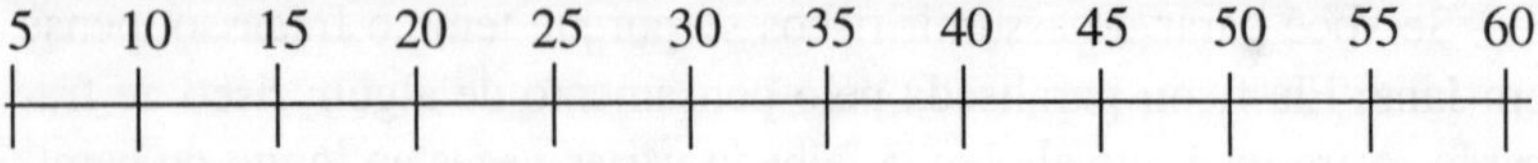

Os números se referem à idade que você tinha quando tomou a decisão que mudou a sua vida. Anote as decisões importantes que tomou e quando as tomou. Embaixo da tabela, escreva o que teria acontecido se não tivesse tomado essas decisões.

Eis o modo como eu completei o exercício:

Decisões Importantes que Tomei

Aprendi a andar de bicicleta	Mudei-me para a Europa	Larguei meu emprego na Universidade	Comecei a escrever e a compor

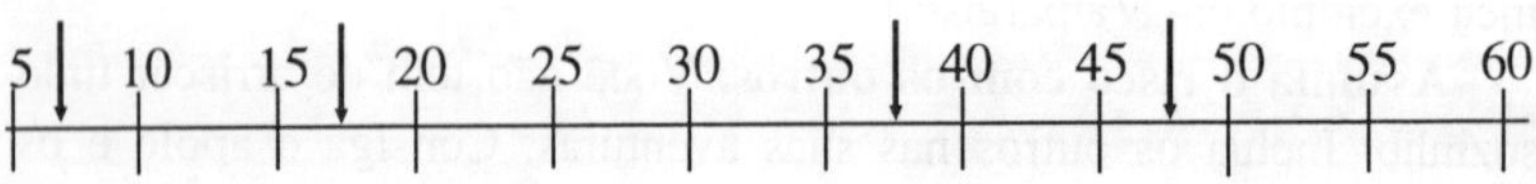

Resultado, se não Tivesse Tomado Aquelas Decisões

Teria muito menos amigos	Não seria fluente no alemão	Teria terminado um relacionamento	Teria continuado com os seminários e evitado uma expressão criativa.

Este exercício permite que você veja os riscos que assumiu e as escolhas que fez. Compare a pessoa que você escolheu ser (em cima da linha) com a que preferiu não ser (embaixo da linha).

Surpreendeu-se com o número de riscos que assumiu?

Dê o exercício a um amigo e peça-lhe para descrever as duas pessoas. Que diferenças você descobriu sobre a pessoa que arriscou ser (aquela descrita em cima da linha)? Quem foi o responsável pela pessoa que você decidiu ser? Onde você estaria agora se não tivesse percorrido os caminhos que percorreu? Dê os parabéns a si mesmo por todas as decisões. Cada uma delas mostra que:

1. Você estava controlando a sua vida.
2. Você escolheu quem queria ser.
3. Você fez algumas boas escolhas.
4. Você tinha motivos definidos para fazer o que fez.
5. Você correu muitos riscos!

Examine o seu passado para descobrir quem assumiu riscos. Se você acha que não pode arriscar, observe o seu histórico familiar para encontrar exemplos de coragem. A maioria dos que vivem nos Estados Unidos está no país porque seus ancestrais desbravaram novas fronteiras e seguiram seus destinos, ou foram forçados a optar por uma nova pátria contra a sua vontade, arriscando suas vidas.

Todos nós podemos descobrir uma história de heroísmo e de pessoas da nossa família correndo riscos. Procure os pioneiros, os imigrantes, os aventureiros ou os cativos em seu passado, e veja os perigos que correram! Peça aos seus pais, avós ou parentes para lhe contarem histórias de bravura que tenham na lembrança. Ou reúna-se com amigos e compartilhe relatos de coragem dos seus respectivos históricos familiares. Essas narrativas lhe darão novo ímpeto, o encherão de orgulho e demonstrarão os efeitos positivos de correr riscos.

Reserve esse dia para correr um risco. Ele é o material que forja a vida, a sua fonte de poder, de crescimento, de singularidade e de autenticidade. Quanto mais você arriscar, mais estará dizendo à sua Missão de Vida: "Eu aceito você!"

6

Elimine os Pensamentos Negativos

> Se você disser que pode ou que não pode, em ambos os casos você está certo.

Pessoas que pensam negativamente são aquelas que se levantam de manhã, vêm um montículo de terra levantado por uma toupeira e, ao cair da noite, transformam-no numa montanha. Esses negativistas recebem uma boa dose de encorajamento, visto que o pensamento negativo (P.N.) é inerente à nossa sociedade. Por exemplo: é muito difícil encontrar algo positivo nos jornais ou na televisão. Os executivos da mídia são honestos ao dizer que desastres vendem melhor do que histórias de interesse humano "suaves" (ou seja, histórias mais otimistas).

Se você está bloqueado na busca da sua missão, pode ser que esteja impedindo tudo com energia negativa. O P.N. impede-o de tentar a carreira que sempre quis, ousar realizar os seus sonhos e cumprir a sua Missão de Vida. O pensamento positivo permite que o corpo, a mente e o espírito lhe dêem confiança e fé afirmativas em si mesmo, das quais você necessita para realizar sua Missão de Vida.

O objetivo deste capítulo é ajudá-lo a eliminar os efeitos debilitantes do P.N. e substituí-los por raciocínios positivos e dinâmicos. Você aprenderá a conhecer as causas do P.N., como eliminar o hábito de pensar negativamente e como controlar seus pensamentos. Lembre-se de que o modo como você pensa é uma profecia que se cumprirá no que se refere a qualquer evento da sua vida. Se você disser "eu posso" ou "eu não posso", você estará certo.

COMO COMPARAR PENSAMENTOS POSITIVOS COM NEGATIVOS

Os pensamentos são coisas. Eles criam campos de energia. Quando você pensa sobre um certo tipo de energia, você atrai essa mesma energia para si. Você recebe exatamente o que envia. Em outras palavras, o que você deseja afeta você e a sua pescaria — e o tipo de peixe que você pesca. Observe como você responde emocional e fisicamente a uma história positiva do jornal. Ela de fato pode fazê-lo sentir-se melhor. Norman Cousins descobriu os efeitos curativos do riso no corpo quando riu de si mesmo durante uma doença grave. Os comediantes Bob Hope e George Burns mostraram o relacionamento positivo entre o humor e a longevidade.

A mesma equação é verdadeira quanto aos pensamentos negativos. Se você vê tudo negativo, colherá resultados negativos. Pensar nas coisas em termos de desastre diminui e drena a sua energia. O P.N. é tão destrutivo quanto o veneno.

Com a seguinte experiência, você poderá demonstrar para si mesmo os efeitos debilitantes do pensamento negativo sobre o seu corpo.

Exercício: Você me Pegou de Jeito!

Escolha um amigo que ainda não tenha lido esta parte do livro (em outras palavras, um amigo que ainda não tenha comprado este livro). Anote por escrito três frases que você dirá mentalmente a esse amigo. Escolha uma frase negativa e duas positivas (ou vice-versa), e a ordem em que as dirá. Exemplo: (1) "Jane não poderia fazer nada certo, mesmo que tentasse"; (2) "Jane é a pessoa mais maravilhosa da terra"; e (3) "Jane pode ser tudo o que ela quiser." Não mostre as frases ao seu amigo.

Agora peça ao amigo para manter um braço esticado para o lado e para resistir à pressão que você exercerá com o segundo e terceiro dedos da sua mão. Então faça uma pressão para baixo para testar a resistência do amigo. O braço dele deve ficar firme. Diga-lhe agora que você pressionará seu braço para baixo mais três vezes, como fez ao fazer o teste, enviando a mensagem mental ao dizer "um, dois", e pressionando o braço para baixo ao contar "três".

Mentalmente, diga cada frase descansando os seus dedos no braço do amigo e faça a contagem preparatória. Depois de contar "três", faça pressão como praticou antes. Observe a diferença na resistência do braço de seu amigo quando você pensou na sentença negativa e quando pensou na positiva. Imediatamente depois de pensar na frase negativa, o músculo do braço do seu amigo invariavelmente se tornará mais fraco e você o abaixará com facilidade!

Se você pode fazer os músculos de uma pessoa ficarem fracos com um pensamento negativo, imagine o que um constante bombardeio mental *e verbal* dessa negatividade pode criar durante certo período de tempo em você e nos outros. E, pior ainda, imagine o que o seu P.N. fará *a você* durante a busca da sua missão!

Voltemos à discussão do nosso exercício. Se você passar a pensar na frase positiva (sem revelar o seu segredo), o braço do seu amigo se tornará outra vez resistente, com força, confirmando assim o seu pensamento!

PENSAMENTO NEGATIVO: A PÍLULA COBERTA DE AÇÚCAR

Por que o pensamento negativo está tão difundido? Por que você desejaria algo que o impedisse de alcançar seus objetivos? Eis a seguir alguns dos motivos.

O P.N. muitas vezes dá um lucro falso (algumas vezes conhecido como ganho secundário). Se, por exemplo, você ficou doente quando criança, talvez subconscientemente você estivesse procurando chamar a atenção dos seus pais. Mas é aí que está a dificuldade: o pagamento pode parecer positivo. Contudo, para conseguir essa atenção, você teve de diminuir suas capacidades (ficando doente).

O P.N. serve de amortecedor e de proteção, impedindo-o de admitir que está errado. Se algo que você previu que estava "errado" de fato estava errado, você não terá de se culpar por estar errado! A sua opinião de que todo o tempo aquilo estava errado foi comprovada; mesmo inconscientemente, algumas pessoas precisam do resultado negativo para confirmar que a sua previsão estava correta. Com essa filosofia, você "vence" quando a sua previsão negativa é negativa. Afinal, você estava certo. Mas que vitória!

Se tudo isso parece um tanto obscuro, simplesmente aplique-o a uma situação rotineira. Você está no gramado do campo de golfe. Diz a si mesmo que irá perder o lance ("Eu sei que não vou fazer o ponto"). E *voilà*! Você perde o lance! Talvez você não goste desse resultado, mas ao menos foi suficientemente esperto para predizê-lo. ("Eu sabia o tempo todo que não o faria!")

A negatividade parece tão autoritária! Com freqüência o P.N. tem conotações de realismo, de sabedoria, de clareza e de autoridade. Para muitas pessoas, ser realista é prova de inteligência e de lucidez! Além disso, também parece uma atitude tão amadurecida! Afinal, você não aprendeu a ter P.N. mais ou menos quando ficou adulto?

O pensamento positivo está associado à ingenuidade infantil. Ele é praticado pelos inocentes, pelos sonhadores, pelos negativistas, pelos hedonistas ou pelos ligeiramente lunáticos. Em geral, a palavra usada para definir alguém muito irrealista e otimista é Poliana! Arre!

MODOS DE ELIMINAR O P.N.

Preste atenção e respeite o seu eu positivo porque ele merece. ELIMINE O P.N.! Você visa um resultado: remover quaisquer barreiras, bloqueios e obstáculos criados pelo P.N. que o impeçam de descobrir a sua Missão de Vida.

Reconheça que o P.N. é um vício. Apesar dos seus efeitos colaterais nocivos, o P.N. exerce um controle férreo sobre você porque ele é como o álcool, as drogas ou outras substâncias que criam dependência. Um vício é um hábito compulsivo, como ter pensamentos depressivos, fazer previsões de catástrofes ou descobrir erros. Os que pensam negativamente ficam dependentes do P.N., assim como os que abusam das drogas se tornam dependentes das substâncias químicas.

O inconsciente atua com o material que você lhe dá, acomodando sua interpretação sem objeções. Se você acredita que a carta que acabou de receber da Receita Federal é uma convocação para uma auditoria, seus músculos ficarão tensos, seu coração ameaçará sair pela boca e a adrenalina fluirá pela sua corrente sangüínea.

O P.N. vicioso ergue um muro gigantesco entre você e os seus objetivos, porque cada evento é (pré)julgado, e diminui o seu desempenho. (Tente fazer algo produtivo num estado físico e emocional em que pensa que a Receita Federal está atrás de você.) Se, por outro lado, você abrir a carta sem pensar em nada, será capaz de lidar calmamente com o seu contéudo, seja ele qual for. Tudo depende de como você resolve avaliar a situação.

O Eu Alienado de John

John havia construído um belo sistema de defesa contra o P.N., para se proteger da sua paixão por motocicletas. Ele era um menino de uma pequena cidade do Kentucky quando foi tentar a sorte na cidade grande. Durante 25 anos foi contador executivo, mas abandonou o emprego e estava à procura de outro que lhe rendesse um pagamento semelhante (mais de $100.000 por ano). John gostaria de viver ao ar livre, apreciava carros de corrida e queria uma vida diferente.

No entanto, seu criticismo negativo funcionava mais ou menos assim: "Minha constante necessidade de lidar com máquinas, aquelas recordações sobre ter dirigido um trator com dez anos de idade na fazenda e a minha paixão por corridas não são adequadas a um homem adulto."

Não havia como transpor o muro de julgamento negativo que comprometia o desejo de John. "Se eu fizer o que gosto de fazer, isso significará que estou 'me vendendo barato'. Seja como for, o meu passatempo não vai me dar dinheiro, e se eu fizer aquilo de que gosto, irei à falência." John preferia ser negativo sobre aquilo de que gostava para não se devotar a isso. John de fato "disse não" à sua missão.

Elimine o hábito do P.N. Eliminar o pensamento negativo é um processo de transformação. Você pode transformar o P.N. em algo que funcionará para você, aprendendo a redirecionar sua energia para algo construtivo. É como aproveitar uma corrente elétrica que por si e em si mesma é neutra para algo que pode ser usado com proveito. (Portanto, vá pentear macacos!)

Atingir o hábito do P.N. começa com a tomada de consciência do quanto você está dependente dos pensamentos negativos que passam pela sua cabeça. Toque algumas das fitas mentais habituais. Reveja-as e pergunte a si mesmo o que faria se elas parassem de repente. Que novos comportamentos você teria de adotar na sua rotina diária se lhe faltassem os pensamentos negativos? Qual o P.N. que o deixou mais viciado?

Dar Aula de Biologia é Destino

Glen era um verdadeiro viciado em P.N. Quando não tinha sua dose diária de P.N., sentia-se miserável. Literalmente amarrado aos "não", dificilmente dizia uma sentença em que não houvesse uma negativa. Embora seu trabalho na universidade indicasse uma carreira promissora como biólogo, Glen estava convencido de que passaria o resto da vida dando aulas de biologia na escola secundária, ensinando os alunos a dissecar sapos e a colecionar borboletas.

No entanto, ele estava conseguindo exatamente o que desejava. Glen se parecia com um camarada atraindo raios para si mesmo durante uma tempestade ao se agarrar em um poste. Ele havia gasto toda a sua energia temendo o trabalho na escola secundária, sua localização e até mesmo visualizando a aparência do seu aposento desconfortável: microscópios fora de moda, paredes sujas, livros de texto opacos, etc. Ele de fato tinha atraído o tipo de emprego no qual havia se concentrado. (Aquilo a que você resiste, persiste.)

Glen monitorizou suas fitas negativas durante algumas semanas e compreendeu como dependia delas. Conseguir um emprego mais do seu agrado significaria que teria de assumir mais responsabilidade por seus pensamentos. Uma vez que o medo resultava em pensamentos negativos, ele começou a mudar seu foco para o que queria em vez de pensar naquilo que temia.

Hoje você encontrará Glen trabalhando feliz numa firma de pesquisa. "Agora, as únicas borboletas com que tenho de lidar são aquelas que embrulham meu estômago antes de eu fazer o relatório de uma experiência." Pela primeira vez, Glen entendia como realizar sua missão de melhorar o sistema imunológico por intermédio da pesquisa biológica.

Acreditar no pensamento positivo funcionará (abordagem pré-evento).

Crenças são agentes poderosos. "Elas ajudam a construir a realidade que você experimenta. Você só realiza algo acreditando verdadeira e honestamente que é possível. Para eliminar o seu P. N., você precisa ter fé no que está dizendo a si mesmo. (Eu chamo a isso de "usar o taco de golfe nº 5".)

Malhe Enquanto o (nº 5) Ferro Está Quente

Annie, uma obstinada jogadora de golfe, certa vez usou o taco nº 3 num *driving range*. Desde então, ela nunca mais acreditou que pudesse atingir bem a bola com esse taco. Certo dia, no seu clube favorito, ela pensou que estivesse usando um taco nº 5. De repente, notou que de fato estava usando um nº 3. Seu bom desempenho com o taco nº 3 havia acontecido porque ela acreditou que usava o seu confiável nº 5, com o qual não podia errar.

Quando ouço clientes me contarem por que uma situação terá um mau resultado para eles, pergunto-lhes por que estão tão certos, por que são tão fervorosos ao predizer resultados desfavoráveis. Eu sempre insisto com eles para usarem a mesma crença apaixonada para conquistar resultados positivos.

Use um envolvimento desapegado. Quem sabe se é bom ou mau? (**Interpretação pós-evento.**) As pessoas usam o P.N. para antecipar um evento, não só dinamicamente, como no exemplo do taco nº 5, mas também *reativamente*, para julgar um evento antes que ele seja vivido. Enquanto a abordagem dinâmica seja pensar positivamente sobre acontecimentos que ainda vão ocorrer, o desafio numa situação pós-evento é *não reagir*, mas ver o que se pode aprender para que o próximo evento possa ser considerado positivamente. Chamo a isso de envolvimento desapegado. Você joga para vencer (**pré-evento**) mas não fica apegado ao resultado (**pós-evento**).

Há uma antiga história zen que ilustra esse desapego de forma magnífica. Quando um homem perdeu o seu cavalo, ele perguntou "Quem sabe se isso é bom ou mau?" Logo depois, o cavalo voltou com uma égua. Agora o homem tinha dois animais. O filho dele montou o cavalo, mas foi arremessado fora da sela e machucou as costas. O homem disse outra vez: "Quem sabe se isso é bom ou mau?" Os soldados do exército local foram até a propriedade do homem, recrutando jovens para a batalha. O filho não pôde ir por causa do ferimento. O pai disse: "Quem sabe se isso é bom ou mau?" E assim continua a história.

Tome qualquer evento que você rotulou reativamente de negativo na ocasião. Mas, olhando para ele com entendimento, o que aprendeu com a situação? Muitos clientes interpretaram uma dispensa de emprego, uma transferência, uma desistência ou uma mudança semelhante como o modo de o universo lhes dar sugestões não muito sutis. Mas 60 a 70% das pessoas afastadas de suas carreiras, depois dessa mudança sentiram que foram para um emprego melhor depois de serem demitidas. A palavra demissão em si mesma é neutra. Ficar com raiva é positivo!*

Aprenda a ver os eventos de um modo neutro, desapegado: "Quem sabe se é bom ou mau?"

Joan Jovial

Joan era uma mulher de negócios com 45 anos que passava pelo rompimento de um relacionamento. Seu negócio bem-sucedido de cartões de saudações havia estagnado e ela estava enterrada em dívidas até o pescoço. Cansada do seu velho negócio, ela não sabia o que fazer. Mas algo na atitude e na aparência de Joan era diferente. Ela estava sempre muito bem-vestida, com a sombra dos olhos combinando com a blusa e os olhos brilhando de entusiasmo revigorante de viver, embora pudesse ter descoberto dúzias de motivos para pensar num destino desastroso.

Joan tinha uma atitude apaixonada e positiva sobre as coisas. Ela sabia que essa experiência era para o seu bem, sabia que os fatos acabariam dando certo. Tudo o que fazia objetivava o contexto da sua missão: iluminar a vida das pessoas através da criatividade e do humor.

---

* Trocadilho com as palavras *fired* (demitido) e *to fire up* (ficar enraivecido).

Ela mantinha a maior fé em si mesma, muito embora não soubesse exatamente que caminho percorrer na ocasião.

Como solucionadora de problemas, ela estava parada; no entanto, não se atolou no P.N. À medida que reviu os motivos da sua situação (ela é uma Motivadora), compreendeu que havia ficado muito isolada no passado, que precisava sair para o mundo, tornar-se mais visível e usar sua capacidade verbal para promover uma causa (envolvimento desapegado). Eu lhe disse para se preocupar menos com o resultado específico, por enquanto, e concentrar-se em ver o que a havia derrubado.

Agora, um ano depois, Joan está negociando um contrato com uma organização filantrópica para um projeto no qual pode combinar suas habilidades de mulher executiva, amante da arte e desenhista.

Será que Joan teve acesso a uma fórmula secreta usada por pessoas mais velhas? O pensamento positivo não a impediu de ter "retrocessos". Mas sua atitude diante dos acontecimentos e sua crença inalterável de que tudo ia dar certo — como teria de dar — é que a empurraram para a frente. Ela acreditou na sabedoria definitiva de cada evento. O que a ajudou a eliminar o P.N. foi a inabalável natureza do seu sistema de crenças.

Aceite o processo: o objetivo está no alvo que você atinge.

A aceitação do processo lhe permite dizer: "O objetivo era esse." O ponto em que sua flecha acertou foi o que você quis acertar o tempo todo. Isto não é fatalismo nem derrotismo. Ao contrário, afirma a certeza de toda situação e corrobora a convicção de que você descobrirá a sabedoria contida em sua experiência.

Se o seu carro quebra e você tem uma reação negativa, o que você está dizendo a si mesmo? Meu carro (diferentemente de qualquer outro carro) não deveria quebrar. Coisas deste tipo são injustas e não correspondem à minha lei universal nº 1, exatamente: "Nada de inconveniente ou difícil deveria acontecer comigo." Em vez disso, considere o motivo pelo qual o seu carro quebrou e por que esse fato aconteceu *exatamente* naquela hora. Então você poderá analisar a próxima situação positivamente com grande conhecimento de causa.

Esta discussão também é sobre eventos traumáticos. Uma antiga colega minha, Mary Louise Poor, é uma flautista que sofreu um acidente de carro quase fatal, que resultou em lesões graves, inclusive na perfuração de um pulmão e ferimentos na boca e no rosto. Ela passou treze semanas num hospital, três meses num aparelho de gesso e outros seis meses com muletas. Quando voltou a tocar, precisou reestruturar o modo como tocava e usar uma embocadura especial. "Tocar não é só a minha ocupação e o trabalho da minha vida... é o meu ser... é parte da minha alma." O processo da missão continua mesmo quando as circunstâncias mudam drasticamente. Mary Louise Poor foi capaz de continuar sua missão de outra forma. Ela alterou e tornou a desenvolver suas habilidades, e permitiu que sua missão evoluísse para ajudar músicos que tivessem sofrido ferimentos semelhantes.

Não importa quão terrível ou devastadora uma situação possa parecer, pense no que você pode aprender com ela. Mas faça-o sem recriminar-se, dizendo que é o culpado (P.N.). Há uma diferença entre a aceitação dos fatos e a crença de que você os mereceu ou que está sendo castigado por eles. Quando você insiste em se ver como vítima, você abdica do controle que tem sobre a sua vida.

PERSUASÃO AMIGÁVEL

Embora a maior parte da ênfase deste livro seja sobre o trabalho individual, o P.N. é tão universal que você pode usar a ajuda protetora dos outros. Pelo fato de ele ser um hábito vicioso, um grupo local de Alcoólicos Anônimos (AA), Al-Anon, Emoções Anônimas, Obesos Anônimos ou Filhos Adultos de Pais Alcoólatras seriam um apoio ideal para você, caso você use habitualmente o P.N. Você poderia aprender como os outros superam seus vícios por intermédio do Programa de 12 Etapas, e utilizá-lo com o P.N.

Você também pode criar a sua rede própria de pessoas dispostas a trabalhar no encorajamento do pensamento positivo. (Pode chamá-la de IAPN — Inveterados Anônimos do Pensamento Negativo.) Eis alguns modos como um grupo pode ser especialmente eficaz: cada pessoa anota numa lista suas frases negativas mais queridas e, em seguida, o grupo descobre alternativas originais ou bem-humoradas para elas. Quando você se surpreende dizendo sua frase querida, use a substituição sugerida pelo grupo. Os membros do grupo podem ser um apoio, admoestando-o se o ouvirem cair na sua frase negativa predileta — ou em qualquer tipo de P.N.

Você também pode discutir com o grupo o contexto no qual tende a usar a frase negativa. Novamente, o apoio do grupo pode ajudá-lo a compreender como o seu P.N. é estimulado. Finalmente, o grupo também pode fazer uma reunião de debates para descobrir suas próprias técnicas e exercícios para transformar o P.N. em ação positiva.

Exercício: Um Jato de Água Fria na sua Negatividade

Anote por escrito todas as suas equações negativas que cercam um determinado assunto:

trabalho = trabalho penoso (sem prazer)

trabalho penoso = bom pagamento

pagamento = o que recebo por dor e sofrimento.

A seguir, reescreva a lista do modo mais positivo que puder. Por exemplo:

trabalho = paixão

paixão = dinheiro

dinheiro = liberdade

liberdade = realizar a minha missão.

Lembre-se de que você não tem de acreditar na lista (ainda); apenas a anote e a cole na sua geladeira! Agora, vamos à lavagem com água fria. Escreva tudo o que achar de negativo sobre o assunto. Ponha todos aqueles sentimentos PARA FORA! Não esconda nada. Se não gosta de seus filhos, se está negativo quanto ao parceiro ou odeia o cachorro, ADMITA-O no papel. Então, livre-se da lista! Você pode (a) queimá-la, (b) rasgá-la ou (c) jogá-la na privada e dar a descarga (se você a escreveu em papel higiênico).

Seja criativo e invente um modo seu! Um cliente eliminou sua lista de P.N. lendo-a em voz alta e expelindo-a com grandes respirações depois de cada item. Você pode imaginar a si mesmo soltando seus itens de P.N. como balões que voam para a estratosfera. Veja-os sumirem da sua vista. Eles voltarão de tempos em tempos, mas você descobrirá que a sua força e a freqüência da sua aparição diminuíram. Você voltaria a visitar a casa de alguém onde não é desejado?

Cada vez que tiver novos pensamentos negativos, junte-os como antes e livre-se deles do modo que achar melhor. Lembre-se de que este é um processo *constante*. Simplesmente livrar-se do negativo em si mesmo resultará em muito pouco se você se esquecer de substituí-lo pelo positivo. Agora que você está se livrando regularmente da sua negatividade (não é legal ser regular?), você descobrirá o espaço se abrindo para o positivo.

Se você andou procurando um caminhão picape GM vermelho esta semana, começará a vê-lo por toda a parte porque dirigiu sua atenção para ele. Você obtém aquilo que procura. Use esse fenômeno para pensamentos positivos e antecipe-os na sua vida. Procure ativamente e a sorte acontecerá na sua vida. Toda vez que a sorte estiver do seu lado, afirme que o universo o recompensou pela sua ação correta.

Livre-se do ameaçador P.N. em apenas 30 dias. Pode-se pensar no P.N. como em padrões cristalizados de pensamento (e você sabe como um cristal é duro). Não será surpresa para nós se um comportamento habitual resistir à mudança bastante vigorosamente. Este exercício o ajudará a livrar-se do P.N. ameaçador por meio de um programa de 30 dias, usando um modo diferente de pensar.

Qualquer P.N. cristalizado precisa ser transformado por um sistema mental novo, vital, energético e mais suave, carregado com uma aparência positiva. Ele neutralizará os efeitos acerbos e acídicos do P.N.

Exercício: Anule a Negatividade em Trinta Dias

Em primeiro lugar, decida qual tema de P.N. você quer transformar. Talvez você tenha de aprender como manter a casa livre de poeira, como iniciar um programa de exercícios ou melhorar seu controle de tempo. Afirme o que quer numa frase positiva e curta. (Você pode identificar assuntos importantes com a ajuda do seu pensamento negativo mais predominante: "Parece que nunca consigo encontrar algo." Mude para: "Preciso organizar meus armários, meu arquivo ou minha escrivaninha.")

Agora, escreva uma segunda sentença que afirme os resultados que você que obter. Faça a afirmação curta, direta ao ponto, no tempo presente e sem quaisquer negações. "Eu quero ser mais feliz", ou "Preciso de algum tempo para fazer o que eu quero," são frases vagas e dão pouco material para o seu subconsciente trabalhar. Se você disser "mais feliz", ou "algum tempo", como saberá quando alcançou o seu objetivo?

Exemplos eficazes podem ser: "Quero reduzir 20% do meu nível de colesterol", ou "Quero ter uma hora de tempo livre todos os dias para escrever o meu diário." Estas sentenças afirmam claramente os resultados desejados. Certifique-se de que está desapegado dos resultados. Isto é o que você quer sem quaisquer segundas condições. Uma sentença orientada para o resultado, como o assunto da poeira na sua casa, poderia ser: "Quero encontrar tudo de que preciso no meu armário, nos meus arquivos ou na minha escrivaninha em um minuto."

Diga sua afirmação silenciosamente (ou em voz alta, se preferir) todas as manhãs e noites durante um período de trinta dias. Se possível, devote de cinco a dez minutos para cada sessão. Faça um trato consigo mesmo para executar esse programa diariamente. Se se esquecer e pular um dia, devote um tempo duplo ao seu assunto no dia seguinte. Se pular dois dias, terá de recomeçar, porque o programa só é eficaz numa base de continuidade. Para resultados eficientes, você não faria dieta ou tomaria antibióticos dia sim dia não. É ou não é?

Você pode sentir certa dose de resistência, especialmente nos primeiros dias, mas não desista. Atenha-se ao seu programa! Com o tempo, você começará a sentir os resultados se acreditar no que está afirmando.

Exercício: Um Pouco de Ajuda dos seus Amigos

Eis um exercício final que mostra como tirar o máximo proveito positivo da sua missão:

1. Anote as principais coisas que quer realizar durante a sua vida. Como diretrizes, pode usar categorias como criativo, financeiro, pessoal, material, espiritual, educativo ou profissional.
2. Peça a três amigos para fazerem a mesma lista sobre você, sem terem visto a sua versão.

3. Agora, compare a sua lista com a deles. Que coisas os seus amigos acharam que *você seria capaz de* fazer e que você não relacionou?

Talvez a sua auto-avaliação seja meramente uma questão de grau, como Jenny. Ela ficou abalada ao descobrir que suas amigas achavam que ela devia se dedicar à política e ser uma líder carismática. "Mas eu fico aterrorizada quando me levanto para falar diante de mais de dez pessoas!" — ela insistiu. Porém, Jenny começou a se lembrar de todos aqueles direitos civis e das marchas no Vietnã de que ela havia participado e da grande competição que organizara para a ERA. Ela estava na frente das pessoas, falando com elas sem nenhum problema! "Não posso acreditar que durante tanto tempo eu estava convencida de que não poderia fazer isso," ela exclamou, lutando com as lágrimas.

4. Agora, escolha uma habilidade ou conquista que seus amigos sabem que você tem capacidade para realizar. Não importa se a capacidade é grande ou pequena. Apenas anote-a no papel! Então, complete o seguinte:
   Como meu amigo reconheceu, sou capaz de ________________ (palavras do amigo). Sim, a verdade é que eu sou muito capaz de ____________________ (diga-o com suas próprias palavras). Portanto, vou dedicar energia positiva para conquistar ____________________ (o que pretende fazer com essa aptidão).

Afirme o seu programa de 30 dias diariamente. Não importa quão muito ou pouco importante seja a sua afirmação, resolva concretizá-la! Fique apaixonadamente comprometido com o sucesso dos seus objetivos! Quando você passa por este programa de eliminar o P.N. vicioso, de afirmar o positivo, de acreditar nele e de observar o positivo transpirar em sua vida, você pode esperar ganhar as riquezas do universo, que são suas por direito. Coisas surpreendentes acontecerão!

Sua Missão de Vida começará realmente quando você disser: "Eu posso!"

7

Antecipe o Inusitado

Surpresa!!! Quando você ouve esta palavra, sabe que está para acontecer algo prazeroso ou inesperado. É por isso que a ficção científica, os romances policiais, os filmes de fantasia, as piadas inteligentes e os sonhos são tão populares — todos eles contêm acontecimentos inusitados, estranhos ou bizarros.

Entretanto, a vida real é outra coisa. Muitas pessoas têm dias tão caracterizados pela rotina e previsibilidade que você sabe exatamente o que irão fazer às três horas da tarde. E, o que é ainda pior, para elas três horas da tarde parecerá o mesmo que três da madrugada. Elas estão aqui hoje e estarão aqui amanhã.

Se você for um desses que está aborrecido com o que faz mas não consegue sair da rotina, se sente que não agüenta mais, se pensa que está se atormentando, então este capítulo é para você.

Discutiremos os modos de como ser o arquiteto de um missão vibrante e excitante, injetando mais surpresa, mais novidades e o surpreendente na sua vida. Este capítulo será especialmente valioso para os Analistas (que observam regras), para os Estabilizadores (que buscam precedentes), mas também para os Fazedores (que estão com pressa demais) e os Motivadores (que ficam mais à vontade com o inusitado).

"O QUE VOCÊ TEM?" "OH, O DE SEMPRE..."

Muitas vezes as pessoas têm uma existência tediosa em empregos insatisfatórios e relacionamentos desarmônicos porque elas antecipam o habitual — na verdade, elas de fato o esperam. Se a vida não é nada especial, então é difícil considerar uma Missão de Vida especial. Uma existência monótona não estimula uma vida excitante.

Considerar as coisas como "negócios costumeiros" interrompe o fluxo do processo e impede você de experimentar a vida na sua variedade e riqueza. A vida se torna unilateral, monótona e carente de opções. Com a mesmice você não aprende nada.

Agora nos voltaremos para a análise de três detratores do inusitado: o conformismo, o lugar-comum e o controle; e os seus três atratores: a mudança, a criatividade e o contexto. Os primeiros lhe mostrarão como levantar barreiras contra o inusitado. Os últimos lhe oferecerão modos de remover esses obstáculos.

DETRATOR Nº 1: O CONFORMISMO

O problema com uma vida "comum" é que você tem de seguir todas as regras e se conformar com as prescrições. Esse tipo de vida lhe assegurará que nada de incomum acontecerá. Os resultados são tão seguros como apostar que vai chover em Seattle. Os conformistas gastam um bocado de energia mantendo e protegendo suas crenças, excluindo dessa forma a mudança e a variedade. Eles perseguem o direto e o estreito até o ponto de exaustão. Conformidade exige mesmice sem exceções, enquanto o inusitado por definição é a exceção à regra. Um sistema de crenças que tente se harmonizar em todas os níveis é uma ilusão.

Ao aderir a pontos de vista inabaláveis, os conformistas contradizem inadvertidamente outras crenças que mantêm. Exemplo: "Está certo as mulheres terem cabelos longos, mas os homens não" — enquanto um quadro de Jesus (com cabelos longos) está pendurado na sua parede. Ou "Está certo alguém ser homossexual, desde que de fato não fale sobre isso" — enquanto ao mesmo tempo acreditam que "é pecado contar uma mentira".

E as contradições se seguem. Crenças rígidas colidem umas com as outras como os carros de trombada no parque da localidade. O comum alimenta-se de conformismo, de regras, de rigidez, ao passo que a não-conformidade não gosta de "regras" limitadoras (que não se misturam umas com as outras).

DETRATOR Nº 2: O CONTROLE

Em seu livro *When Society Becomes an Addict*, Anne Wilson Schaef fala da ilusão universal do controle na nossa sociedade. "Sentimo-nos como se tivéssemos de controlar porque não temos dentro de nós aquilo de que necessitamos." A necessidade de controlar afeta adversamente a Missão de Vida de todas as maneiras! Se você já tem tudo programado, por que se preocupar em passar por todo o processo?

O controle prescreve, em vez de descrever acontecimentos. É como o treinador que diz ao time: "Espero que vençam, e eis como devem fazê-lo: no terceiro quarto, Smith passará Jones exatamente a 3.52 naquele quarto, e Jones cruzará a linha do gol num ponto a três jardas e dez centímetros do limiar do campo de jogo." Parece ridículo? Por certo, mas não é menos exato do que as afirmações de alguns de meus clientes, que prescrevem com certeza algo que irá acontecer do modo como o programaram — mesmo antes de o terem tentado!

Você não pode, como uma criança, controlar umas férias ou a vida; portanto, pare de tentar fazê-lo! Concentre-se de preferência em deixar o que está no seu interior se desenvolver e surpreenda-se!

DETRATOR Nº 3: O LUGAR-COMUM

As coisas familiares são a antítese do inusitado. Símbolos como os arcos do McDonalds ou o rótulo da sopa Campbell são populares porque você sabe o que está comprando — uma experiência semelhante, se não for a mesma. (Andy Waarhol apostou nessa mesmice em suas pinturas da sopa Campbell.)

O lugar-comum raramente dá a você a oportunidade de encontrar algo diferente. É como usar a língua inglesa no exterior em vez de tentar algumas frases na língua do país. Escolheremos o McDonalds ou aquele pequeno café atraente onde apenas se fala o flamengo?

Por outro lado, quando se livra do lugar-comum, você dá as boas-vindas à mudança. "Eu não sei o que vou receber, mas está certo assim." O crescimento vem de diferentes experiências. A mesmice apenas gera a si mesma.

O CAMINHO COMUM PARA A ROTINA

A familiaridade alimenta o contentamento! Com o mesmo caminho para ir ao trabalho, a mesma comida para o almoço (qualquer McDonalds?), a mesma estação de rádio, o mesmo padrão de trabalho no escritório, você de fato não precisa pensar, porque tudo acontece controlado pelo piloto automático. Não é de admirar, então, que você relute em explorar novidades quando a rotina e a mesmice são tão sedutoras! E, é claro, fazer as coisas de modo rotineiro salva você de se experimentar em outro contexto.

As missões sofrem com o excesso das mesmas coisas refletidas em rotinas, como acontece com as atividades do dia-a-dia. Muitos clientes se queixam de que sua vida e seu emprego são previzíveis demais, aborrecidos demais e sempre a mesma coisa, o que indica a necessidade de estimulação. Mas as pessoas continuam a ficar com o que conhecem (a rotina) em vez de lidarem com o que não conhecem (o inusitado).

Nem sempre a rotina é algo mau. Certas atividades se prestam a um comportamento ritualístico, como limpar a gaiola dos passarinhos, mudança de marcha e escovar os dentes. O único problema com a rotina é quando ela não sofre desafios. Útil como um meio para alcançar um fim, a rotina tem de, mesmo assim, ser examinada de vez em quando. Você já dirigiu o carro para o trabalho e se admirou sobre como chegou lá? Espero que não tenha atropelado alguém sem mesmo notar o fato. A rotina é compulsiva, um hábito inconsciente que precisa de controle porque pode tornar monótona sua busca pela Missão de Vida e impedi-lo de viver diretamente o presente.

CAMINHOS ROTINEIROS PARA O INUSITADO

Ironicamente, a rotina é o ponto de partida para você se livrar dela e antecipar o extraordinário. O exercício seguinte lhe dará a oportunidade de mudar as coisas com que está muito familiarizado e sobre as quais não pensa muito.

Exercício: Deve Haver uma Outra Maneira

Escolha qualquer atividade diária e imagine um outro modo de executá-la. Comece com algo simples e rotineiro. Pode ser o modo como faz compras no supermercado, como segura a sua raquete de tênis ou a maneira como frita ovos. Se praticar seu saque no tênis por dez minutos com a mão não-dominante, descobrirá todo tipo de coisas sobre o seu Modo Primário (MP) que não havia compreendido (e o seu saque melhorará).

Você também pode redesenhar um objeto comum de outra maneira. Certa vez, pedi aos participantes de um curso que analisassem um calendário comum de mesa. Como o calendário interpreta o tempo? Por exemplo, o que era importante, o dia ou a noite? Os dias da semana ou os finais de semana? O calendário era orientado para o trabalho ou para o prazer? Estava orientado para o presente ou para o futuro?

Então os participantes teriam de desenhar um calendário que expressasse seus conceitos de tempo. Uma pessoa reduziu os dias da semana a um quarto da duração dos finais de semana; outra deu a cada dia um cor; uma terceira mudou os dias para o tamanho de um selo postal, enquanto deu às tardes uma duração maior. Uma mulher fez todos os seus dias cinzentos e estreitos e compreendeu que sua depressão no trabalho se devia a sentimentos de restrição e de aprisionamento. Ela precisava de mais expansividade e excitação em sua vida. Um calendário inusitado tornou óbvio o que havia esquecido.

ATRATOR Nº 1: MUDANÇA

Se hoje você conseguir fazer apenas uma coisa diferente do modo que sempre faz, você experimentará o benefício da mudança. Mudança implica riscos, crescimento, aventura, exploração e novidades. Todos estes são ingredientes férteis para nutrir o inusitado. Onde há conformismo, a mudança é sufocada. A antecipação do inusitado vem da disposição de alterar conscientemente velhos padrões.

A mudança destrói os padrões costumeiros — aqueles em que todos caímos de vez em quando. Quando você diz: "Não posso fazer nada a respeito", isso significa que você sente que é impossível romper o hábito da mesmice. É esse justamente o problema. As pessoas têm medo de mudar e pensam que não têm a capacidade de fazer essa mudança.

Os sonhos também são prova de que você tem a capacidade inata de imaginar e de construir coisas novas e extraordinárias. Eu nunca tive um sonho desinteressante, nem ouvi falar de um.

ATRATOR Nº 2: A CRIATIVIDADE

Antecipar o inusitado é um ato criativo que tem de ser praticado continuamente. Se esperar o inusitado acontecer em vez de criar um ambiente para ele, você não estará preparado para lidar com uma situação realmente incomum. Esperar até estar nas malhas de um acontecimento raro é tarde demais. O seu eu criativo se solta melhor quando você está preparado.

Mas como você poderá se programar antecipadamente para reagir a algo inusitado? Sendo solto e flexível. Como um jogador de tênis, você tem de estar preparado para se mover para qualquer direção para atingir a bola. É por isso que os jogadores ficam sobre os pés, leves e equilibrados, prontos a se moverem de numerosos jeitos. Mas se você se programar apenas para ir para a direita — em outras palavras, ficar rígido em vez de ser criativo em sua resposta — você não dominará um jogo fora do comum. Criatividade é o meio para responder ao extraordinário.

Precisamos de novos modos para perceber e responder às situações. As respostas não podem ser pré-programadas, só praticadas e antecipadas. O que acontece com tanta freqüência é que as pessoas reagem com respostas rotineiras, padronizadas e repetitivas. Ser capaz de lidar com o inesperado numa situação tem a ver com a intenção e a habilidade de reconhecer o inusitado em tudo. Só então você pode gerar opções rapidamente, e com facilidade, quando a situação surgir.

O paradoxo é que o incomum terá de ser um acontecimento diário; no entanto, este sempre será único. Bertold Brecht criou situações em seus dramas que forçam a audiência a lembrar-se de que está num teatro. Ele tentou destruir a ilusão com o seu *Verfremdungseffekt* (efeito de alienação). O espectador de teatro era, por exemplo, convidado a "sentar-se e a fumar" (bem, agora ele apenas se senta, graças aos céus). Os atores falavam diretamente com o público, e bandeiras anunciavam o que iria acontecer. Brecht queria tirar as pessoas da letargia das "quatro paredes" do teatro, nas quais elas "perdem" a si mesmas na peça. Do mesmo modo, temos de assistir ao teatro da nossa própria vida com a mesma atenção, com a mesma percepção consciente.

Exercício: Examine Sorrateiramente o Estranho

1. Crie os seus próprios jogos mentais que o forcem a ver as coisas de outra (e, portanto, inusitada) perspectiva. Ponha um nome em cada tira de papel, coloque-as dentro de um chapéu e tire três tiras de cada vez. Invente uma história com essas três palavras e estabeleça uma conexão entre elas. (Os autores praticam esse método quando tiram três personagens e tecem uma trama com elas.) Por enquanto, use as palavras chapéu, fitas e chocalho de bebê para criar uma história.
2. Fique atento para o estranho em qualquer situação. Um traço incomum no *Irã Contra Hearings* de 1987 foi que a maioria dos participantes usava gravatas em vários matizes de vermelho. Agora esta cor se tornou uma rotina para políticos — e locutores também (especialmente os que querem se tornar políticos). Mantenha um registro das coisas inusitadas que você vê e lê. Observe como a sua capacidade de ver e de atrair coisas estranhas aumenta.
3. Compre livros com exercícios e enigmas mentais. Dedique um período diário de tempo a esse trabalho. Crie os seus próprios jogos e teste-os com os outros.

4. Observe como os cartunistas se alimentam do inusitado para fazê-lo rir. Pratique escrevendo novas legendas para seus cartuns. (Não fique com a versão do cartunista.)
5. Faça tudo o que puder para forçar uma mudança de perspectiva sobre um tema. Se você concordar com alguém, aprenderá muito pouco sobre o que é novo ou incomum. Se você é a favor da anistia para forasteiros, seja da oposição e defenda sua posição. Ou finja que é Drácula recebendo um pedido para promover doações de sangue para a Cruz Vermelha.
6. Grave os seus sonhos como exemplos da sua própria fábrica de criação de fantasias. O inusitado geralmente está presente, basta procurar!

ATRATOR Nº 3: O CONTEXTO

Você pode acordar sabendo que algo revigorantemente diferente irá acontecer, decidindo-se a fazê-lo acontecer. Mesmo os seus sonhos podem se tornar mais fantásticos. Você modela e define uma situação pelo modo como vê as coisas. O evento ocorre de acordo com a situação que você vive. Isso é um contexto.

A vida não é para ser vivida num contexto aborrecido. O inusitado depende da sua disposição de sair de uma zona de conforto (algo sobre o que falei no Capítulo 5). Depende de você criar contextos adequados nos quais o inesperado pode acontecer.

As pessoas gostam tanto de viajar porque isso lhes proporciona surpresas, muitas vezes uma variedade bem-humorada delas. Certo dia, eu estava fritando um ovo na minha cozinha-dormitório na Alemanha. Eu estava bem consciente de que os alemães preferem comer os ovos com a gema para cima. Quando virei o ovo, a aluna alemã que estava cozinhando perto de mim anunciou, chocada: “Você acabou de virar o seu ovo!” A aluna nunca havia visto um ovo frito com a gema virada para baixo!

CRIE CONTEXTOS

A lida bem-sucedida com a sua missão depende do contexto que você cria. Eis um exemplo do modo como pode fazê-lo: Numa aula de dramaturgia, deram-nos um exercício para escolher uma emoção e, depois, procurá-la em tudo o que víssemos, sentíssemos ou experimentássemos durante os dez minutos seguintes. Minha escolha foi o humor. Percorrendo a sala com os olhos, comecei a ver todo tipo de coisas estranhas que haviam escapado à minha atenção: o modo esquisito de as pessoas se sentarem, colunas engraçadas na parte de trás do palco, as conversas divertidas das pessoas. Depois de certo tempo, o meu próprio corpo me pareceu cômico. Descobri que estava repetindo a mesma palavra (*tuna*) inúmeras vezes até ela ficar engraçada.

Outras pessoas na classe escolheram emoções diferentes, e embora estivessem no mesmo ambiente, viram os fatos do modo que os haviam programado. Algumas responderam ao seu contexto com lágrimas, outras com raiva, outras ainda com um silêncio depressivo. Assim, um palco que é divertido para uma pessoa pode ser interpretado por outra como um ambiente agressivo ou deprimente.

As variações que podemos criar são inúmeras. No entanto, infelizmente, a maioria das pessoas opta por contextos fechados imutáveis. Se você ficar dentro de limites definidos, inconsciente da sua abordagem limitada, você criará uma vida monótona. Sua missão também será monótona.

Olhe no espelho, vaporize-o e trace o perfil da sua cabeça com o dedo. Você pode imaginar que ambas as cabeças, a sua cabeça real e a imagem do espelho, têm o mesmo tamanho (a menos que tenha feito este exercício anteriormente). Surpresa! Você descobrirá que a versão do espelho tem a metade do tamanho da sua cabeça "real"! Mas como tornar-se consciente disso por conta própria? Só buscando fugir do habitual, só não aceitando nada como garantido (nada como esperado). Tudo depende de como você escolhe ver. Antecipar o inusitado requer uma expectativa de encontrar surpresas em todo lugar.

EXPECTATIVAS DE VIDA *VERSUS* ESPERANÇAS

Pense sobre o significado da afirmação: "Você consegue o que espera." A frase é usada quase que exclusivamente para se referir a resultados negativos ou desfavoráveis, e funciona de maneira semelhante a assistir ao *videotape* de um evento esportivo. Se você souber o resultado do jogo, não haverá surpresas. Por definição, as esperanças negam a possibilidade do inesperado. Com a esperança você finge que está no assento do motorista e que sabe qual é a melhor solução para toda situação.

Lembro-me da primeira vez que visitei Los Angeles. Eu esperava que a cidade fosse organizada, enfumaçada e com tráfego intenso. Como W.C. Fields assinalou, eu acreditava que a única coisa que cabia em Los Angeles era uma laranja. Eu não queria ser essa laranja. Pude experimentar, sentir e ver a fumaça por toda parte. (Onde mais você tem o luxo de ver o que está respirando?) Porém, mais tarde, descobri que os níveis de poluição haviam sido relativamente baixos quando estive lá em dezembro. Na verdade, não houve uma atividade incomum da fumaça na data da minha visita. Mas eu esperava o material negativo e recebi o que barganhara. Como reação à minha expectativa, cheguei a ter tosse e a perder o fôlego.

EXPECTATIVA DE VIDA: CONSEGUIR O QUE VOCÊ NÃO ESPERA!

A expectativa de vida difere das esperanças na medida em que você estiver aberto aos resultados em vez de controlá-los. As esperanças se concentram em produtos e resultados, ao passo que a expectativa se concentra na submissão ao processo de desenvolvimento. Você planta sementes, monta o palco e deixa (relaxa) que o seu trabalho aconteça a seu próprio modo. Você adquire a expectativa injetando surpresa e encanto no que acontecerá.

A expectativa torna a vida mais excitante e fácil, porque você pode substituir *empurrar* por *puxar* e atrair o que você quer. A expectativa expressa a vida com antecipação, em vez de com uma atitude controladora. Naturalmente, é importante preparar-se para o que você quer e fazer o seu trabalho básico (contexto). Se você quer milho, tem de plantar milho; contudo, o processo de amadurecimento fica para a natureza.

Quando você espera algo, você define o resultado, ou tenta fazer que o seu resultado aconteça do modo como quer que seja. Você pode ficar desapontado com os resultados, especialmente se não corresponderem às suas expectativas (o que muitas vezes acontece). No caso da expectativa, a chave é *submissão*. Você faz o trabalho necessário e então como expectador observa o resultado se desenvolver. Se você não tentar controlar os resultados, é mais provável que consiga aquilo de que necessita.

ADOTE A "AEE"

Testei a minha teoria das expectativas num curso de criatividade. Os participantes foram intimados a expressar a AEE, ou seja, a desenvolver uma **A**titude **E**quilibrada de **E**xpectativa. O método é o seguinte: as pessoas selecionam uma palavra, tema ou objeto de sua escolha para se concentrarem nele. Sua escolha tem de ser possível, razoável e quantificável. (Ver um marciano seria fantástico demais; ver cinco porcos selvagens, muito irrealista; e Beethoven em forma de nuvem, algo difícil de provar.)

Em seguida, os participantes deviam observar quantas vezes esse item ocorreu no seu dia-a-dia. Eles deviam esperar pela repetição sem esperanças, porém com expectativa equilibrada. Eles visualizaram *o que* iria ocorrer, não *como* iria ocorrer. Em outras palavras, simplesmente *esperaram* os resultados nos quais haviam se concentrado, sem programar esses resultados.

Eis o modo como funcionou o AEE para um participante do curso: ele escolheu a cidade de Filadélfia. (Nós eliminamos o queijo cremoso Filadélfia como algo fora dos limites.) Ele contou que começou a notar o nome acontecendo nas conversas, aparecendo em artigos de jornal, na licença de um automóvel, nos noticiários, e até mesmo na banca de *fast food*.

Outra participante decidiu descobrir quantas moedas encontraria em uma semana. Você diria que foi uma escolha fácil? Bem, ela excluiu as moedas que estivessem em lugares comuns de sua casa (penteadeira, cofrinhos, mesa da cozinha), e começou a encontrá-las na rua, na sala de arquivo e até mesmo no vaso sanitário! O fato surpreendente foi que contou casualmente à sobrinha sobre o projeto, numa chamada interurbana, e a sobrinha também começou a encontrar moedas em todos os lugares!

Um prêmio agradável para tudo isso: no escritório, essa pessoa também encontrou coisas que estava procurando há mais de seis meses! (Lembram-se do que eu disse sobre recompensas?)

Eu agi conforme a AEE quanto a encontrar cartas de baralho na rua, e disse ao grupo que eu traria os resultados na semana seguinte. Depois dessa aula, achei quatro cartas do lado de fora do meu carro, no estacionamento da firma em que trabalho e, na semana seguinte, achei onze na rua de uma só vez (precisamente o número correto para um leitura de tarô — na qual estava interessada durante todo o tempo!).

A importância desse exercício não é forçar o nome Filadélfia nas conversas, fazer moedas aparecerem magicamente ou enfeitiçar cartas de jogar. A verdadeira lição é um paradoxo: coisas que você afirma que deseja que aconteçam, porque acredita que acontecerão (confiança), porque você lhes dá energia (foco), porque você em seguida abandona o controle (submissão) e incondicionalmente espera a manifestação (expectativa).

A descoberta só é possível quando você menos a espera, quando se submeter ao processo em vez de programar os resultados. O mesmo processo é verdadeiro para a descoberta da sua missão.

Exercício: Deseje o Bem

1. Identifique o que quer sem culpa ou hesitação.
   "Este é o meu desejo e ele é meu."
2. Confie no fato de que sua escolha é apropriada e que você eliminará a dúvida.
3. Atenha-se ao que escolheu, recusando-se a se deixar desviar ou tentar desistir do seu objetivo.
4. Abandone o seu impulso de influenciar o assunto, controlando de alguma forma o resultado.
5. Invoque a lei da expectativa. Observe, em vez de controlar, o resultado. É o mesmo que gerar um filho: você inicia o processo, mas não sabe exatamente como a criança se desenvolverá.

Vamos analisar o modo com Andy adotou a expectativa para descobrir sua Missão de Vida.

O Medo de Andy

Andy, um executivo no negócio de mala direta, foi parar nesse campo depois de passar por grande número de empregos, tendo desistido de todos eles. Sendo um rapaz mais do que moleque e convencido, Andy imaginava que os fatos aconteceriam no seu caminho sempre que desejasse fazer mudanças. Mas de algum modo a magia com que contava nunca se tornou real. Na verdade, já que a direção que havia tomado nos negócios nada tinha que ver com a sua missão, como poderia acontecer essa magia?

Andy sempre desejara secretamente promover seu crescimento pessoal por meio dos esportes. No entanto, estava convencido de que sua missão era "estranha" demais. Ele sentia que havia passado da idade de ser atleta. Isso provinha do seu pensamento "lógico" (rotineiro).

Andy tinha de deixar de ver sua missão esportiva como algo "estranho". Em primeiro lugar, ele adotou a atitude AEE sobre tudo o que cruzava o seu caminho, combinando esportes e crescimento pessoal e, durante o processo, praticou o exercício abaixo (voltaremos depois ao resultado da história de Andy).

Exercício: Do Conhecido ao Estranho

1. Abra um jornal e olhe para a foto de uma acontecimento até que ela se torne estranha, engraçada ou esquisita. Arranje uma outra interpretação ou cenário para a figura — algo que descreva o seu novo ponto de vista.
2. Exagere nas coisas "fixas". Victor Borge fez isso com sua linguagem empolada. Na linguagem dele, "tuba" se transforma em *fourba* e "forget" se transforma em *nineget.*

   Com a mesma verve, imagine o que aconteceria se cada pessoa tivesse mais do que o número "habitual" de dedos em cada mão — digamos, sete. Ou três cabeças. Ou pense nas variações que você poderia usar para descrever as partes do corpo nas velhas canções: "*You Go To My Heads*" [Você me sobe às cabeças], "*I've Got You Under My Armor*" [Apanhei você sob minha armadura], "*Moonlight and You in My Tendrils*" [O luar e você nos meus cachinhos]. Divirta-se — surpreenda a si mesmo com seu espírito inventivo!

3. Descubra novos modos de transformar um objeto conhecido num objeto inusitado. Por exemplo, a sua xícara de café. O que mais ela poderia ser? (Um brinco de gigante.)
4. Olhe para as coisas como se você fosse do outro sexo. Como você se expressaria, andaria, gesticularia? Que coisas secretas você faria que não faz agora — e que coisas poderia fazer depois deste exercício, a que você resistiu por causa das suas expectativas? Na privacidade do seu lar, pratique andar, falar ou gesticular do modo que descreveu. (Se o seu pessoal começar a reagir estranhamente aos seus modos, você poderá dizer que está pesquisando para uma adaptação teatral do filme *Mrs. Doubsfire*.)
5. Busque combinações incomuns que você nunca associa normalmente: os idosos e os cuidados diários (agora há centros de cuidado para pessoas mais velhas).

   Encontre exemplos que reúnam grupos musicais criativos de combinações inusitadas ou engraçadas. A propaganda é uma fonte particularmente rica para combinações inventivas, estranhas e muitas vezes decepcionantes. (O anúncio do camelo Joe fumando, por causa do seu absurdo em usar um animal, dissocia espertamente as pessoas do ato de fumar.)
6. Agora, pense numa carreira familiar e veja se pode descrevê-la de um modo bizarro, engraçado ou incomum. Exemplo: um programador de computador pode ser quem organiza e controla o modo como as pessoas movem os dedos sobre pequenas teclas quadradas para buscar informação.

Exercício: ... E de Volta

Além de descrever o comum, temos de ocasionalmente desmistificar o exótico. Reverteremos o processo e iremos do extraordinário ao comum. Essa parte é especialmente útil para aqueles de vocês que, como Andy, não podem aceitar sua missão porque ela é estranha demais ou muito difícil de descrever com palavras. Livrem-se de equações de raciocínios categorizados. Os olhos do observador é que enxergam o "estranho". Olhe para a sua missão com uma nova visão, aceitando-a primeiro em seus próprios termos pelo que é, exatamente pelo que existe. Você pode aceitar o que existe como algo possível, certo? (A única pessoa que não conseguiu fazer isso foi Gertrude Stein, que "sentiu" que não havia *além* no além.)

1. Olhe para algo bastante estranho e transforme-o em algo corriqueiro. Você pode fantasiar sobre por que as criaturas criadas por Gary Larson pensam sobre si mesmas como pessoas muito comuns. Isso, na verdade, faz parte do tipo de humor que Larson usa — suas criaturas estranhas são apenas gente. Criaturas do espaço exterior podem pensar que somos estranhos, visto que carecemos de três olhos, de tentáculos, não temos cabeças em forma de pêra, e assim por diante. Use as histórias em quadrinhos para um exercício diário de enxergar o estranho como se fosse comum.
2. Identifique em sua família algo que seja de fato um tanto incomum, embora você sempre pensasse que fosse normal. Observe com que freqüência as pessoas falam sobre coisas "estranhas" em suas famílias. (No caso de um cliente, o pai ficava em casa e a mãe trabalhava fora. Isso aconteceu no final dos anos 40. Para ele, foi uma surpresa descobrir, ao ir para a escola, que quase todos achavam que a sua situação era esquisita.)
3. Escolha o que você pensa ser uma carreira "extravagante", uma sobre a qual você teceu fantasias, e descreva-a como "habitual". (Artista: alguém que encolhe as pessoas e as coisas ao fazer caber toda uma paisagem num quadro.)
4. Leia a respeito de missões "estranhas" que as pessoas têm, e torne-as comuns. Algumas dessas missões do meu caderno de anotações incluem: saber tudo sobre a batata, manufaturar sabão enquanto prega religião, colecionar palavras obcenas em todas as línguas e atrair tempestades violentas.

Talvez, no exemplo do programador de computador, o objetivo dê uma sensação de poder ao conceder às pessoas o acesso à informação.

Com o artista, por outro lado, o processo talvez não seja tão misterioso como você pode estar imaginando.

Lembra-se de Andy, o atleta? Logo depois de completar os exercícios descritos acima, um amigo o procurou com a idéia de começar a organizar caminhadas e cursos de exercícios para adultos que estivessem se recuperando de doenças ou de cirurgias. Agora ele podia aceitar algo que antes teria achado estranho, e despertou para a sua missão. E assim, é claro, ele podia usar a experiência da mala direta para promover o seu novo empreendimento.

Tudo o que você conseguir em termos de descrever uma missão de um modo diferente lhe dará uma visão nova. Doris percebeu que era uma secretária "comum". Que missão havia nisso?

Doris Dirige

Doris era uma mulher de inacreditável energia positiva com talento para organizar as coisas. Uma Fazedora/Motivadora, reformulou seu escritório em apenas uma semana depois de ter sido admitida no emprego. Ela se afastou da sua visão comum de ser uma secretária ao descrever seu trabalho de uma maneira criativa. Doris pintou uma cena colorida, vendo-se como uma combinação de guarda de trânsito, agente de controle de vôo e engenheira de estação ferroviária. Todos tinham de parar diante de sua escrivaninha; de fato nada podia funcionar sem o seu sinal. Ela ligava uma pessoa a outra através do telefone, mandava e recebia informações de perto e de longe, facilitava o fluxo do tráfego, determinava quem devia chegar e quando (com um telefonema).

"Sou um gigante motivador de humor," dizia. O tom agradável que estabeleceu afetou a firma, como se ela tivesse incluído pílulas de apoio em sua refeição matinal para influenciar o comportamento no escritório, como queria. Ela compreendeu seu enorme poder de motivar as pessoas. Também se sentiu muito melhor quanto às suas contribuições para o seu trabalho e começou a apreciar mais o fato de ser necessária. Depois desse exercício, ela pediu um aumento de salário e o conseguiu! Doris passou a reconhecer que seu chamado demandava que ela fosse tanto uma espécie de gerente teatral de relações humanas como uma decoradora que preparava o palco para o próximo ato, visando um desempenho máximo.

Para recapitular: se a sua vida precisa melhorar, se ela é "apenas como tudo o mais e nada especial", reformule seu roteiro, transformando-o em algo mais fantástico, único ou inventivo! Você é responsável por co-criar esse roteiro. Ele não acontece por si mesmo.

Acrescentar o incomum à vida torna-a mais gostosa, mais rica e estimulante. A vida não existe para ser monótona e sem graça; portanto, acrescente-lhe drama e excitação!

Para mudar a sua vida, você tem de mudar o modo de conduzi-la. Surpreenda-se diariamente com suas próprias criações e ingredientes criativos. Convide, aguarde, antecipe, tenha a esperança de viver uma vida maravilhosa!

Incremente sua missão com novidades, humor e crescimento.

8

Tolere a Ambigüidade

Hamlet: Vês aquela nuvem que tem quase a forma de um camelo?
Polônio: Pelo volume, de fato é um camelo.
Hamlet: Eu acho que se parece com uma doninha.
Polônio: O lombo é como o da doninha.
Hamlet: Ou como o de uma baleia.
Polônio: Muito parecida com uma baleia.

Shakespeare, *Hamlet*

A natureza dá um tempo para as coisas tomarem forma antes que o processo de criação esteja completo. Trata-se de um período de tempo para uma entidade — não ainda totalmente formada ou modelada — se desenvolver. Por exemplo, veja as borboletas. Durante o seu estágio de casulo, elas são realmente líquidas durante certo tempo.

A ambigüidade é como esse período fluente. Assim como a borboleta, você também precisa passar por uma fase de formação, ambígua, de um processo para alcançar clareza mental na busca da sua missão. O objetivo é ficar centralizado e concentrado na sua missão. O caminho para a segurança requer que, para que os seus pensamentos tomem forma, primeiro você tolere qualquer ambigüidade necessária ao processo.

Ao aceitar a ambigüidade, você pode olhar para uma situação com honestidade e sem prejulgamentos antes que ela esteja completa. A ambigüidade opera em seus próprios termos e permite que a sua imaginação se abra a novas possibilidades. Ela lhe dá tempo para brincar e para a criatividade, quando você pode ficar à toa, especular, talvez mudar sua mente, ou apenas ficar lançando as idéias de um lado para outro. Como Hamlet e Polônio disseram um ao outro: camelo, doninha ou baleia? Realmente, em princípio não importa. É divertido brincar com possibilidades!

Uma fase ambígua pode ser assustadora, porque é confusa, desconexa, incompreensível e falsa — até mesmo perturbadora ou caótica. É como um enigma. Em primeiro lugar, as peças são jogadas atabalhoadamente. Elas não caem logo nos seus respectivos lugares. Mas aos poucos a figura aparece.

O mesmo processo é verdadeiro para a sua missão. Você assimila fatos sem julgamento ou comentários e reorganiza as peças de um ou de outro modo até ver uma figura surgir.

Neste capítulo, você aprenderá como tolerar a ambigüidade ao desenvolver pensamentos complacentes, suspendendo conceitos e prejulgamentos (que bloqueiam os desejos e limitam as opções). Seu objetivo é tornar claro o caminho da sua missão atual.

A AMBIGÜIDADE E O SEU MODO PRIMÁRIO

A palavra ambigüidade significa "ficar de ambos os lados". Dito em outras palavras, significa não assumir posições *no momento*. Fazedores e Analistas são os que sentem mais mal-estar com essa noção. Eles acham difícil abandonar o controle. Os que toleram a ambigüidade concordam que *não* se decidir de imediato faz parte da brincadeira (idéia muito atraente aos Motivadores). Eles precisam conviver com a deliciosa oportunidade de serem flexíveis, de explorar e descobrir, refreando temporariamente a tomada de decisões.

Os Analistas e os Estabilizadores têm dificuldade com a ambigüidade devido à sua preferência pela previsibilidade. Os Analistas têm uma necessidade maior de respostas claramente definidas. Para os Estabilizadores, o procedimento e a lógica são inteiramente importantes. Eles representam um abordagem metódica da vida. Os Fazedores dirigem-se diretamente a resultados rápidos (leia a história de Lois, a seguir) e tendem a transpor qualquer fase nebulosa. (Muitos Fazedores que conheço teriam preferido pular a fase uterina e entrar na vida completamente desenvolvidos, saindo da cabeça de Zeus.) Os Motivadores apreciam a ambigüidade; no entanto, precisam de prática para ultrapassá-la e esclarecer as coisas.

SEJAMOS CLAROS QUANTO A TOLERAR AMBIGÜIDADES

A ambigüidade permite que você crie possibilidades. Há um professor na Universidade da Califórnia que oferece um curso sobre pensamentos confusos. Imaginem! Encorajar o caos e a ambigüidade antes de esboçar um grande progresso!

Philip Davis Park, em seu livro *No Way: The Nature of the Impossible*, assinala que "uma tarefa importante ao tornar-se um médico é aceitar a impossibilidade de ter certeza". Tolerar a ambigüidade significa sentir-se bem com a idéia de que você ainda não sabe tudo.

Quanto mais você opera com conclusões estabelecidas, sem permitir outras interpretações, tanto mais unidimensional será a sua Missão de Vida. As pessoas que não podem tolerar a ambigüidade têm tudo imaginado adiantadamente. Elas me lembram do homem em pé na minha frente no cinema, falando sobre o filme que ia assistir: "Seja qual for o assunto, estou certo de que não gostarei dele." A mente desse homem estava condicionada.

No capítulo anterior, analisei a diferença entre expectativa e esperança. A ambigüidade é um tipo de expectativa. Ela dá ênfase ao processo, ao desenvolvimento e à submissão. As esperanças são como um pai dizendo: "Esse é o modo como as coisas vão acontecer, e é isso!"

Os Bloqueios de Lois

Lois é um bom exemplo de como fechar-se às opções de missão por medo da ambigüidade. Forte, altamente espirituosa e de mente independente, ela parecia um cruzamento entre Eleanor Roosevelt e a jogadora alemã de tênis, Steffi Graf, com um toque de cantora de ópera italiana. Adepta da velha guarda, ela ia pela vida pelo mesmo caminho de mentalidade rígida que seu pai, um oficial da marinha, adotou. Fazedora, Lois preferia seguir dando continuidade às coisas em vez de as ficar remoendo.

Lois sempre pretendeu dedicar-se a uma missão, mas usava toda a sua maravilhosa energia (opiniões) carregando uma lista clara das razões pelas quais a sua vocação não funcionava. Com 29 anos de idade, ela estava — o que não era de surpreender — destinada ao tédio e ao desgaste. "Mas", declarou, "ficarei com meu emprego de enfermeira, que é a coisa 'correta' para uma mulher, porque a paixão que tenho pelo mar significaria voltar à escola, perder dinheiro e enfrentar uma competição acirrada." O único modo de ela chegar perto da água foi sobrecarregar a cabeça, inundando-a de racionalizações — nenhuma das quais racional.

Ela sabia com certeza que não estava indo para lugar nenhum, e também "sabia com certeza" que era impossível ir para onde queria. Diferentemente de São Jorge, Lois preferiu gerar dragões em vez de lutar contra eles. Sua missão era a omissão: ela não podia tolerar a ambigüidade. Queria a vida organizada, bem-definida e absolutamente determinada. Lois não hesitava entre duas escolhas: ela não tinha, na verdade, nenhuma!

UMA ESTAÇÃO NO CAMINHO DA CLAREZA

Os buscadores da verdade sabem que há estações ao longo de qualquer caminho — todos os pontos entre A e Z. Tolerar a ambigüidade faz com que você pare nessas estações do caminho para observar, refletir e conseguir, eventualmente, a clareza: parte da diversão é o período confuso e desestruturado do processo. Permitam-me deixar isto perfeitamente claro: *O término prematuro da caminhada pode reduzir opções e restringir escolhas.* O caminho para obter certeza muitas vezes está cheio de nuvens, e é necessário tempo para a concentração. A ambigüidade permite que um quadro temporariamente embaçado funcione a seu favor por permitir que faça a escolha correta, aparentemente por si mesmo.

OBSTÁCULOS À AMBIGÜIDADE

As duas principais barreiras que impedem as pessoas de tolerar a ambigüidade são o medo e a rigidez. O medo da ambigüidade resulta da inabilidade de perder o controle ou se eliminar a necessidade de clareza. Muitas vezes isso gera ansiedade porque exige que você adie, por enquanto, a sabedoria que virá depois. Quando você cai em areia movediça, a tentação é se debater quando, na verdade, a coisa melhor a fazer é abandonar temporariamente o controle da situação.

Seria absurdo, ao olhar para as nuvens, predizer: "Eu sei exatamente o que irei ver", ou "Não adianta fazer isto porque não verei nada, seja como for". No entanto, muitas pessoas usam afirmações controladoras semelhantes a respeito da sua Missão de Vida. Nada de nuvens obscuras, por favor.

Os exercícios com uma ambigüidade maior têm o máximo efeito gerador de ansiedade nos que pensam de forma rígida. Essas pessoas em geral perguntam: "Qual é a finalidade disso?" "A que isso vai levar?" "Como esperam que eu faça isso?" Essas perguntas revelam um modo de pensar austero, determinado. O processo da Missão de Vida não é um bloco de granito, imutável e inabalável. Ele tem uma base sólida (obtida somente com a clareza), confirmando as mudanças, a evolução e a transformação pela quais uma missão básica passará, e exigindo pensamentos plausíveis.

Martha, como Lois, exemplifica as armadilhas de definir tudo rigidamente. Ela mostrava um alto grau de interesse artístico, porém, como tinha pouca experiência prática em artes, sentia que se admitisse esse interesse estaria "destinada" a tornar-se uma poeta, uma pintora ou ceramista. E esses estereótipos estavam fixos em sua mente.

A Mente Decidida de Martha

Uma próspera suburbana impecavelmente vestida, no final da casa dos 40, Martha estava lutando contra uma inominável ânsia, uma sensação de tédio ou de aborrecimento, a despeito de sua bela casa em Malibu e de suas duas filhas adolescentes muito esclarecidas. Ela não havia sentido a necessidade de se tornar financeiramente independente porque seu marido tinha um cargo alto numa grande firma de advocacia na cidade.

Como muitas de suas amigas suburbanas, ela havia servido entusiasticamente como voluntária em grande número de espetáculos artísticos e levantara fundos para a biblioteca local, mas todo esse serviço comunitário estava diminuindo. O teste vocacional de Martha indicava que ela se sentia atraída por arte; mas, quando pensava na palavra *artista*, tinha todo tipo de definições preconcebidas. Eu lhe pedi para fazer uma lista com todas as suas definições para o seu conceito de "artista". (Antes de continuar a ler, faça o exercício seguinte.)

Exercício: Minhas Equações

Faça a sua própria lista dizendo o que a palavra artista significa para você (tipo de trabalho, idade, ambiente, situação financeira, localização, formação étnica, tendências políticas e assim por diante). Então, compare a sua lista com a de Martha, que incluiu:

excêntrico
homem
pintor
viver num sótão
digno de pena
apartamento pequeno, desarrumado
pobre
dedicado
com má saúde
solitário
apolítico

Martha mantivera seus interesses artísticos belamente reprimidos. Ela achava difícil até mesmo fantasiar sobre ser uma artista. Sua visão da vida de artista era rígida. Para ela, esse estilo de vida significava passar fome, uma existência solitária num apartamento desarrumado, sem oportunidade de adquirir a casa dos seus sonhos ou alimentar os filhos. (Veja você: o artista dela era homem e, afinal, não havia um jeito de ela se transformar num homem. Ela por certo estava além de toda ambigüidade sobre os componentes exatos dessa profissão e, armada com essa informação imutável, rejeitava toda possibilidade de se dedicar a qualquer atividade relacionada com a arte.)

MEIOS DE MUDAR O PENSAMENTO RÍGIDO

Num estado de ambigüidade, você deixa a sua imaginação desenvolver opções, como aconteceu com Hamlet e Polônio. O exercício seguinte ajudará você a desenvolver essa capacidade de fantasiar.

Exercício: Cortar

1. Corte em formatos irregulares algumas figuras tiradas de anúncios de revistas. Primeiro, olhe para as suas formas sem tentar defini-las. Então, dê a cada forma ao menos três nomes.
   Pratique "vendo" diferentes objetos e coisas no formato acima.

2. Agora, olhe para a pintura seguinte. O que ou quem você vê? Focalize os seus olhos no ponto no meio da imagem. Algumas respostas aparecerão mais tarde (mas não olhe ainda!)

No primeiro exemplo, as pessoas identificaram coisas como um barco, uma pessoa dormindo numa tenda com os pés de fora, uma chuvarada e parte de um arco-íris. No segundo exemplo, você vê tanto a mulher velha como a moça? Ambas estão ali. O que mais você conseguiu identificar? Algumas pessoas viram um gorila ou uma águia.

Ao praticar este modo de ver as coisas, você está fortalecendo a sua habilidade de ver caleidoscopicamente. Ou seja, você encoraja a si mesmo a ver formas de várias maneiras. Mesmo quando um item parece óbvio, em consideração à prática, suspenda sua necessidade de vê-lo unicamente desse modo.

SUPOSIÇÕES

A palavra suposição vem das palavras latinas *sumptus*: encarregar-se de, escolher, e *adsumere*: tomar para si, emprestar. Em outras palavras, suposições são pensamentos que assumimos como nossos e que se transformam na nossa percepção, embora não seja necessariamente a verdade. Portanto, antes de, apressadamente "apoderar-se de um pensamento", dê-se tempo para analisar a situação.

Se, por exemplo, o motorista à sua frente fizer algo que você desaprova, tente pensar em motivos criativos para ele estar dirigindo dessa maneira. Se observar alguém dirigindo muito devagar, pode ser que esteja a caminho do veterinário, com um periquito doente no carro. Um rapaz correndo em alta velocidade pode estar transferindo fundos da Máfia para outra conta antes que as autoridades o peguem. Considere mentalmente ambos os lados (não com o seu carro, é claro!), antes de julgar depressa demais.

O maior obstáculo à ambigüidade é o uso inconsciente de suposições no seu sistema de crenças. Suposições irrefletidas batem a porta no seu arquivo de idéias divergentes e excluem informações necessárias para você ter um quadro mais completo da situação. Suposições inconscientes (também chamadas de preconceitos) algumas vezes são tão sutis que podem passar despercebidas.

Exemplo tirado de uma manchete de jornal:

Os árabes libertam 8 mulheres e 5 negros

Qual é a suposição? É que as mulheres são brancas e os homens, negros. A norma é homens brancos, o que não exige identificação especial. A linguagem apóia uma suposição semelhante de que os doutores são homens, a menos que se comprove o contrário. Se as médicas forem chamadas de doutores, quem seriam os médicos? (Você adivinhou.) É de causar espanto que menos mulheres desejem ser médicas? (O mesmo vale para a palavra enfermeira.)

As únicas ocupações restritas quanto ao sexo são as de doador de esperma e de ama-de-leite. Carol Mosely Braun não se deixou deter na corrida para o Senado de Illinois porque era mulher e afro-americana. Suposições inconscientes limitam as conclusões, bloqueiam possibilidades e perpetuam interpretações rígidas. Não limite prematuramente os sonhos com sua missão! As únicas limitações para o seu chamado são as que você impõe à sua própria mente. Veja a percussionista mais famosa do mundo, Evelyn Glennie, cujo chamado inclui executar música como solista — um feito inédito entre os percussionistas. O fato mais surpreendente é que ela é surda!

AMBIGÜIDADE: LIMITANDO-SE COM AS SUAS SUPOSIÇÕES

Supor algo inconscientemente faz de você, e de mim, pessoas ignorantes. Desistir de suposições permite que se "veja os dois lados da questão" antes de se chegar a uma conclusão.

Você não pode manifestar algo que já não esteja na sua consciência. Estar consciente de suas suposições lhe dá flexibilidade e vulnerabilidade, que permitem alterações, revisões e mudanças. O pensamento unilateral apenas gera o mesmo tipo de pensamento. A seqüência do processo ambíguo é:

Posição de partida > suspensão consciente das suposições > ambigüidade > geração de opções > criação de escolhas > seleção consciente da posição > admissão de uma suposição consciente.

Num curso, Eduard de Bono contou sobre um jovem prisioneiro que queria passar a noite na cidade e engendrou uma elaborada fuga escalando paredes da prisão usando lençóis como cordas. Quando voltou à cadeia, o jovem descobriu que a porta da frente estivera aberta! Ele supôs que teria de fugir da maneira mais difícil. (Este não é, entretanto, o método recomendado para lidar com condenações à prisão.)

LIVRE-SE CONSCIENTEMENTE DAS SUPOSIÇÕES

Naturalmente, qualquer crença ou ação depende de um ponto de vista. O truque é conhecer com plena consciência a sua suposição, porque ela funciona como uma equação. Se eu fizer X, o resultado será Y. E em geral, essas equações tendem a ser negativas, particularmente no que se refere a carreiras. Olhemos o que Roger, um jovem perito-contador durante o dia e clarinetista à noite, descobriu:

***As suposições de Roger sobre o trabalho*:**

Trabalho	=	atividade remunerada
atividade remunerada	=	sofrimento, o tempo se arrasta
sofrimento	=	trabalho
Lazer	=	Faço horas extras (música)
atividade extraordinária	=	mal-remunerada
má remuneração	=	pobreza
Abandonar a carreira	=	diminuição significativa no rendimento
diminuição no rendimento	=	perda do estilo de vida
perda do estilo de vida	=	infelicidade
***A conclusão dele*:**		
trabalho	=	sofrimento
lazer	=	pobreza
abandonar a carreira	=	infelicidade

Para Roger, realizar seus sonhos de executar música significa claramente que ele será pobre, infeliz e que levará uma vida instável. Com esse tipo severo de pensamento, não há saída possível. Como Roger poderá encontrar uma carreira agradável, se ele prediz que ela significará infelicidade, abandono do estilo de vida e privação emocional? Além disso, o emprego como perito-contador estava bem delineado, embora não tivesse um objetivo.

O outro assunto de Roger era que ele estava inseguro sobre o significado exato da música na sua vida e sobre o que ele queria fazer com ela. De uma coisa ele estava certo: seus sentimentos sempre eram melhores quando tocava clarineta. Ele se viu num dilema: se se dedicasse à música, seria pobre, e se ficasse com o emprego de perito-contador, isso o tornaria infeliz.

DESENVOLVA OPÇÕES

Roger teria de alterar seu conceito de trabalho. Só como exercício, pedi-lhe que visse o trabalho de um ângulo diferente do seu modo habitual de considerá-lo. Ele teria de divagar sobre novas idéias de trabalho (ambigüidade), e então deixá-las tomar forma durante um período de cerca de duas a três semanas. Em outras palavras, ele deveria enfrentar sua tendência de fazer suposições muito austeras com conclusões prematuras. Para obter idéias, sugeri que observasse as pessoas às quais admirava, pessoas ou amigos em profissões de que ele gostava.

Por que tantas pessoas têm inveja de jogadores de futebol, de artistas de televisão ou de comediantes? Porque eles são pagos para se divertirem. Um locutor local comentou recentemente, no seu *talk show*: "Sou pago todos os dias para me divertir." Roger precisava ver que há pessoas desse tipo no mundo.

Não causou surpresa o fato de Roger descobrir que o trabalho não é necessariamente a atividade dolorosa que ele pressupunha ser. Eis o conteúdo de sua lista sobre o trabalho:

Assunto: Associações de trabalho
interesse
talento
música
prazer
saúde física
felicidade
energia
conquista
realização
satisfação

A conclusão agora? O trabalho (ou seja, a música) pode trazer realização, alegria, satisfação e boa saúde. Antes, Roger imaginara que a música traria pobreza e desapontamentos. É por isso que queria desistir dela. Ele precisava ver a música como parte da sua missão. O emprego de perito-contador serviria à sua missão de vida — a música —, mantendo-o financeiramente estável para que pudesse concentrar-se nela. O caminho para um ponto de vista sadio começou com a disposição de Roger de não pensar mais fixamente no trabalho e ficar aberto a uma ambigüidade (temporária).

Roger começou imediatamente um plano de ação na sua nova série de associações. Naquele mesmo dia, ele fez uma lista de tudo o que poderia fazer para começar na estrada positiva rumo à realização dos seus sonhos musicais.

O plano de ação de Roger:

- Relacionar todos os modos com que o diploma de perito-contador serve à minha missão.
- Relacionar o que aprecio na música.
- Descobrir os pontos de intersecção entre ser um perito-contador e o meu amor pela música (assim como ser um perito-contador numa firma musical).
- Fazer um teste para conseguir mais sessões de *jazz*.
- Considerar a possibilidade de um curto intervalo de ausência ou horas reduzidas de trabalho para poder devotar mais tempo à música.
- Apreciar a combinação de perito-contador e músico!

Roger tinha mudado a suposição do tipo "é impossível ser feliz como perito-contador", para entender que "ser ambos, perito-contador e músico, é possível, vantajoso e de algum modo faz parte da minha Missão de Vida". Roger começou a considerar a possibilidade de tornar-se um contador para músicos *free-lance,* chegando assim um passo mais perto de integrar a música ao seu trabalho diário. Agora, a expressão atual da Missão de Vida de Roger mudou da ambigüidade para a clareza — revivendo a popularidade da clarineta na música pop contemporânea.

Exercício: Descarte Problemas por Meio de Perguntas

Descubra uma suposição que possa estar impedindo você de cumprir sua missão. Talvez, no caso de Roger, algo que tenha a ver com a combinação de talentos. Siga o exercício através destes quatro estágios:

1. Fale sobre o seu problema.

Problema:______________________________

Minhas suposições (inflexíveis) não-ambíguas:

_________________=___________________

_________________=___________________

_________________=___________________

e assim por diante.

Agora sonhe com suas equações durante um certo tempo e deixe que as suas associações se tornem fluidas, flexíveis, fantásticas, engraçadas, bem-humoradas, loucas, até mesmo bizarras. Em algum ponto de todo o processo, a resposta de que você precisa surgirá. Pode levar um dia ou uma semana, mas dê bastante tempo entre os estágios um e dois para "flutuar" como uma nuvem.

2. Livre-associação.

Problema: ______________ Associações:________________

______________=______________

______________=______________

______________=______________

(e assim por diante).

O que mudou para você especificamente? Examine as áreas de diferença entre os estágios um e dois. O que você pode fazer para ficar fora da mira do primeiro? Para Roger, foi reduzir o tempo que passava no emprego, de cinco para quatro dias.

Estabeleça um plano de ação para as suas associações. Inclua algo que possa fazer hoje, para começar com qualquer aspecto do seu plano de ação.

Meu plano de ação:

____

____

____

3. Aprenda e ouça o que os outros têm a dizer.

Leia histórias inspiradoras, biografias e autobiografias de pessoas que acreditam em si mesmas e disseram sim aos seus sonhos. Histórias de sucesso ajudam a contrariar suposições fixas sobre o que é possível. Betty Ford sobreviveu a uma mastectomia e à dependência de drogas e construiu uma clínica para ajudar os outros. Auguste Renoir continuou com sua missão artística depois que perdeu os movimentos da mão direita. Beethoven continuou sua missão mesmo depois de perder a audição.

Mary, Mary não é Nada Disso

Para Mary — uma bela e jovem mulher com um espírito empreendedor, cabelo ruivo e um temperamento violento —, a vida estava completamente assentada e não havia ambigüidades. Por exemplo, ela tinha a certeza de que só as outras pessoas tinham sorte. Para ela, era difícil admitir que a sua vida podia tomar um rumo diferente.

Mary certa vez havia tido grandes sonhos de usar seus conhecimentos científicos a serviço das crianças. Mas como? Ela era "apenas" bacharel em matemática. "E, além disso", ela declarou, "todos sabem que você não pode ganhar dinheiro ensinando crianças!" Mary estava levando uma vida contrária aos fatos reais: na verdade, você pode fazer as coisas acontecerem se esse for o desejo do seu coração, se você acreditar que pode fazê-las e se estiver disposto a fazer o trabalho de base para conseguir o que quer.

Mary precisava ler exemplos inspiradores sobre o modo como os outros procuram realizar os seus sonhos. Finalmente, concordou em sonhar um pouco. Foi a uma biblioteca e deparou com um artigo sobre Candy Lightner, a mulher que havia fundado sozinha o MADD — Mothers Against Drunk Driving (Mães contra motoristas embriagados). Ela viu o que uma pessoa pode fazer se puser a mente para funcionar! Esse artigo mudou o seu modo de fazer suposições. Em vez de lutar contra equações indiscutíveis, fixas e autodestruidoras, ela continuou flexível e deixou que novas idéias lhe viessem à cabeça!

Um resultado do seu novo comportamento é que ela iniciou projetos infantis num clube para meninas: nele, as jovens podem fazer pesquisas e desenvolver o gosto pela matemática fazendo pesquisas científicas.

4. O bebê e a água do banho.

Raciocínio fixo leva muitas pessoas a se livrarem de uma idéia assim que a rejeitam. No entanto, isso pode ser como jogar o bebê fora, junto com a água do banho. Quando você elimina fatos da sua vida, freqüentemente faz uma reciclagem das suas experiências, do seu conhecimento e das suas habilidades. Partes do que você quer eliminar, na verdade, terão de ser mantidas.

O exercício seguinte o ajudará a determinar o que você quer reter (o bebê) ou eliminar (a água do banho). Sua missão ficará mais clara quando souber o que aproveitar e o que jogar fora.

Eis como esse exercício funcionou para mim. Eu não queria mais ensinar alemão na universidade e pensei que isso significaria renunciar a todas as formas de ensino. Para minha surpresa, descobri que eu queria manter alguns aspectos do ensino:

Água do banho	***Bebê***
status de empregada	flexibilidade
papéis de graduação	palestras
encontros	arte/cultura/música
compromissos	agenda flexível
agenda rígida	idéias
diplomas	conferências, palestras
gramática/literatura alemã	aconselhamento
apenas população estudantil	instalações da universidade

Eu queria abandonar o ambiente específico em que estava, bem como alguns aspectos periféricos do trabalho: a universidade onde trabalhava, a estrutura, os encontros, os compromissos, o ensino da língua alemã, os papéis de graduação, o fato de ser uma empregada e o sistema por semestres. Eu queria *continuar* lecionando, dando palestras, tendo uma agenda flexível, fazendo aconselhamento e viajando (pela primeira vez, viajar em outubro tornou-se possível e não, como eu imaginara, somente no verão). O que a nova combinação acrescentaria? Tomei as partes que restaram, misturei as peças e acrescentei alguns novos elementos, o que resultou na minha nova mistura:

ser o meu próprio patrão
música (compor, cantar)
executar (compor, cantar)
escrever um livro
prática particular de auto-aperfeiçoamento
esquematização de programas motivadores.

A "nuvem" ou "peças do enigma" se tornaram específicas. Comecei a organizar cursos e seminários de criatividade, comecei a dar orientação sobre a Missão de Vida, sobre como falar e se portar em público.

Em outras palavras, reciclei o que havia feito anteriormente e apareci com algo novo.

Exercício: Salvando o Bebê

Agora faça o mesmo com a carreira ou o problema pelo qual você luta:

1. Dê um título à lista e lance nela todas as suas partes componentes.
2. Como num *smorgasbord**, escolha os itens que deseja manter e separe-os daqueles que quer eliminar.
3. Olhe para o seu "bebê" e veja o que essas palavras lhe sugerem. Acrescente qualquer coisa que queira manter, se aplicável.
4. Escreva cada palavra numa tira de papel e coloque as tiras num chapéu. Pegue três tiras e ponha-as lado a lado. Pergunte a si mesmo o que cada combinação lembra. Seja receptivo e flexível. Trabalhe com essa lista o quanto quiser, desenvolvendo combinações por algumas semanas, pelo menos.
5. Agora, veja que novo quadro emerge e faça o que for necessário para manifestá-lo.

RESUMO

Row, row, row your boat: Fluindo com a Ambigüidade

Na ambigüidade, você suspende a certeza para encontrá-la. A canção "Reme, reme, reme o seu barco" é uma metáfora para esse paradoxo.

Row, row, row your boat,
Gently down the stream,
Merrily, merrily, merrily, merrily,
Life is but a dream.

* Serviço de bufê com variedade de pratos em que a própria pessoa se serve.

Reme, reme, reme o seu barco
suavemente descendo a corrente,
Alegremente, alegremente, alegremente, alegremente
A vida não passa de um sonho.

O rio conhece o caminho que percorre: ele tem um senso de direção. A canção convida você a seguir com a corrente — o fluxo do rio. Reme descendo o rio SUAVEMENTE, seguindo o curso, capitalizando sua energia, sabendo que você será guiado ao seu destino. A viagem naturalmente toma forma ao longo do caminho.

Um rio tem um leito e duas margens. Sem elas, ele seria um delta sem definição ou direção. A ambigüidade lhe dá uma oportunidade de fluir e de vagar dentro da estrutura total de direção. A ambigüidade torna a vida interessante. Imagine um rio reto — sem curvas, sem voltas, sem inclinações — que tédio! O mesmo vale para a vida. A escolha é sua. Olhe para as nuvens e aprecie o espetáculo! A disposição para tolerar ambigüidades é o seu bilhete de entrada.

Agora, nós iremos para a arena onde ficam as suas idéias.

9

Ideação e Incubação

Você pode imaginar isto? Em vez de dizer "Que se faça a luz", Deus diria: "Céus, estou bloqueado! Quero fazer alguma coisa, mas o quê?" Sem idéias, nada acontece. O mesmo é verdadeiro sobre a sua Missão de Vida: para cumpri-la, você tem de aprender a gerar idéias — milhares delas.

As idéias são os seus pensamentos criativos e as respostas às situações do momento. Elas são os ingredientes expressivos da nossa sabedoria interior. Eis alguns exemplos de idéias: um modo novo de preparar uma velha receita; de juntar duas coisas formando uma nova; de pegar uma peça de tubulações e o eixo de uma roda e fazer uma mesa; descobrir um uso novo para algo — como transformar uma velha pia de porcelana numa banheira para passarinhos; ou converter aquelas quinhentas bolas de pingue-pongue — saldo de uma venda fracassada — guardadas na garagem, num teto à prova de som para o estúdio de percussão de sua filha.

As idéias estimulam e geram mais idéias. Ao resolver problemas, eles lhe dão opções e a liberdade de ir atrás dos seus objetivos. O buscador criativo de uma missão (o que você está aprendendo a ser neste livro) tem de ser uma verdadeira fábrica de idéias.

Este capítulo, portanto, lhe mostra:

1. O que são idéias.
2. Onde e como gerá-las.
3. Como transformar os seus assassinos de idéias em atos positivos.
4. O valor da incubação.
5. O objetivo é assinalar acuradamente a sua missão de vida gerando muitas idéias.

VANTAGENS DA EDUCAÇÃO E DA IDEAÇÃO

A ideação não é algo novo. Simplesmente significa a formação de idéias — um talento que você tem desde a infância. Talvez você tenha transformado pilhas de areia em castelos, tenha inventado criaturas interessantes com quem falar ou previsto modos fantásticos de chegar à lua. (A NASA certamente nada tem contra essa fantasia — as crianças foram à lua muito tempo antes de os astronautas de fato chegarem lá.)

Em algum ponto, infelizmente, os garotos aprendem a diferença entre fantasia e realidade e compreendem que não estão sendo recompensados por transformar as coisas em algo que elas não "são". Para se sentirem seguras ou evitar críticas, as crianças aprendem padrões lógicos e lineares de pensamento e sufocam toda criatividade. O sistema muitas vezes as obriga a esquecer seus talentos ideais. Exigem-se fatos e não fantasias. Quando aconteceu a batalha de Waterloo? (um fato) — em vez de o que teria acontecido ao curso da história se Napoleão tivesse vencido? (fantasia).

MATE-AS, ACABE COM ELAS, DEPRESSA! DEPRESSA! MAIS DEPRESSA! — OS ASSASSINOS DE IDÉIAS QUE A ESCOLA ALIMENTA

A versão adulta do processo começado na infância é o aparecimento dos matadores de idéias. Os assassinos de idéias são as frases ou afirmações que impedem você de levar em conta uma opção. Elas têm um efeito devastador sobre a sua habilidade de perseguir a sua missão.

Num exercício, os participantes lidaram com um problema relativo à apresentação de idéias. Eles estavam inconscientes do fato de que em todos os grupos, à exceção de um, participava um elemento negativo cuja única finalidade era destruir toda sugestão proposta. Um outro grupo contava com um participante que devia apoiar cada novo item com encorajamento (sem ser óbvio demais — afinal, esse comportamento despertaria suspeitas!). O grupo do qual participava o agente de apoio gerou mais idéias do que todos os demais. Os participantes negativos haviam imposto limitações severas ao desempenho de cada um dos outros grupos.

Naturalmente, você pode executar o mesmo "assassinato de idéias" por si mesmo.

Eis alguns assassinos de idéias que um amigo escritor desenvolveu sobre um livro que planejava escrever:

- Ninguém vai lê-lo.
- O mercado está saturado de assuntos semelhantes.
- Não tenho nada novo a dizer.
- Ele nunca vai vender.
- Não tenho talento.
- Não vale a pena perder tempo.
- Não tenho um editor.
- Quem precisa dele?
- Não tenho prática de fazer isso.
- Não posso dispor de tempo para escrever, pois preciso ganhar dinheiro.
- Não vou ganhar nada com isso.

Uma lista deprimente! Essas frases podem literalmente esgotar sua energia. Tente surfar ou equilibrar-se numa onda e então dizer as palavras: "Eu não consigo fazer isto: vou cair." Veja por quanto tempo consegue se manter em pé!

Daniel, um jovem professor de sociologia, contou a história do seu exame de admissão ao colégio. Havia uma parte do teste de aptidão física que consistia em subir ao teto da sala por uma corda. Daniel havia ficado acordado até tarde na noite anterior e chegou ao teste bastante sonolento. Antes de compreender o que estava fazendo, havia subido até o teto segurando-se com uma das mãos. Ao descer, disseram-lhe que teria de subir outra vez e encostar o nariz no teto (parte da exigência); quando começou a pensar sobre como isso seria impossível, foi incapaz de realizar com as duas mãos o mesmo que havia feito com uma, *um* minuto antes.

Tudo o que Daniel ouviu foi a sua voz interior dizendo: "Você não consegue", mesmo que antes houvesse executado a tarefa com êxito! Lembre-se de que se você disser que pode ou que não pode, em ambos os casos você estará certo!

VOCÊ PODE SE LIVRAR DOS ASSASSINOS (DE IDÉIAS)

Está certo, apesar de todas as mães (e pais) destruidores de armas, eis aqui dois modos de matar os assassinos das suas idéias e de livrar-se deles. Livre-se da sua máfia antimissão!

Ative a sua criança interior. Quando você era jovem e sonhava em se tornar um capitão do mar ou a rainha do universo, o seu eu crítico não aparecia dizendo: "Ora, veja! Você não pensa realmente em fazer isso?" Uma fantasia infantil não inclui obstáculos. Faça coisas infantis: observe como as crianças são livres para pensar de modos que você talvez tenha esquecido. Tenha um devaneio, como fazia quando criança. Brinque com as possibilidades. Leia livros infantis que provem que tudo é possível (assim como *The Little Engine That Could*). Sempre que a sua imaginação é valorizada e levada a sério, a sua crítica não tem chances.

Torne-se "irracional". Fantasie, mesmo que esse processo não "acrescente nada"! Ter idéias "irracionais" e loucas é o material que torna possíveis as missões excitantes. Mesmo que você não venha a executar todos os planos, o primeiro passo é fantasiar.

Que os homens possam voar é uma idéia "irracional" muito antiga. O mito grego nos fala de Ícaro, que tentou fugir da ilha de Creta usando asas de cera e penas. Ele voou tão alto que o sol derreteu-lhe as asas e ele morreu ao cair no mar. Leonardo da Vinci pesquisou a aerodinâmica — mas através de desenhos —, esperando sabiamente que as gerações futuras executassem suas idéias. Quando chegou a hora certa, Orville e Wilbur Wright tiveram o mesmo sonho e, finalmente, o executaram.

Nunca saberemos quantas grandes idéias deixaram de se realizar porque ninguém foi capaz de pensar nelas. Acaso não está na hora certa de você fantasiar?

Exercício: Modifique a sua Lista de Assassinos de Idéias

Depois de fazer uma lista completa de assassinos de idéias, substitua cada item com afirmações tão corajosamente positivas como as idéias negativas que teve. O escritor substituiu "Quem precisa disso?" na lista por "Este livro é tão importante para o mundo quanto ter uma refeição substancial."

Depois de terminar de fazer sua lista de assassinos de idéias, destrua-a e guarde apenas as afirmações positivas. Coloque suas novas afirmações num lugar de destaque na sua casa.

Destruir listas não é garantia de nada. O valor desse exercício é manter esses assassinos de idéias longe da sua consciência. É o mesmo que esvaziar seus armários: não há garantia de que você não tornará a enchê-los. No entanto, o ato físico de remover coisas significa que está fazendo uma afirmação: "Só quero idéias positivas na minha mente, e estas, livres de assassinos de idéias."

A PRÁTICA TRAZ A PERFEIÇÃO

A prática leva ao desempenho mais perfeito, quer se trate de memorização, de tocar piano ou de ideação. Pense nas escalas do piano. Você pode praticá-las durante anos até que, afinal, o resultado aparece: você atingiu um estágio em que pode tocá-las automaticamente. Ao saber como tocar essas escalas, você poderá tocar com mais facilidade uma fuga de Bach. De repente, as escalas têm o som de música porque você fez o exercício prático.

Analogamente, gerar idéias vem através da prática. A ideação necessita de prática antes de poder ser automática. E como as escalas musicais, as idéias são um instrumento para você chegar até aonde quer ir.

Exercício: Cozinhe Usando Todas as Bocas do Fogão — O seu Ponto Emocional Quente

Vamos nos concentrar em maneiras de gerar e de evocar idéias em você. Para dar fruto, as idéias precisam de um ambiente protetor. Usaremos um exercício em que identificaremos o Ponto Emocional Quente (PEQ) e aprenderemos como criar esse espaço. Por PEQ entendo um lugar dentro ou ao redor do lar da infância, aonde você ia para se sentir seguro, onde podia ficar a sós consigo mesmo, onde podia ser autêntico. Trata-se de um lugar que traz associações sensoriais muito especiais (visões, aromas, etc.) Essas associações funcionam como o solo e os nutrientes funcionam para o crescimento das plantas. Suscitar esses elementos sensoriais ajuda a preparar o cérebro para a ideação, da mesma forma que uma boa montagem aumenta a chance de a peça teatral ter sucesso. Vamos examinar o modo pelo qual Jack e Frances recuperaram os seus sentidos através do PEQ.

Jack da Lamparina

Jack era um engenheiro mecânico com sintomas típicos de crise da meia-idade relativos à perda do emprego. Grande parte do problema era ambiental. Ele era um homem criativo trabalhando numa firma de aeroespaciais, num escritório modular aberto e barulhento, inundado por brilhantes luzes de neon. Jack sabia que seus pensamentos se tinham tornado pouco claros, sentia-se pressionado e sua criatividade havia diminuído.

O lugar do PEQ de Jack era o seu quarto de dormir quando criança, que ele mantinha escuro como um retiro. Ele gostava de se esconder ali e passar horas sozinho lendo à luz de uma lamparina, sonhando com novas coisas a inventar. Ele se lembrava especialmente do cheiro da lamparina. É de admirar que não se sentisse emocionalmente bem no seu emprego?

Jack contou que durante o curso havia rejeitado a noção do PEQ quase totalmente. Enquanto voltava para casa de carro, discutiu mentalmente comigo, mas quando fez a curva para se encaminhar para sua casa, subitamente compreendeu que o PEQ fazia sentido. (Adivinhe o que Jack viu do carro.)

Mesmo sem saber, Jack buscava o mesmo PEQ em seu lar de adulto em estilo de rancho. Para ter suas melhores idéias, ele sempre se refugiava em seu pequeno gabinete de trabalho onde combinava a escuridão, uma única lamparina acesa, o silêncio, um esconderijo e a sensação de ter um tempo longe de tudo. Quando se trancava ali, a mulher ficava magoada. Depois que ele lhe contou sobre o exercício de PEQ, finalmente ela entendeu que Jack necessitava de um retiro que incluísse silêncio, o cheiro da lamparina, a escuridão e a sensação infantil, e não de um refúgio para fugir dela. Depois de falar com a mulher, Jack sentiu-se muito melhor quanto a essa sua necessidade de se retirar para seu gabinete de trabalho.

Um Tempo para Sentir o Cheiro das Árvores

Quando criança, Frances passava horas numa casa construída na macieira do quintal da casa dos seus pais. Uma criança ativa, ela escalava cada polegada daquela árvore e inspecionava cada folha de grama embaixo dela. Frances descobriu que, para ter idéias, TINHA necessariamente de ficar ao ar livre, num parque das proximidades. Agora era uma enfermeira-chefe numa ala de uma grande clínica psiquiátrica; sentia-se há anos culpada por deixar seu escritório sem janelas no hospital para sair e refletir. Eu lhe disse que ela estava fazendo exatamente a coisa certa.

Sugeri que ela arranjasse tempo para cheirar a grama, sentir uma árvore ou até mesmo subir nela se se sentisse bem ao fazer isso antes da ideação (e talvez pensar em como obter um cargo que propiciasse um escritório com uma janela com vista para as árvores e o gramado. Finalmente, a culpa de Frances "pelas escapadelas" diminuiu.

Sentimentos Grandiosos

O meu PEQ era no terceiro andar de uma casa em estilo Tudor, com vista para o gramado e a campina do outro lado da rua. Até hoje gosto de sótãos para o trabalho criativo. Na escola secundária, eu me sentia mal por ter de passar um semestre num apartamento no porão. Na Alemanha, como aluna, tive uma experiência semelhante com sentimentos de desconforto num apartamento no porão, mas não compreendi o motivo a não ser anos depois. Em especial, sentia falta de estar literalmente no topo das coisas, no meu poleiro, longe das tempestades da vida. Onde quer que eu viva, será importante ter um sótão ou balcão no alto.

Exercício: Peq, peq, peq, Estou Apaixonada pelos peq, peq, peq

Encontre o seu PEQ infantil dentro ou ao redor da sua casa de infância. Se você teve muitas casas ou uma infância infeliz (muitos de nós tiveram), escolha aquela em que o PEQ é mais forte ou mais claro na sua mente, mesmo que só possa retê-lo por um curto momento. Pense sobre sentir-se seguro e sintonizado consigo mesmo. Para onde ia e o que fazia? Você estava sozinho ou na companhia de alguém? Lembre-se de todas as visões, cheiros, sons, gostos e sensações táteis que puder.

Numa folha de papel escreva PEQ. Em seguida, a localização, o ambiente e as ligações sensoriais. Descreva o ambiente geral do seu PEQ, onde você estava nesse ambiente (tão exatamente quanto puder) e, finalmente, todas as ligações sensoriais com esse local. Aqui está o meu PEQ, como um exemplo:

PEQ

Ambiente

Sótão, teto abaulado, grande janela, vista ampla, afastamento de todos, o silêncio da manhã.

Localização

À escrivaninha, perpendicular à janela, tetos de madeira, grande escrivaninha de madeira perto do radiador.

Conexões sensoriais

Período diurno, de preferência pela manhã, orvalho na grama, plátanos, quadros na parede, carrilhões da torre, cheiro de café.

Quando tiver escrito sobre o seu PEQ:

1. Anote uma preocupação menor para a qual ainda não achou solução, e ponha esse papel à parte.

2. Imediatamente depois, recrie um espaço ou lugar que mais se aproxime do seu PEQ. Use esse espaço para fazer este exercício. (Esse é também o lugar ideal para fazer todos os outros exercícios deste livro.) Por ora, talvez você apenas seja capaz de se aproximar deste espaço. Seja criativo! Se não puder descobrir uma macieira, outro tipo de árvore dará o mesmo resultado (ou a figura de uma árvore). Se não dispõe de um quintal, talvez possa usar a sacada, um pátio ou alugar um espaço em outro lugar.
3. Depois de criar o seu PEQ, retire-se para o seu espaço durante cinco minutos por dia durante a próxima semana, revivendo tantas sensações e imagens do seu PEQ infantil quantas puder.
4. Trabalhe com a preocupação que identificou.
5. A cada dia, anote todas as idéias que lhe vierem à mente e depois selecione uma como solução.

NOVOS MODOS DE AUMENTAR SUA RECEPTIVIDADE ÀS IDÉIAS

Pense nas últimas idéias criativas que teve. Quando foi que as teve? Logo depois de tomar um banho de chuveiro? Depois de dar uma caminhada? Ou depois de encerrar uma meditação? Talvez depois de um período de silêncio? É provável que tenha sido depois de um período de solidão ou de reflexão.

Comece a ideação por um período de silêncio. Desligue tudo, especialmente seus pensamentos e seu programa de trabalho. O descanso é como uma carga de bateria para o seu cérebro. Seu objetivo, ao estimular o pensamento e a imaginação, é estabelecer um estado mental e emocional aberto e receptivo.

Na verdade, Edison colocou um sofá em seu laboratório para que pudesse passar por um cochilo de meia hora, depois do qual se sentia extraordinariamente criativo. Mozart recebia seus temas musicais através dos sonhos. W. Clement Stone tirava alguns cochilos de dez minutos durante o dia a fim de permitir que a intuição florescesse. Algumas pessoas se preparam melhor com exercícios, tais com *jogging* ou caminhadas, antes de lidar com a ordem do dia. Escolha o que funciona melhor para você.

OITO MANEIRAS DE TER IDÉIAS

Agora que montou o palco relaxando e descobrindo o seu PEQ, use este programa em sete etapas para gerar suas idéias com mais eficácia. Seu objetivo é conhecer melhor a sua missão, estimulando novas idéias em forma de perguntas; cada uma refletirá um aspecto diferente do resultado. É como virar um pouco o caleidoscópio para ver um novo padrão — as idéias se formarão assim que você fizer isso. Usaremos dois procedimentos básicos: fazer as perguntas de uma nova maneira e estabelecer novas associações.

Exercício: Primeira Parte — Fazer Perguntas com "E se..."

Escolha um problema que você queira solucionar. Por enquanto, não se preocupe com o fato de ele se relacionar ou não com a sua missão. Esta é uma sessão prática destinada a aumentar sua capacidade de ideação. Digamos que o seu problema tenha relação com a troca de emprego. Transforme-o numa pergunta usando *E se...* como ponto de partida. O método *E se...* lançará luz sobre o problema real e sugerirá soluções. Como posso resolver o problema de percorrer um longo percurso de carro para chegar ao trabalho?

Mude a perspectiva do problema. Troque *dirigir* por *não dirigir.* E se outra pessoa dirigisse o carro? A pergunta poderia ser: E se eu parasse de dirigir? E se eu tomasse um helicóptero para chegar ao trabalho? E se eu contratasse um motorista para me levar? E se eu dividisse o aluguel de um furgão com outras pessoas? E assim por diante. Use a forma "eu" ao fazer as perguntas.

Mude o foco para outra parte da pergunta, invertendo-a. *Eu vou ao trabalho* transforma-se em *o trabalho vem até mim.* E se, afinal, você não tiver de trocar de emprego? Exemplo: *E se* o emprego ficasse onde eu moro? *E se* eu fosse morar perto da firma em que trabalho? *E se* eu trabalhasse na minha casa?

Substitua parte da pergunta por outra coisa qualquer. *Trabalho* torna-se *outra coisa qualquer*. Pode ocorrer de a sua pergunta sobre mudança estar relacionada com o lugar para onde está indo, em vez de quanto tempo você precisa para chegar lá. *E se* eu estivesse indo para oito horas de aula de golfe? Para uma estância? Para um parque? (Por um momento, esqueça se pode ou não ter esse luxo; o importante é acostumar-se a ver a pergunta de ângulos diferentes.) Como a idéia de uma viagem longa lhe parece agora?

Exagere a questão. Algumas vezes você pode modificar o grau da questão. Mude a palavra *trabalho* para *outra coisa qualquer. E se...* eu tivesse o emprego mais delicioso da terra? De repente, aquela hora ou quarenta e cinco minutos não parecem tão maus! Se ainda parecerem horríveis, então você saberá que em parte o problema tem a ver com a mudança.

Torne a sua pergunta louca ou fantasiosa. O café congelado a vácuo veio de um navio prestes a afundar. Alguém sugeriu "*E se* nós congelássemos esses grãos de café encharcados?" Decidiram salvar o café, congelando-o. A solução surgiu da disposição de se dar atenção a uma questão maluca. Não exclua perguntas fantásticas e confusas como: E se o meu lugar de trabalho fosse no meu quintal?! E se você comprasse o prédio em que trabalha e o transportasse para o seu quintal? Você, por certo, eliminaria a questão da troca!

Será que dormir no escritório, construir enormes edifícios no seu quintal ou viajar de helicóptero lhe pareceram perguntas um tanto forçadas?

Existem alternativas, conquanto sejam um pouco chocantes. No entanto, entre essas alternativas estão as idéias-chave para descobrir as soluções. Os helicópteros foram usados para viagens diárias depois do terremoto que abalou a Califórnia em 1994. A construção no quintal da sua casa talvez sugira que você gostaria de ter um escritório ou estúdio em casa ou nos fundos para você abrir um negócio por conta própria.

Ao analisar o problema por meio de várias situações do tipo "e se..." (exagere-o, vire-o pelo avesso, transforme-o numa loucura), você ilumina várias facetas do mesmo: local de trabalho, acesso ao local (de carro), tempo, distância, tipo de trabalho, e assim por diante. A lista é interminável, mas as cinco sugestões acima lhe darão algo por onde começar. Cada sugestão pode lhe dar uma nova visão do problema e uma idéia para descobrir a solução.

***Eis as possíveis soluções para modificar os problemas de acordo com sugestões do tipo* "e se..."**

- Comece a trabalhar na casa do vizinho.
- Faça o chefe mudar a firma para perto da sua casa.
- Desfaça-se do emprego.
- Mude-se para uma área rural que requeira menos viagens.
- Peça demissão do emprego. (Nem é bom pensar nisso!)
- Ganhe na loteria e compre a firma.
- Comunique-se por telefone, mala direta, fax ou use um computador.
- Entabule negociações amigáveis.
- Obtenha o transplante de asas de anjos (estou brincando!)

Agora, pratique escolhendo um assunto que o interesse, descubra algumas maneiras de analisá-lo com uma abordagem do tipo "*e se...*". O objetivo é estimular novas idéias. Dê a si mesmo a oportunidade de ser fantasioso, criativo, bem-humorado e imaginativo.

Faça revisões na sua maneira de falar sobre o que o preocupa. Qual método funciona melhor no seu caso? Reveja as opções que criou e, por enquanto, deixe o trabalho de lado.

Exercício: Segunda Parte — Novas Associações

Um embaraço freqüente na ideação é que as opções e soluções tendem a seguir os mesmos padrões. Para fugir deles, use itens aleatórios. Eles dão ao cérebro novo material com que trabalhar, associações que ajudam a evitar o lado esquerdo do cérebro, o lado lógico. Você está buscando perspectivas alternativas para se desapegar de pensamentos arraigados.

A parte seguinte do exercício lhe dá mais métodos de gerar idéias, desta vez usando palavras, objetos e formas como estímulos mentais destinados a livrá-lo do problema.

Abra um dicionário numa página qualquer. Escolha uma palavra ao acaso. Agora tente ajustá-la ao seu problema. Suponha que a palavra foi "pedra". Como essa palavra pode levá-lo a perceber intuitivamente o seu problema — digamos, percorrer uma longa distância até chegar ao trabalho? Você pode chegar a "caminho pedregoso" ou "música de *rock*". Pode sentir que essa viagem está tornando você tão duro como uma rocha e não mais humano para as pessoas à sua volta. Ou talvez você deva tocar música de *rock* enquanto dirige. O processo:

Palavra > associação > forçar o ajuste da palavra ao problema > percepção.

Os objetos familiares estão carregados de lembranças, como o lugar onde foram comprados, quem estava com você quando os comprou, o que estava sentindo na ocasião, a pessoa que os deu para você ou o que você estava fazendo naquela hora.

Um obstáculo freqüente na ideação é que as opções e as soluções tendem a seguir os mesmos padrões. Para evitar essa armadilha, use itens ao acaso. Eles dão ao cérebro material novo com que trabalhar, associações que o ajudam a evitar usar o lado lógico, esquerdo, do cérebro. Você está procurando perspectivas alternativas para eliminar pensamentos arraigados.

Eis aqui alguns novos métodos de gerar idéias, desta vez usando palavras, objetos e formas como estímulos mentais a fim de lhe dar a percepção intuitiva do problema.

Pegue qualquer objeto comum perto de você. Relacione os atributos desse objeto numa folha de papel. Qual é o seu tamanho, formato, comprimento, cor(es), textura, material? Escolha um desses atributos e veja que livres associações você faz com ele. Por exemplo, se você escolheu "clipes de papel," e selecionou o atributo "arame", que coisas você associaria a essa palavra? Coloque o objeto fora da sua visão e faça uma livre associação do seu atributo ("arame") com a sua questão. O objeto que escolheu e a palavra com que deparou parecem ocasionais, mas estão ligados de alguma maneira, por mais remota que pareça. A seqüência é a seguinte:

Objeto > atributo > associações > conhecimento.

Eis o modo como a livre associação pode ajudá-lo. As enfermeiras participantes de um seminário queriam melhorar seu relacionamento com os médicos. Como poderiam fazer isso? Elas se dividiram em alguns grupos, cada um com um objeto diferente. Um dos grupos recebeu um frasco de óleo para a pele. As participantes escolheram o atributo "óleo" e a palavra "esfregar" como palavra de associação. Essa palavra resultou em "esfregar do modo errado", "lubrificar", "essa é a massagem", "esfregue, rub-a-dub-dub, três homens na banheira", entre outras palavras. Então trabalharam para descobrir a conexão e decidiram que os médicos as estavam "esfregando" da maneira errada, o que não consistiu surpresa. Mas como usar o "esfregar" como parte da solução?

Depois de alguma discussão, as enfermeiras compreenderam que precisavam de mais apoio — massagem emocional e carinho. Visto que a solução é parte do problema, e vice-versa, sugeri que talvez os médicos quisessem reconhecimento — como massagem e carinho. Elas torceram o nariz: "Como é possível?"

Perguntei às enfermeiras se elas elogiavam o trabalho dos médicos. "Bem, não", elas admitiram. "Os médicos não precisam disso porque estão convencidos da sua superioridade." Sugeri que, se elas "esfregassem" os médicos da forma correta, isso melhoraria as coisas também!

Sugestões começaram a aparecer: uma aula de exercícios em grupo, juntos; discussão de problemas sobre massagens num encontro da equipe; facilitar a comunicação "enferrujada" com o "óleo" de hábeis negociações; um toque suave de apoio no braço, e assim por diante. Tudo isso eram verdades que apareceram a partir de um simples frasco de óleo para a pele! Elas compreenderam que "massagear" ambas as partes da maneira correta pode tornar os relacionamentos bastantes agradáveis.

Para obter novos conhecimentos sobre um assunto, mude a sua forma. Escolha a parte da pergunta que se presta a uma mudança. No exemplo de troca de emprego, por exemplo, "tempo, "troca" ou "emprego" podem ser modificados. Você pode encurtar, alongar, congelar (lembre-se do café), apertar, aumentar, encolher, virar de ponta-cabeça, estender ou liqüefazer essa parte. Escolha algo com que trabalhar. Acrescente as suas modificações pessoais.

Associe a parte com a forma que escolheu. Por exemplo, digamos que você tenha escolhido "trocar" como parte da questão e que decidiu mudar sua forma e "liqüefazê-la". Você pode encontrar modos de viajar por água, de esqui ou de barco.

Para analisar outro exemplo, se "bloqueio ao escrever" é a parte problemática (ainda usando liqüefazer), você pode pegar uma pistola de água e esguichar palavras numa enorme folha de papel, ou chorar um bocado antes de escrever.

Se você mudou a forma para eletricidade (ainda usando bloqueio ao escrever), pode comunicar-se por meio de luzes de neon ou escrever palavras através de impulsos elétricos. O objetivo do exercício é conseguir conhecimento, gerar idéias criativas, mas neste ponto não se trata necessariamente de sermos práticos.

Eis novamente a seqüência:

Objeto > modificação > associação > conhecimento.

TERRY, O PTERODÁCTILO

Usei uma variação do último exemplo num exercício de grupo chamado "Terry, o Pterodáctilo". Nesse processo, um objeto serviu de estímulo para associações e percepções intuitivas sobre um problema que alguns gerentes estavam tendo no trabalho.

Antes de fazer o exercício, o grupo identificou um tópico que desejava esclarecer. De algum modo, as secretárias não estavam atuando da maneira eficiente que os gerentes queriam. Qual era a razão da falta de produtividade?

Passei alguns pedaços de argila para cada pessoa (o objeto). Cada uma devia modelar o barro no formato que quisesse. À medida que as peças de barro começaram a tomar forma (modificação) comecei a contar um conto de fadas, usando o objeto de um participante como ponto de partida. O objeto se parecia com um pterodáctilo pré-histórico, ao qual dei o apelido de Terry. Ele (comecei a história) era uma secretária da organização e queria voar para bem longe.

Então os participantes passaram à continuação do conto, usando seus objetos como estímulos (associação) para o enredo. Em seguida, cada pessoa passou o objeto adiante, acrescentando algo à crescente colagem dos que os haviam precedido, e o conto correu em volta da mesa.

A história que surgiu era sobre uma secretária que se sentia oprimida e embaraçada pela falta de orientação do patrão. Ela não queria mais voltar ao trabalho porque nunca era capaz de fazer algo certo, e a sua vida ali havia se tornado insuportável e frustrante. Terry era uma pessoa sobrecarregada de trabalho e considerada estúpida. Tratava-se de uma situação em que ninguém saía ganhando. Taiti era o único lugar para onde ela podia fugir da complexidade e da confusão do escritório.

Na discussão seguinte, surgiram perguntas. Por que Terry queria fugir voando? Por que ela era desmiolada? Por que o gerenciamento não era mais eficaz? Seguiram-se muitas verdades. Os gerentes reconheceram que eram parcialmente responsáveis pelos problemas de produção, sabotando suas próprias secretárias. O método era simples: eles davam ordens confusas e esperavam trabalho rápido e perfeito, mas presumiam que as "Terrys" não tinham inteligência suficiente para completá-las — um modo certo de reforçar os sentimentos de superioridade dos gerentes. (Por que ela nunca faz as coisas corretamente?)

Os gerentes ficaram atônitos com o que aprenderam. Em vez de indicarem um método "de corrigir essas secretárias", descobriram que tinham cumplicidade no problema. Mudar a forma do conto permitiu que eles evitassem as referências objetivas, portanto ameaçadoras, às pessoas "reais". A solução para os seus problemas de gerenciamento? Esclarecer objetivos, comunicar tarefas e resultados de forma mais clara às suas secretárias e, acima de tudo, serem mais colaboradores. (Quase todos esses homens eram Fazedores, acostumados a obter resultados, mas não acostumados a dar encorajamento emocional.) A seqüência para esse método de solucionar problemas é:

Problema > objeto > modificação > associação > percepções > solução do problema.

CONEXÕES CRIATIVAS COM A SUA MISSÃO

As descobertas muitas vezes acontecem de modo acidental, não pretendido, quando você associa os fatos "ao acaso". Lembre-se: tudo pode ser conectado a tudo o mais. Clarence Birdseye acabou negociando peixe congelado fazendo uma pergunta do tipo "e se...?"

Numa expedição ao Ártico, Birdseye viu um peixe congelado. Ele imaginou se seria possível fazer o mesmo com vegetais e dedicou o resultado do trabalho ao público em geral. Ele pegou um objeto (o peixe congelado) e criativamente o ligou a outro (os vegetais) e perguntou: "E se eu congelasse vegetais e os vendesse nas lojas?"

Pegue uma folha limpa de papel e escreva no alto um problema específico com o qual gostaria de trabalhar. Anote-o na forma de pergunta. Por exemplo: "Como posso trabalhar menos horas e pagar as minhas contas?" Agora imagine uma idéia do tipo *E se...* usando qualquer dos estimuladores de idéias já debatido. Digamos que você opte por "Pegue qualquer objeto comum perto de você". Eu pegarei o que está diante de mim agora: um pequeno canivete suíço de campanha. Uma palavra de associação com canivete poderia ser *corte*: "E se eu cortasse minhas despesas pela metade?" Ou: "E se eu cortasse o número de horas que trabalho, mas aumentasse a quantia que recebo por hora?" (Outras associações de palavras poderiam ser "afirmar", "fatiar", "golpear" ou "aparar".)

Agora volte ao seu problema e ao estímulo com que queria trabalhar. Enquanto lida com as suas questões, não exclua nada que lhe vier à mente. A eliminação virá depois.

Que novas idéias esse método gerou?

Depois que tiver suficientes "e se...?" para ajudá-lo, pergunte a si mesmo o que o seu problema e as suas perguntas do tipo "e se..." sugerem quanto aos seus desejos. (Os "e se..." de Birdseye tiveram relação com seu amor pelos peixes, com assumir riscos e com o negócio de fornecer lanches rápidos. Os meus "e se..." poderiam significar que eu queria uma redução de horas de trabalho para poder compor.)

Finalmente, olhe para os "e se..." que você gerou. "E se... você escolhesse uma pergunta dessas para começar o trabalho de hoje?"

SOCORRO! TIVE IDÉIAS (DEMAIS)!

Algumas pessoas, em geral os Motivadores, de fato fervilham de idéias. Como uma correnteza, essas idéias transbordarão das margens do rio sem forma e direção, convertendo-se num delta.

Glen, o Gerador

Glen, um fotógrafo autônomo criativo, tinha tantas idéias para realizar a sua missão como há passeios na Disneylândia. Desde que recebera uma boa herança de uma tia rica, sentiu durante muito tempo que não "precisava" fazer escolhas. Por fim, lastimou a falta de uma missão em sua vida, tornou-se inquieto e impaciente, e passava rapidamente de uma idéia para outra. Contudo, ele percebeu que a sua missão, conquanto ainda desconhecida, não podia ser ignorada.

Sua tarefa era decidir que escolha era melhor para si próprio numa dada situação. Eu lhe pedi que anotasse numa lista aquelas carreiras pelas quais se sentia mais atraído emocionalmente. Ele trouxe uma lista feita no computador com mais de uma centena! Em seguida, estabeleceu prioridades numa escala de um a dez, chegando ao número de vinte e cinco, relutando em "reduzir" suas opções por medo de ter de desistir das outras.

O dilema de Glen exemplifica o fato de ele não saber exatamente quais de todas as suas opções ele preferia. Sua incapacidade de decisão era como querer muito comer algo sem saber o quê. Ajudei-o a ver que a sua ansiedade só seria saciada quando identificasse exatamente o que precisava.

Quando você identifica o que precisa, você pode fazer algo quanto a realizar essa necessidade, e o anseio cessará. Mas durante toda a sua vida, disseram a Glen do que gostar e do que não gostar. Seu programa de trabalho havia se tornado confuso e havia sido enterrado. Glen também não acreditava que tinha o direito de ter desejos e objetivos específicos, e por isso suas opções proliferavam. Dar a si mesmo permissão para lutar por algo de que gostasse especificamente lhe parecia uma atitude egoísta, como transformar-se num egocêntrico.

Assim que reconheceu a necessidade (e a vantagem) de ser específico, de identificar precisamente os seus desejos, ele então pôde fazer algumas escolhas baseadas em seus desejos verdadeiros.

Glen admitiu a si mesmo que, acima de tudo, ele queria escrever roteiros para o cinema. Ele havia comprado um computador e falava dele com paixão. Até então ele só o havia usado para a correspondência! Parte de Glen já havia imaginado que gostaria de escrever. Uma missão tornava-se cada vez mais clara quando ele começou a delinear cenas com palavras.

Glen reservou uma semana para limpar seu apartamento (os Motivadores, como Glen, tendem a juntar inutilidades). Deu US$ 1.500 em livros de presente, eliminou um pouco mais de roupas e mobília, sentou-se e anotou suas idéias para o roteiro de um filme, e depois terminou-o numa semana. Ele agora tem um empresário e está procurando um produtor para o seu roteiro.

INCUBAÇÃO: AMADUREÇA AS IDÉIAS

Parte de qualquer processo criativo é a incubação. Como todo fazendeiro sabe, há um período, depois de plantar as sementes, em que você tem de dar-lhes tempo para brotar e florescer, de acordo com um plano que tem suas próprias regras e noção de sincronicidade. As idéias para uma missão também têm de ser incubadas. Observe a cigarra, que leva 17 anos para crescer do estado de larva até a sua forma adulta. As pessoas que têm dificuldade com a incubação muitas vezes se vêem saltando antes de olhar, correndo de uma solução para outra sem permitir que alguma coisa venha a frutificar. Elas negam o crescimento natural e o desenvolvimento da sua missão.

A incubação de idéias não tem necessariamente de durar meses (como imaginam os Analistas). Algumas vezes, a incubação pode durar alguns segundos (os Fazedores gostam disso). Pode implicar fazer uma respiração profunda antes de lidar com a crise, ou levantar-se periodicamente para alguns alongamentos rápidos antes de voltar ao processador de texto, ou andar ao redor do quarto antes de tomar uma decisão.

Acostume-se a pôr suas idéias para descansar um pouco! Em *How To Get Control of Your Time and Your Life*, Alan Lakein conta como avisou seu cliente para fazer uma viagem de fim de semana para pensar nos fatos. O cliente lucrou imensamente com essa tranqüilidade. Jesus saiu para o deserto durante 40 dias. Muitas pessoas que eu conheço mudaram a sua rotina tentando acertar 18 buracos de golfe. Outros métodos incluem meditação, visualização, sono, sonhos, exercício, respiração, imaginação orientada, tocar música, fazer exercícios de "cérebro direito" (não-verbal), e retirar-se da companhia dos outros.

Muitas pessoas já conhecem o benefício de "dormir sobre os louros"; no entanto, durante a excitação do dia, não podem ou não querem reservar tempo para a reflexão e a solidão. Há a tentação para a ação imediata, para lançar-se sobre as idéias e implementá-las sem dar-lhes tempo para se filtrarem. É como fazer o cozido predileto da sua avó em dez minutos.

Além do mais, esta é uma era de gratificação instantânea, de ter o que você quer quando você quer. Em vez de deixar as idéias amadurecerem, você tem sido condicionado ao resultado final. Idéias requerem paciência — e tempo para germinar.

A INCUBAÇÃO E O SEU MODO PRIMÁRIO

Se você é do tipo Fazedor, precisa especificamente dormir sobre as suas idéias. Elas podem parecer maravilhosas e prontas para implementação, porém um dia ou dois dias depois elas provavelmente serão melhores. (Quando você espera um tempo extra para os tomates amadurecerem, eles ficam mais saborosos.) Os Motivadores precisam de tempo para se concentrar e esclarecer suas escolhas. Os Estabilizadores se sentirão bem com uma incubação — talvez se sintam bem demais, visto que podem chegar lentamente à conclusão mais lógica. Os Analistas precisarão parar para juntar informações. Eles têm de parar, incubar, e então tomar um decisão, sem sucumbir à tentação de ficar indecisos.

O VALOR DA LÓGICA NA IDEAÇÃO

Pessoas bem-sucedidas são aquelas que sabem como equilibrar idéias criativas, o fato de terem de assumir riscos, serem espontâneas e incubarem as idéias com o seu lado crítico lógico. Depois da incubação, você pode usar a lógica como um teste e para equilíbrio. Você limita o número de idéias e seleciona a melhor usando a lógica. Pense na lógica como numa rede de segurança. Ela existe para segurar qualquer deslize ou queda, mas não interfere com o ato criativo de "mexer os seus pauzinhos". A lógica também pode poupar o seu tempo. Se estiver ocupado cortando a grama com tesouras, isso pode ser criativo por alguma razão, mas não é muito lógico. (A menos que esteja fazendo isso à meia-noite e haja uma interdição contra fazê-lo durante o dia.)

Os Analistas são os que têm maior tendência a serem lógicos e a seguir as regras.

IDÉIAS PARA A SUA MISSÃO DE VIDA

A partir de onde você está agora, faça uma afirmação geral sobre a sua Missão de Vida. Digamos que seja: "Minha missão de vida é fazer as pessoas verem o lado alegre da vida", ou "Minha missão é gerar a ordem a partir do caos," ou "Minha missão é viver mais perto da natureza". Transforme a afirmação numa pergunta. Por exemplo: "E se eu comprasse uma casa no campo?" Use quaisquer dos sete métodos acima que o atraírem. Abra o dicionário e ache uma palavra que você possa ligar a essa missão.

Pense na sua Missão de Vida como numa argila a ser modelada por você — um processo. Relacione quaisquer escolhas, desenhe uma linha embaixo da última escolha e jogue o papel fora. Isso se chama incubação.

Faça uma tentativa trabalhando na afirmação da Missão de Vida apenas quando tiver o tempo suficiente para os seus lados lógico e criativo remoerem as idéias. Pode ser questão de dias, mas pode levar semanas ou mais tempo. Quando chegar a hora certa, você saberá qual a idéia que convém aprimorar.

Se você está explodindo de idéias e já tiver escolhido a melhor, o que fará? Uma idéia só é útil enquanto você a põe em prática. Antes de torná-la realidade, você tem de senti-la em todas as fibras do seu corpo e testá-la no laboratório da sua mente.

Antes de passar das idéias e da incubação para uma ação positiva, você terá de usar sua visão interior. Então é chegada a hora de se concentrar em si mesmo.

10

Visualize Soluções

Eu nunca vi um pântano,
Eu nunca vi o mar;
No entanto, conheço a aparência das urzes
E sei como uma onda deve ser.
— Emily Dickinson

"Ver" vem da palavra sânscrita *veda*, que significa conhecimento, especialmente o conhecimento sagrado. A visão nos dá a impressão mental e espiritual para manifestar os desejos. A visualização está relacionada com a habilidade física de enxergar. Trata-se de um processo de ver o que se precisa num nível interior.

ENXERGUE A LUZ

Se a luz no seu túnel se apagou e você está impedido de ver a sua missão, este capítulo o ajudará a clarear essa visão e a deixar a luz se irradiar de fora para dentro da sua consciência para ajudá-lo a ver o que deseja.

Analisaremos uma forma de visualização chamada imaginação orientada e aprenderemos como interpretar a informação aparentemente aleatória que é fornecida, de tal modo que essa informação o guie para o rumo da sua missão.

A visualização pode parecer alguma espécie de abracadabra, ou um método desleal como o comércio clandestino, porque, ao usá-la, você não tem de "fazer" nada. Mas ela exige um trabalho interior: paciência, persistência, fé, disciplina, concentração e a disposição de desistir do controle — qualidades que já debati muitas vezes neste livro.

Negligenciar o seu recurso visual é como deixar de ver, num estacionamento de supermercado, as vagas da parte dos fundos. Parece que demora mais você chegar aonde quer mas, no final, é mais fácil e é executado com muito menos discussão.

O trabalho interior, do qual a visualização — manifestar o seu desejo — é apenas uma parte, sempre começa com a visão do que você quer, e vem de você se "sintonizar" em cada detalhe tanto quanto na verdadeira ação.

Tudo chega no seu devido tempo e acontece conforme o plano. Se simplesmente você se sentar e puser uma Mercedes, uma mansão ou um iate na sua visualização de desejos, e em seguida olhar para o relógio esperando que se concretizem em cinco minutos, ficará desapontado. Deixe a produção e a palavra final para a sua Fonte enquanto cuida dos seus negócios.

A visualização é paradoxal: você visualiza o que precisa pensando no que quer, e então espera pela ação divina para obter a solução perfeita na hora perfeita. E se não conseguir o que esperava, então afirme: "Se não for isto, então que seja algo muito melhor." Dessa forma, você sempre obterá o que necessita!

COM VISTA PARA O MAR

Quando eu estava passando por uma época difícil na minha carreira, tomei a decisão de renunciar à posição segura na universidade a favor de um futuro incerto. Nada parecia se materializar. Minha visão do futuro estava bloqueada, um sinal evidente de que eu não estava no lugar certo. Decidi me mudar para o sul da Califórnia.

Eu queria me mudar para Santa Mônica por causa do clima melhor. Sabia que era difícil conseguir um apartamento perto do mar. As pessoas haviam me contado histórias terríveis sobre procurar durante um ano e depois desistir. Mas eu tinha visões claras do apartamento e até mesmo da rua onde ele estava localizado. Dei um telefonema "ocasional" para um Centro Feminino local e perguntei à diretora do centro se ela sabia de algum apartamento vago em Santa Mônica. "Não", ela respondeu, "mas eu tenho o nome de uma mulher com quem fiz um contato há três anos. Ela administra vários apartamentos e talvez saiba de algo."

Havia um grande apartamento à disposição: exatamente o que eu tinha visualizado, com o teto alto como o de uma catedral, sacadas, um sótão, parque de segurança, e situado no local exato em que eu o tinha visualizado. Bom demais para não ser verdadeiro! Eu disse à gerente que era um milagre haver um apartamento tão bonito disponível. Ela sorriu e disse: "Bem, eu acho que este apartamento foi feito para você." Mas como pagar o aluguel? Eu me mudei de qualquer jeito. Uma semana depois, minha irmã me telefonou para me dizer que estava de mudança para a Califórnia e precisava de um lugar para ficar. Dividimos as despesas durante dez meses, justamente o tempo que eu precisava para me erguer financeiramente, e assim o plano ajudou a nós duas. Esta história de as coisas surgirem sempre que preciso delas continua igual até hoje. O importante é visualizar sempre aquilo que eu quero.

APRENDA A VISUALIZAR

Os sentidos ajudam o cérebro a se conectar com as memórias e com a emoção. Você pode estimular sua habilidade de se lembrar de toda experiência passada — e, para o nosso propósito aqui, dos aspectos visuais dessa experiência — usando como estímulos as associações sensoriais do som, do paladar, do olfato, da visão e do toque.

DESEJOS "BEM ALIMENTADOS"

É provável que você tenha a experiência de ver algo e de se lembrar do som ou do cheiro ligado a essa experiência. Talvez tenha acontecido durante uma viagem à sua cidade natal, na sua visita à escola em que se diplomou, e você de fato pode se lembrar da voz da sua professora ecoando pelos corredores. Talvez o aroma do trevo lhe lembre férias de verão. Essas associações sensoriais também estão ligadas às emoções. O cheiro do trevo pode despertar sua lembrança de como você se sentia feliz durante o verão na fazenda dos seus tios.

Certa vez vi uma tabuleta de anúncio com a propaganda estimulante: "Vá a Palm Springs pelo preço de meio pão." No fundo via-se meio filão de pão quente fumegante. O anúncio era eficiente não só porque chamava a atenção da criatividade de quem o via, mas também porque projetava todas as associações sensoriais com o cheiro de pão fresco, que tornam as férias atraentes: proteção, comida e o conforto do lar. Os propagandistas usam as nossas associações sensoriais para investir em nossa necessidade de nos sentirmos em casa durante as férias.

OS ABRIDORES DE OLHOS

Examinaremos a visualização focalizando-a de dois pontos de vista. Em primeiro lugar, a habilidade de dar a si mesmo a permissão de visualizar exatamente o que se deseja e, em segundo, a habilidade técnica de visualizar na sua mente o emprego dos seus sonhos, ou um delicioso lugar de férias. Por exemplo: perguntaram a David Karr, um contrabaixista clássico, como ele descreveria o som do contrabaixo. Karr, amante apaixonado do seu instrumento, respondeu sem hesitação: "É como o chocolate — doce, suave, cremoso e escuro."

Desejo é uma palavra que as pessoas usam com cuidado pois muitas vezes está ligada a necessidades sexuais ou primordiais. Mas o desejo, na verdade, é um interesse fundamental e intenso que significa "lamentar a ausência de algo". Você tem de ser capaz de visualizar o que realmente deseja.

Por usar e encorajar os seus sentidos, você reforça os seus desejos dando-lhes dimensão e substância. Acalentar seus desejos através dos sentidos é um aspecto primário da visualização.

Exercício: Volte aos seus Sentidos

O exercício seguinte o levará através de vários estágios sensoriais, suprindo-o com as necessidades emocionais da sua missão, do ponto de vista sensorial. Faça-o com um amigo, ou grave-o numa fita cassete para que possa fazê-lo sem interrupções.

- Imagine o sabor do seu prato predileto quando criança. Descreva a experiência associada a essa comida (descascar tangerinas embaixo da árvore de Natal, por exemplo) e, então, lembre-se do paladar dessa comida.
- Imagine a sensação do seu animal de estimação predileto, na sua infância. Descreva o animal, e depois se veja acariciando-o.
- Imagine o cheiro da manhã depois de uma chuvarada.
- Imagine o barulho de crianças brincando num parque distante.
- Lembre-se do seu primeiro amiguinho e, então visualize-o.
- Acrescente a esta lista alguma lembrança favorita.

Em seguida, continue com estes exercícios ativos:

- Saia para um passeio pela manhã, e a cada dia concentre-se numa sensação. Concentre-se em dar o seu passeio com apenas aquela sensação produzindo efeito. Que tipo de coisas você notou que eram diferentes? O que mais você ouviu, viu, cheirou no dia em que se devotou a essa sensação particular? A qual delas você respondeu com mais entusiasmo?
- Observe como você descreve ou se lembra das coisas. Você fala sobre umas férias recentes em termos do que viu, ou do que experimentou silenciosamente, ou fala sobre o sabor da comida?
- Reveja o material destes exercícios. Qual sentido lhe parece dominante?
- Depois destes preparativos, anote numa folha de papel a maneira como deseja que a sua missão o faça sentir, tocar, saborear, olhar e cheirar. Seja específico. Se quiser que seja doce, isso não basta. Você tem de associá-la com algo objetivo, como por exemplo os lírios do vale, ou as folhas cor de fogo do outono, ou tortas de maçã esfriando no peitoril da janela. O que é doce para uma pessoa pode ser sacarina para outra. Suas associações específicas dão à sua Missão de Vida uma informação específica e pessoal.
- Finalmente, considere o seu sentido dominante e trabalhe nas suas associações com esse sentido, ligando-as à sua Missão.

Vejamos como Paul fez isso.

O Aroma de uma Missão

Paul, um professor de curso preparatório de arte, sempre amara a arte mas estava frustrado por não usá-la de modo mais pessoal. Sua preocupação com o sustento da família estava lhe dizendo que devia abandonar a arte de uma vez por algo mais "prático", assim como um trabalho na administração de alguma empresa. Depois de trabalhar com as suas associações sensoriais, ele foi capaz de criar uma informação muito específica sobre a sua missão.

Paul identificou o olfato como o seu sentido dominante. Ele não tinha consciência dessa preferência e, durante o nosso trabalho, descobriu um poema que havia escrito na escola secundária, no qual havia usado descrições olfativas em quase todo ele.

Paul então relacionou o cheiro da sua missão com catedrais perfumadas. Tendo crescido na França, quando garoto andava pelas catedrais iluminadas por velas, e lembrava-se especialmente do cheiro do incenso, justamente depois da missa.

Catedrais perfumadas estavam associadas, como Paul descobriu, com seu amor pela arte. Eu fiz Paul encontrar outra associação com o cheiro. Ele me apareceu com o cheiro de lençóis limpos! Subitamente, uma experiência pessoal do tempo da infância num hospital deu-lhe a chave: ele agora associava o incenso com cuidados médicos.

Paul agora sabia que a combinação de cuidados médicos com arte relacionava-se com a sua missão — mas como? Ele considerou várias possibilidades ligando as duas. Depois de um longo raciocínio, sentiu que suas preferências tinham mais a ver com cuidados indiretos através da arte do que com o ensino (o que estivera fazendo antes). Paul chegou às seguintes possibilidades:

- Criar brinquedos para um consultório médico.
- Tornar-se um arte-terapeuta.
- Controlar um programa de terapia por meio da arte num hospital.
- Organizar eventos de arte para pacientes em recuperação.
- Escrever sobre o uso da arte na convalescença.
- Desenhar seminários de arte para profissionais da área de saúde.

Agora Paul estava concentrado e pronto para atrair uma resposta.

Logo surgiram duas oportunidades: primeira, um cargo num hospital infantil, e segunda, outro cargo como diretor de *marketing* num hospital. A clínica infantil era um prédio novo, muito limpo, e o outro, uma velha instituição religiosa (algo perfumada). Coincidência? Paul escolheu o emprego de diretor de *marketing* no prédio "perfumado".

Como o exemplo de Paul mostra, as associações com os seus sentidos podem fornecer-lhe pistas para uma missão e uma carreira que expressem a sua missão. Essas associações são elementos pessoais de desenho que montam o palco para o seu roteiro. Por exemplo: a combinação de crianças e arte pode resultar na escolha de uma pessoa para se tornar um angariador de votos para a educação numa legislatura estatal; no entanto, para outra pessoa, pode traduzir-se em ser um terapeuta infantil ou um cartunista. *A mistura baseada nas suas associações* lhe dá a palheta de que você precisa para entender suas paixões e suas necessidades de carreira.

Mesmo que você tenha as mesmas associações sensoriais de Paul com lençóis limpos, as conexões que você fizer são únicas para você. Lençóis limpos podem significar viagem, união da família, grilos trilando à noite e uma série de outras possibilidades.

A nova carreira de Paul requereu tempo para reflexão. Como enfatizei repetidas vezes, sua fonte mais elevada o guiará e ajudará se você fizer o trabalho de base — se for específico quanto às suas necessidades. Você não pode realizar objetivos obscuros. Se você visualizar a sua necessidade de chegar ao deserto Mojave, saberá que atingiu esse objetivo quando chegar lá. Mas se visualizar a si mesmo "sendo feliz", como saberá quando conseguiu o que queria?

Quanto mais específico você for, mais fácil será manifestar suas visões! O que ser feliz significa em termos concretos? Seja suficientemente específico, mas não queira controlar o resultado para que o desejo da sua missão possa aparecer em seus termos pessoais. Certifique-se de que está afirmando claramente o que quer! Se disser a um fornecedor de mantimentos para "trazer qualquer coisa costumeira" para uma festa, você poderá acabar tendo bandejas de peru para o jantar anual de ação de graças dos vegetarianos.

Resumindo:

1. Estimule as suas faculdades sensoriais praticando com suas primeiras lembranças.
2. Aguce seus sentidos com trabalho diário, concentrando-se num sentido.
3. Escolha o seu sentido dominante.
4. Tome o tópico um e duas associações e veja o que lhe sugerem. Esse é um trabalho físico da mais profunda ordem!
5. Ligue as associações com algo específico.
6. Relacione o objeto com um desejo.
7. Descubra possíveis expressões de missões sugeridas por esse desejo.

Um ponto final. A maioria dos exercícios se detém no estabelecimento de um objetivo. Eu acho que visualizar o objetivo além do objetivo ajuda. Se você quer ganhar um prêmio, isso é ótimo, mas você também tem de se ver fazendo algo com o dinheiro recebido, e especificar isso também. Isso é querer ver a árvore dar frutos, ver a fruta e comê-la. Você merece ter o seu bolo e merece comê-lo também!

Muitas vezes os clientes me contam que tiveram problemas para fantasiar porque temem que isso possa significar que terão de cumprir seus desejos até o fim. Eles dizem a si mesmos que as fantasias são irreais, uma perda de tempo, algo que só as crianças fazem (em essência, são assassinos de idéias). Eles farão qualquer coisa para impedir o sucesso da sua missão! Estão bloqueados e recusam-se a cumprir sua missão.

Uma vez Goethe disse que o que você sonha e imagina que pode fazer, você pode realizar. Einstein certa vez foi citado, dizendo que a fantasia é a previsão mental das atrações vindouras. Em outras palavras, você primeiro tem de ser capaz de imaginar algo antes que possa manifestá-lo.

Seguem-se algumas técnicas que o ajudarão a estimular a sua habilidade de visualizar. Na série seguinte de pequenas cenas, use tanto tempo quanto for necessário até se sentir satisfeito por ter obtido uma imagem específica ou sentir-se ligado com a sugestão. Evite forçar algo. Em vez disso, deixe que o seu olho interior se abra. Dê tempo a esse exercício e evite julgar a si mesmo sobre a rapidez com que vê alguma coisa.

Hoje: Lembre-se do que comeu no café da manhã. Seja tão detalhista quanto puder. Qual o sabor dos alimentos que comeu? Inclua a cor ou a sensação do prato, o formato da xícara, da mesa, da cadeira, e assim por diante. Acrescente cheiros ou sons, se isso ajudar. (O seu gato miou durante o café da manhã, o telefone tocou ou o seu filho chorou?)

Ontem: Concentre-se num acontecimento ocorrido ontem e veja-se recriando o acontecido. Se você estava zangado, provoque outra vez esse sentimento. Ou se falou com alguém, lembre-se do som da voz da pessoa, de uma cor ou da temperatura associados ao acontecimento. Inclua qualquer coisa que o ajude a tornar a situação bem real.

Passado recente: Volte a um episódio recente — talvez um prêmio que recebeu, ou uma ocasião festiva a que compareceu. Lembre-se de tantos detalhes quanto puder com o olho da mente.

Amanhã: Agora visualize um lugar conhecido aonde irá amanhã e imagine a sua aparência, seus sons e cheiros. Seja específico.

Futuro: Visualize um lugar que ainda não viu mas que gostaria de visitar — talvez algum lugar para onde queira ir nas férias. Veja a si mesmo no cenário, observe o que está vestindo e o que estará fazendo. Leve junto alguns objetos do seu ambiente atual.

Fantasia: Crie algo que não exista ainda, talvez a casa dos seus sonhos, um bebê que ainda não nasceu, a sua aparência daqui a dez anos ou o seu primeiro livro. Desenhe um quadro disso, ou o descreva com grande detalhes num diário. Inclua tantos itens sensoriais quanto possível.

Exercício: Abro meus Olhos e Vejo...

Outro modo de lidar com visões bloqueadas é usar a imaginação orientada. Faça com que um amigo leia os exercícios seguintes de imaginações orientadas, ou grave uma fita para tocar durante a visualização. Use tudo o que ouvir como sugestão para o que vê. Lembre-se de que aqui nada é fixo: tudo é apenas um exercício. Trata-se de um processo; portanto, por ora, NÃO PENSE NELE COMO NUM GRANDE NEGÓCIO.

Antes de qualquer imaginação orientada:

1. Sente-se confortavelmente no chão, com o tronco ereto e as pernas sem cruzar.
2. Faça profundas respirações para se concentrar e se preparar para os efeitos tranqüilizadores das imaginações. (Os Fazedores e os Motivadores precisam de mais tempo para se concentrar).
3. Quando a sua respiração se tornar tranqüila, estável e profunda, comece a visualização.
4. Quando surgir uma sugestão, continue e não a analise. Se se perceber fugindo da direção original, está certo, porque aí não há acertos e erros. (Os Analistas lutarão com isso um pouco mais.) Siga a corrente, não afaste uma imagem nem a bloqueie, convidando-a a ficar.

Exercício: Imaginação Orientada — "Meu Dia de Trabalho Fantasioso"

(Você talvez queira gravar isto para uso futuro.)

Comece fechando os olhos e concentrando-se na sua respiração à medida que ela fica estável e regular. Deixe o ar entrar e sair do seu corpo com facilidade e calmamente. Sinta o movimento do peito e do diafragma.

Agora imagine que se situa cerca de cinco anos no futuro, num dia em que está vivendo a sua missão. É de manhã e você acabou de despertar depois de um boa noite de sono. Levante-se e ande devagar na direção da janela do quarto. Olhe para fora durante um momento e veja o que há para ver. Em seguida, caminhe até a porta do quarto e desça as escadas. Antes de continuar descendo, pare no patamar para olhar para o velho relógio do seu avô e veja que horas são.

Agora vá até a porta da frente para apanhar o jornal, porque hoje ele contém um artigo a seu respeito. Você pega o jornal, vai até a copa tomar o café e abre o jornal na seção em que aparece o artigo. (Pausa) Note como se sente ao fazer isso. Olhe para o artigo e memorize o título. (Pausa) Então olhe para a fotografia sua que acompanha o artigo. Verifique onde você está, o que veste e a expressão do seu rosto. Você está sentado ou em pé? Sozinho ou no meio de pessoas? Agora leia por alto o artigo e observe as suas reações. Qual é o tom do artigo? O que ele diz sobre você? Observe os seus sentimentos ao ler o artigo.

Quando terminar, pegue um bloco de papel e um lápis e anote a primeira palavra que descreva a sua resposta emocional ao artigo. Sublinhe a palavra e anote três coisas que irá fazer hoje, que tenham ligação com o artigo. Ao terminar, volte ao seu espaço atual, trazendo o seu bloco de anotações consigo. Abra os olhos quando estiver de volta.

Eis algumas diretrizes para ajudá-lo a interpretar o que viu. Lembre-se de que tudo o que aconteceu veio de você e tudo é uma mensagem valiosa. Não há acertos nem erros, somente o que você observou.

1. Como se sentiu depois de se levantar no início da visualização?
2. O que viu da janela do quarto?
3. Que horas eram quando passou perto do relógio do seu avô?
4. Você se sentia relaxado, apressado ou tenso ao descer as escadas? Como estava vestido?
5. Como se sentiu ao ir até a porta para apanhar o jornal?
6. Em que seção apareceu o artigo do jornal?
7. Qual era o título e o conteúdo do artigo?
8. Descreva a foto que acompanha o artigo.
9. Qual foi sua reação ao ler o artigo?
10. O que as palavras da sua lista sugerem sobre seus desejos ou sobre a sua missão?
11. O que você resolveu fazer naquele dia depois de ler o artigo (com referência às suas três palavras)?
12. Faça observações adicionais próprias.

Contando com os dados brutos da sua visualização, agora você pode analisá-la para obter as sugestões que ela lhe dá sobre a sua missão.

1. O que o cenário do lado de fora da janela diz sobre o local em que eu quero morar?
2. O que a hora marcada pelo relógio do meu avô me diz sobre como quero estruturar o meu dia?
3. O que a minha roupa me revela sobre o tipo de trabalho que eu gostaria de estar fazendo?
4. Que sugestões a seção em que saiu o artigo no jornal me dá

sobre meus interesses e desejos? Por qual das minhas atividades eu gostaria de ser reconhecido?

5. O que o conteúdo do artigo me diz sobre meus talentos e habilidades?
6. Como esses talentos, habilidades e desejos se relacionam com a minha missão?
7. O que a minha reação ao artigo me diz sobre minhas necessidades neste momento?
8. O que as palavras anotadas no bloco de papel sugerem sobre como desejo viver todo o meu dia de trabalho?
9. Qual (se alguma) das coisas que vivencei nessa visualização eu estou fazendo agora?
10. Que parte da visualização me pareceu melhor? Por quê?
11. Como eu me sentiria se a visualização fosse verdadeira para a minha vida agora?
12. O que posso começar a fazer agora para manifestar qualquer das partes acima a respeito da visualização?
13. O que toda essa informação me diz sobre a minha missão?

"*O meu dia de trabalho fantasioso*" se refere a questões como: Em que cenário eu gostaria de estar atuando? Pelo que eu gostaria de ser reconhecido (artigo do jornal)? Como eu gostaria que o meu dia fosse estruturado (que horas são no relógio)? Onde eu gostaria de morar? Como me sinto mais à vontade? O que tudo isso revela sobre a minha missão?

Embora você conheça a essência disso, pode ter tido certa dificuldade em ver o artigo com clareza. Talvez até você resista à idéia de estar no jornal. Não importa: você pode acreditar que a sua resposta visual não é fantástica nem irrelevante. Mas pode ter a certeza de que a sua Fonte está lhe dando uma riqueza de informação. Não a despreze!

Algumas pessoas ficam surpresas ao descobrir que não estão saindo apressadas num terno de trabalho para pegar a estrada, ou que o artigo do jornal as retratou como pessoas bem diferentes daquelas que de nenhum outro modo se permitiriam ser. Uma das minhas clientes se viu recebendo uma grande soma de dinheiro para as crianças retardadas, soma que chegava a mais de US$ 200,000. Ela estava elegantemente vestida e parecia totalmente à vontade naquela vestimenta.

Joe Vai para Casa

Era a primeira vez que Joe, um agente de seguros, trabalhava com imaginações orientadas. Ele ficou surpreso ao se ver ficando em casa. Casa? Ele havia estado trabalhando fora de casa por dez anos. Joe sempre sentira que de fato precisava de um lugar para onde fugir, de um escritório, porque ficar todo o tempo em casa o deixaria maluco. Ele compreendeu que queria ir para casa por outros motivos, além de um emprego por conta própria. Mas o quê?

A nuvem escura lentamente foi se tornando clara. Parte da sua missão era providenciar um ambiente mais protetor para os filhos, participar do seu crescimento e desenvolvimento, ser um protetor — qualidades que sempre usara em seus negócios. A combinação de escritório e lar começava a fazer sentido, e ele compreendeu a visualização.

VISUALIZAÇÕES: COMPUTANDO AS COISAS

Aparentemente, uma visualização estimula a informação "irrelevante" que provém do interior. Você sabia que, aos trinta anos, você tem dentro de si o equivalente a mais de 20.000 volumes de informação? Grande parte desse conhecimento não está imediatamente acessível porque você o armazenou num local escondido. As coisas que precisa esquecer, geralmente você descarta. E isso está certo. Se você se lembrasse de tudo, ficaria louco. (Há um homem na União Soviética que literalmente não consegue se esquecer de nada. Ele se lembra, por exemplo, do momento em que, de onde — e até que idade tinha —, quando ouviu a primeira palavra. Esse conhecimento não o deixa em paz.)

Portanto, seu mecanismo interior armazena material para uma recuperação seletiva. De tempos em tempos, quando você precisa de um esclarecimento, os dados lhe são apresentados para interpretação. Sua sábia Fonte interior está dizendo: "Eis aqui algumas coisas sobre o que pensar."

Digamos que você esteja fazendo uma caminhada, pensando num problema da sua vida e, aparentemente ao acaso, palavras saltam na sua cabeça. Por exemplo, você pode desconsiderar palavras como "camarão", "mesas" e "contas de banco" como itens acidentais, talvez porque você, imediatamente, não pode encontrar significado nas combinações. No entanto, nada é acidental. O que quer que venha à sua cabeça é uma informação que você terá de processar. Tente essas três palavras agora como um exercício. O que elas têm em comum?

O objetivo da visualização é você obter informação específica sobre um determinado assunto. No início, as informações parecem desconectadas. Mas tudo o que a sua Fonte fornecer deve ser computado. Qualquer manifestação tem sentido — cabe a você descobrir qual é. Imagens, palavras, sentimentos, associações desconectadas ou "não-relacionadas", como as que ocorrem nas visualizações, foram pré-selecionadas no nosso vasto arquivo interior de conhecimentos para nos esclarecer sobre a nossa missão. Chamamos a esses itens "desconectados" de *aproximadamente relevantes.*

Da mesma forma, você pode ligar coisas aleatórias que lhe apareceram na visualização. Que relação elas têm uma com a outra? Tudo faz sentido, visto que você as colocou ali. Não se preocupe com o fato de suas conclusões parecerem certas ou erradas.

Confie em que o seu interior está lhe fazendo uma oferta como uma chave. Receba-a com gratidão e a analise. Você só saberá do que se trata quando você a deixar clara. Trate cada visualização como uma oportunidade de ter acesso aos seus recursos interiores. Você tem tanta sabedoria com que contar! A intuição ajuda você a processar rapidamente essa sabedoria. E você aprenderá a ver os recursos interiores como um guia amoroso, um confidente, um amante e um sábio.

No próximo capítulo, visitaremos esse amigo especial.

A missão quer que você pesquise no seu interior.

11

Pesquisa Interior: A Busca

O caminho vai para dentro.
Poeta romântico alemão

"Portanto, se você não o conhece, conheça-o!"

Ouvi os trovões da casa vizinha à nossa no nosso local de férias, na Flórida. Essas eram verdadeiras palavras de sabedoria que acompanharam o arremesso de pratos contra a parede da cozinha. Como o irado vizinho reconheceu, cada pessoa recebe o mandado de encontrar a verdade. Não há desculpa para a ignorância, para o não-saber.

Bem, como você aprende a saber o que sabe? Busque dentro de você! Você é a fonte do seu conhecimento. Trata-se de um trabalho interior. Pesquisar dentro de você significa que você está deixando de trabalhar em outros programas para seguir os seus próprios desejos. Portanto, se você não sabe, fique sabendo!

A Pesquisa Interior (PI) é o método e a busca interior para fazer isso; sabedoria interior é o tesouro que você procura.

BUSCA INTERIOR: DEFININDO OS NOSSOS TERMOS

Uma busca, segundo o dicionário, é uma pesquisa, muitas vezes sobre um tesouro. Nesse caso, a busca não vai além do seu interior. Já discuti a interconexão entre a sua sabedoria interior e a sua alma. A Pesquisa Interior (PI) é feita por meio de uma busca interior que ajuda você a ter acesso à informação inteligente de que precisa para atender ao comando da sua alma.

SUA BUSCA INTERIOR: A SUA VERDADEIRA BI

Sua busca interior exige uma espécie de retiro voluntário, a disposição de excluir tudo e de lidar apenas com você mesmo, de forma honesta e justa. Trata-se de uma jornada feita por você sozinho para consultar os seus guias interiores. Essa busca interior é a verdadeira BI que vale a pena fazer.

Vocês, os Fazedores e os Motivadores, têm de se lembrar de que a busca interior exige paciência. Não é como fazer café instantâneo. Há alguns dias, uma cliente me telefonou e me contou que finalmente havia conseguido realizar um exercício que eu lhe dera há mais de dois anos! Os Estabilizadores necessitarão de coragem para confiar na própria voz e os Analistas terão de calar a voz racional, crítica.

ACENDA A SUA LUZ INTERIOR: A SUA SABEDORIA INTERIOR

Da mesma forma que uma semente de mostarda contém a impressão de uma planta completa, sua sabedoria interior contém a semente da fruição dentro de você. Quando você protege suas sementes de sabedoria, elas buscarão a luz no alto, da mesma forma que uma semente plantada cresce em direção à luz solar. O caminho da sua alma precisa de esclarecimento, e a sua sabedoria interior fornece a Iluminação.

O objetivo deste capítulo é demonstrar que:

1. A Sabedoria Interior (SI) é vital para a sua missão — a assinatura da sua alma para esta vida.
2. As respostas para a sua busca estão no seu interior.
3. A BI requer uma mudança de foco de fora para dentro.
4. Você tem de consultar a si mesmo, com exclusão absoluta das influências externas.
5. Sua busca interior exige total honestidade para consigo mesmo.

Finalmente, discutiremos modos de chegar à sua sabedoria interior para realizar a sua busca.

O seu eu interior está repleto de informações maravilhosas. Assim que entrar em contato com essa fonte, a sua fantasia e imaginação florescerão e surgirão pistas para a sua missão na superfície. Analise o exemplo de Geri.

A Cautela de Geri

Geri tinha grande dificuldade para saber exatamente qual era a sua missão. Eu lhe disse que me contasse quando se sentisse mais animada e excitada. Seu rosto subitamente se desanuviou quando me contou sobre umas férias que havia tirado na Irlanda e sobre a excitação que sentira ao "ver todas aquelas velhas casas e o verde adorável do campo". Um pouco da sabedoria emergira! Ela gostaria de passar duas ou três semanas passeando pela Irlanda? "De jeito nenhum", respondeu. "Não posso deixar meu marido sozinho."

Geri sempre fora cautelosa ao ouvir a si mesma; no entanto, concordou em tentar. Depois de algumas semanas de intensa busca interior, tornou-se claro que ela de fato estava procurando preservar o verde, ambientes exuberantes e a paz. Ela descobriu que se sentia mais em casa nos campos e nos jardins botânicos, porque evocavam uma sensação de contentamento no seu corpo.

De repente, sua sabedoria interior começou a dar-lhe informações. Ela sentiu que seu amor pelas plantas redespertou. Geri sempre se voltara para elas com amor e afeição, e muitas vezes os amigos lhe pediam que tomasse conta das suas plantas quando saíam de férias. Sua Missão de Vida começava a emergir: criar ambientes belos e inspiradores para o lar das pessoas. Aconteceu de ela viver numa parte luxuriante da cidade. Geri tinha achado um amor e a localização correta à sua volta, onde poderia pesquisar e começar a viver a sua missão.

A princípio, Geri resistiu à sua missão, pois pensava que seu marido seria afetado de forma adversa. Ela simplesmente encurralou-se, dizendo a si mesma que seu desejo atingiria dramaticamente outros aspectos da sua vida. Mas também compreendeu que seria infeliz para sempre se se recusasse a mudar. Ela começou a entender que sua entrega era uma resposta a uma necessidade interior premente.

Mesmo que a resposta que você guarda como um tesouro esteja enterrada profundamente no seu íntimo, você recebe constantes sugestões para trazê-la à tona. A Sabedoria Interior (SI) leva à verdade sobre você mesmo — e compele para a ação positiva em favor da sua alma. Sua busca interior estimula o seu desejo inato de expressar a sua missão — que você está preparado para cumprir — cada dia da sua vida!

A SABEDORIA INTERIOR REQUER UMA MUDANÇA DE INTERPRETAÇÃO DE FORA PARA DENTRO

A SI exige submissão à mente, ao corpo e ao espírito. Para fazer essa mudança interior, você tem de se desligar das vozes da autoridade, dos amigos, dos seres amados ou da família. Lembre-se de que as pessoas sempre estão dispostas a partilhar uma parte da sua mente. E é fácil para as pessoas fazer sugestões, especialmente quando elas não têm de agir como sugerem. Um verso de J.B. Phillips, traduzindo a Bíblia, diz: "Não deixe que o mundo adapte você em seu próprio molde." Você é o moleiro, o criador e o formador de si mesmo. Sua sabedoria interior é o repositário do seu conhecimento. E, como uma canção de *jazz* nos lembra, "Só você conhece a profundidade do seu poço. O poço é a sua alma."

O Responsável Dale

Dale, uma pessoa gentil e bondosa, vivera a sua vida para os outros. Sua família se acostumara a um estilo rico de vida, mas ele se sentia desamparado porque não conseguia atender às próprias necessidades. Um visionário de cérebro direito, tinha trabalhado por mais de dez anos num ambiente estruturado de cérebro esquerdo. Ele havia se tornado prisioneiro no departamento jurídico de uma firma que exigia longas e tediosas horas de pesquisa e descoberta de fatos. Nos finais de semana, Dale literalmente rumava para as montanhas para passar todo o tempo disponível ao ar livre, para voltar à sua prisão durante a semana. Você diria que ele era muito bem pago pelo seu esforço.

Dale usava as exigências da família por um estilo rico de vida como desculpa para não lidar com seus próprios problemas. Eu o encorajei a concentrar-se e a observar seus problemas, independentemente de qualquer outra pessoa. Depois de visitar um retiro num mosteiro — onde passou três dias consultando a si mesmo —, Dale descobriu uma importante verdade. Compreendeu que havia negado a si mesmo durante muitos anos, afirmando que tinha de atender às expectativas da família, enquanto ignorava sua própria necessidade de criatividade e de liberdade.

Decidiu permanecer no emprego na cidade por cerca de mais um ano, enquanto estabelecia um escritório de advocacia numa comunidade rural perto das montanhas, onde poderia exercer sua profissão como advogado ambientalista de cidade pequena e agir numa base mais pessoal com seus clientes. Agora, a meditação e o diálogo interior fazem parte regular da sua vida. Primeiro, sua família resistiu, mas quando viu a mudança no comportamento de Dale, gradualmente aceitou as necessidades dele. (E os seus familiares receberam mais ao ficar em contato consigo mesmos, pois Dale não mais estava mantendo o padrão de vida para eles.)

A EXPERIÊNCIA DA VELOCIDADE DO SOM

Se você bater à porta da sua sabedoria interior, abrir uma brecha, ficar com medo e fechá-la logo com uma batida, está certo! Mas faça isso. Isso fortalecerá sua resolução de abri-la um pouco mais da próxima vez. Você valoriza a si mesmo cada vez que decide olhar para dentro de si para obter respostas.

O rumo é difícil à medida que você se aproxima do limiar da verdade. Você pode estar disposto a confiar em si mesmo em questões de pouco risco, mas para os grande problemas, tais como "Qual é o caminho da minha alma?" "Como posso aceitar o artista, o negociante, o executivo, o ativista da vizinhança ou o apicultor dentro de mim?" — ou mesmo: "Como posso conciliar tudo isso com os pagamentos da hipoteca?", será mais difícil. Se você tiver de recorrer à lógica e à razão, descobrirá que essas duas "amigas" habitualmente liqüidam com qualquer desejo interior.

No filme *The Right Stuff,* havia uma cena sobre romper a barreira do som. Exatamente antes de o piloto Chuck Yaeger atravessar a barreira do som (a velocidade do som), o avião estremeceu, sacudiu e resistiu. Não sabíamos se ele ia conseguir fazê-lo. De repente, o avião flutuou num silêncio sereno, glorioso e excitante. Não houve mais resistência ou dificuldade, somente uma viagem suave e tranqüila.

Chamo a isso de a Experiência da Velocidade do Som. A disposição de atravessar a interferência dessa velocidade torna fácil o resto. Se você subir até certo ponto e então disser: "Isso é doloroso demais, não quero lidar com isso", você mantém essa barreira à sua frente. Não há meio melhor de romper a resistência da sua Missão de Vida do que vencê-la! Deixe que ela o "sacuda" para que você possa experimentar o vôo suave atendendo ao chamado com tranqüilidade.

Eis um outro modo de analisar o fato. Larry Dossey, em seu livro *Space, Time and Medicine,* debate um processo perturbador da natureza identificado primeiro por Ilya Prigogine, em sua Teoria das Estruturas Dissipativas (com a qual ele conquistou o Prêmio Nobel).

As idéias de Prigogine têm que ver com as estruturas moleculares na natureza. Essas estruturas, ao tornarem-se mais complexas — ou seja, ao evoluírem para uma ordem mais elevada — adquirem a qualidade da fragilidade, a capacidade de serem perturbadas, o que paradoxalmente também é a chave para o crescimento. "Estruturas isoladas da perturbação são protegidas contra a mudança. São estagnadas e nunca evoluem para uma forma mais complexa", observa Dossey.

PERTURBAR

Aplicando a teoria de Prigogine à condição humana: se você quer crescer, mudar e evoluir rumo à vivência da sua Missão de Vida, terá de ser vulnerável à perturbação, especialmente se for um ser complexo (e você é). Naturalmente, se você optar pelo mundano, pelo seguro, esse processo não se destina a você. Sem a disposição de ser "perturbado", não há complexidade nem chances de crescimento. Evitar a Experiência da Velocidade do Som impede você de experimentar a perturbação dos seus movimentos bloqueados rumo à mudança. A ausência de movimento significa estagnação e morte. A evolução exige que você seja abalado. Evitar a sabedoria interior é perigoso porque mantém você estático, como demonstra a teoria de Prigogine. O movimento pode se tornar difícil à medida que você se aproxima do limiar da verdade, mas a recompensa é velejar suavemente.

Dossey cita os estudos de F. Barron sobre indivíduos criativos; ele descobriu que eles se sentem bem com a complexidade e a desordem, com o irracional, com o mágico, com o primitivo e com o não-essencial. "A pessoa realmente criativa está pronta a abandonar velhas classificações e a reconhecer que a vida, particularmente a sua vida, está rica de novas possibilidades."

O lucro de confiar em sua sabedoria interior é enorme porque você está investindo em si mesmo! Confie na melodia que vem de dentro de você, e ouse ser "irracional"!

Uma Experiência Pessoal de Romper a Barreira do Som: Pam Ouve a sua Música Interior

Pam, vice-presidente de uma grande instituição, visivelmente não era mais capaz de funcionar no bem-pago emprego que "apreciava". Suas costas estavam lhe causando dores graves (ela tensionava demais a coluna ao negar seus sentimentos). Sua criatividade estava em baixa. No entanto, ela queria permanecer ali até poder se aposentar e velejar ao redor do mundo com o marido. Eu lhe disse que, se continuasse dessa maneira, talvez não houvesse nenhuma aposentadoria ou cruzeiro pelo mundo. Mas Pam apegou-se ao emprego destrutivo por mais dois meses, enquanto eu trabalhava com ela no intuito de romper a sua resistência.

Finalmente, Pam concordou com o que mais havia temido: abandonar uma posição que conhecia bem e na qual havia "obtido sucesso". Seus medos de pedir demissão eram terríveis. Ela precisava encarar a si mesma. Quem seria ela sem aquele título? Para onde iria agora e quem pagaria as contas? Ainda assim, resolveu cortar os vínculos.

Ao permitir-se ser sacudida pela saída do emprego, sua criatividade lentamente reapareceu e sua saúde melhorou. Ela redescobriu talentos latentes em si mesma, um dos quais era cantar! Enquanto havia pensado que seria o fim da sua identidade, Pam obteve uma saúde renovada, vitalidade e energia (semelhante ao avião que "flutua" depois de romper a barreira do som). Pam voltou a trabalhar para uma instituição financeira da vizinhança, menor e menos movimentada, sem as tensões do antigo emprego e mais perto de casa. Esse trabalho menos tenso e com menos mudanças deu-lhe tempo para devotar suas energias aos passatempos que tornou a despertar. Pam voltou a incluir a música em sua vida, sua saúde melhorou e ela ficou mais em contato com o seu desejo de combinar sua liderança com seus talentos artísticos.

CONSULTE O EU: SOU TODO SEU, DE CORPO E ALMA

Lembra-se das instruções de segurança em seu último vôo? "Coloque a máscara de oxigênio antes de ajudar os que viajam com você." Por quê? Você só é útil para os outros depois de tomar conta de si mesmo. A Sabedoria Interior (SI) significa que você está disposto a se controlar e dizer: "Está bem, não vou interferir. Desta vez, ouvirei VOCÊ."

Em que lugar do seu interior está localizada a sabedoria do conhecimento? Bem, na verdade, por toda parte. Você pensa com todo o seu ser, e não apenas com um órgão específico. Começaremos com o cérebro.

O neocórtex, esse "novo córtex" (significado do termo em latim) na borda exterior do cérebro contém a área mais comumente associada à cognição, a níveis elevados de funcionamento, à fantasia, à espiritualidade, à consciência mais elevada, à razão e à intuição. O neocórtex tem dois modos primários de processar os fatos. O esquerdo geralmente tira conclusões baseadas na razão e na observação, que são amplamente transmitidas oralmente. O lado direito processa os fatos holisticamente — quase misticamente — e gosta de ir além dos cinco sentidos para criar novos contextos de realidade.

O neocórtex, junto com as partes relativas às espécies evolucionárias "mais velhas", os "mamíferos" e os "répteis", formam a tríade cerebral. Como o neocórtex, cada uma das partes mais antigas do cérebro é responsável por um tipo específico de função. O cérebro dos mamíferos (existente, por exemplo, nos cavalos, cães e gatos) governa o conhecimento que obtemos através das nossas emoções. Nossa tríade cerebral, portanto, de fato executa um processo através da ação, das emoções e do raciocínio. A informação não está confinada apenas à nossa cabeça, sendo um trabalho para todo o corpo.

Um papel do neocórtex — como o cérebro "mais novo" — é ajudar-nos a moderar e a processar qualquer informação das duas partes mais antigas, desde que estejamos abertos a essa troca de informações. É por isso que temos de prestar atenção especial aos sentimentos (e às reações do corpo) das partes mais velhas do cérebro, como canais de conhecimento para a nossa missão. Embora nem sempre sejamos capazes de explicar imediatamente o motivo dos nossos sentimentos, eles revelam necessidades e desejos urgentes que não podemos nos dar ao luxo de ignorar.

IGNORAR A SABEDORIA DOS NOSSOS SENTIMENTOS: UMA VÁLVULA PARA O CORAÇÃO

Às vezes você sai de casa com a impressão nítida de que se esqueceu de alguma coisa, mas não consegue "pensar" no quê. Seus sentimentos lhe deram uma informação sobre a qual você agiu. A informação também foi estimulada através dos sentidos. Talvez a experiência sensorial fez você se lembrar (pense nisso: re-lembrar* um exemplo de linguagem corporal!) de sua tia predileta no momento em que você sentiu o cheiro de repolho roxo — exatamente como quando ela o preparava. Os seus músculos se retesam quando você tem de voltar ao trabalho na segunda-feira de manhã. O importante é que sentimentos provindos das emoções, dos sentidos e até mesmo dos músculos nos dão informação preciosa sobre a missão. A missão é expressa por todas as fibras do seu ser.

O problema é que, com freqüência, nós humanos aprendemos a desconsiderar os sentimentos do nosso coração. Quando deixamos de nos sintonizar com o corpo e suas mensagens, ou quando bloqueamos

---

* Re-member, em inglês.

emoções através de mecanismos de sobrevivência baseados no medo, diminuímos a habilidade do nosso neocórtex de ajudar no processamento dessa informação. Assim, fechamos um importante meio para a descoberta do propósito da nossa alma.

Segundo Paul McLean, "O cérebro humano sofre de uma divisão quase esquizofrênica entre a razão, a emoção e os impulsos de sobrevivência, todos baseados na integração inadequada entre o neocórtex e os cérebros mais velhos (o dos répteis e o dos mamíferos)".

Ingrid é um exemplo de como o fato de ela ter se desconectado das mensagens claras do seu corpo sobre a sua missão trouxe conseqüências.

Ingrid Ignora a Linguagem do Corpo

Ingrid, uma sueca ríspida e independente, viera da Escandinávia para os Estados Unidos nos anos 60 com um diploma de química. Depois de ter vários bons empregos em companhias farmacêuticas, ela alcançou uma posição numa corporação especializada em aeroespaciais. Seis anos depois, sua carreira ruiu diante dos seus olhos quando foi despedida. Neste ínterim, ela havia se naturalizado e queria ficar nos Estados Unidos. Mas depois de enviar 150 currículos e estar há 26 semanas desempregada, Ingrid se desesperou. Nada parecia funcionar para ela. (A Missão de Vida, portanto, não era um conceito atuante para ela.)

Notei que, embora afirmasse que estava deprimida por causa da falta de trabalho ("Preciso de um emprego", dizia cada vez que eu a via), ela parecia estar se divertindo bastante: envolveu-se na política, fez trabalhos voluntários para algumas organizações de prestação de serviços, leu livros e viu filmes que nunca tivera tempo de assistir. Ingrid teve tempo para refletir sobre a sua vida e estava com a melhor das disposições quando trabalhava em projetos ambientais e em projetos humanitários para "passar" o tempo.

Mas Ingrid se recusava rigidamente a admitir que queria fazer algo novo. "Além disso", falou, "posso conseguir um bom salário trabalhando com mísseis" (Lógica!).

Certo dia, Ingrid assistiu a um filme a respeito de Madre Teresa de Calcutá, no qual ela exortava as pessoas a "seguir seu coração".

Instantaneamente, ela sentiu tontura e dores: Sem um aviso, ela permaneceu doente durante todo o dia seguinte. Usualmente, ela era uma imagem de saúde, mas agora não conseguia sair da cama. "Haveria uma ligação entre a sua doença e a mensagem de Madre Teresa?", perguntei. "Ingrid insistiu: É simples coincidência."

Seu corpo havia se manifestado, embora ela não o ouvisse. Finalmente, Ingrid conseguiu um emprego fazendo o mesmo que fazia antes. Ao me falar sobre isso, achei que estivesse descrevendo um desastre que lhe tivesse ocorrido. Se o seu espírito se sentia elevado com a nova posição, eu não percebi (e ela também não).

Exercício: "Ser Definitivo"

Este exercício ajuda você a se comunicar com seu corpo. Fique em pé, ereto e tranqüilo, por alguns minutos. Durante esse tempo, diga tudo o que notar ou sentir no seu corpo. Se mexer com um dedo, se tiver uma contração muscular, se ouvir algo, se fizer um gesto, se acenar ou seja lá o que for, perceba-o conscientemente. Tanto quanto possível, fique atento ao presente. Você começará a ver como muitos dos seus sentimentos e pensamentos são expressos através do seu corpo de modos sutis. Um excerto pode ser algo como isto:

"Estou piscando. Não me sinto bem fazendo isso. Ponho a mão sobre a orelha. Ouço um carro passando. Estou engolindo. Abaixo a cabeça. Fico mudando da perna esquerda para a direita. Penso no que irei dizer. Sinto o meu coração bater. Estou consciente da tensão na parte inferior das costas. Acabei de dobrar as mãos. Olho para baixo para ter uma idéia. Curvei o dedinho. Ouço um carro passar em alta velocidade e crianças brincando e gritando. Estou pensando sobre esta noite. Noto que meus pensamentos estão divagando. Estou me sentindo energizado depois de ler um capítulo do livro da Naomi."

Faça este exercício todos os dias durante algumas semanas. Você desenvolverá a consciência sobre como o seu corpo reflete o que você sente e pensa, e começará a ouvir a sua sabedoria.

O Penteado de Deb

Gestos do corpo, por exemplo, informam sobre o pensamento da pessoa. Debbie, uma jovem aluna com pós-graduação em filosofia, evitava os seus sentimentos sobre quase todos os assuntos. Ela havia pensado sobre sua vida "até o máximo" e era capaz de teorizar sobre sua condição de todos os ângulos. Quando eu tentava fazer Debbie discutir seus sentimentos a respeito da sua missão, ela invariavelmente passava a mão pelos cabelos. Ao lhe perguntar sobre esse hábito, mostrou que não tinha consciência dele. Debbie precisava sair de sua camisa de força mental e ligar-se aos seus sentimentos. Seu corpo sabia que ela estava sobrecarregada.

A Volta de Tony

Durante trinta anos Tony trabalhou como contador numa firma de manufaturados. Numa de nossas sessões, ele se deixou cair no divã e, enquanto girava e girava a aliança no dedo, imediatamente afirmou que não tinha tempo para si mesmo. Ele havia aceitado o peso de ir ao trabalho todos os dias, mas estava cansado dessa responsabilidade.

Será que se ressentia pelo fato de a esposa ficar em casa, não tendo uma carreira? "Não" (giro na aliança). Será que gostaria de ter tempo para si mesmo como a sua mulher? "Sim" (outra virada). Será que desistiria da sua necessidade de ser o único provedor da casa? "Não" (giro). Pensaria em fazer algo que a esposa não aprovasse? "Não" (giro). Perguntei a Tony sobre seus pensamentos sobre ser o único ganha-pão da família. Somente depois de torná-lo consciente do hábito de girar o anel, ele admitiu que estava zangado e ressentido com sua mulher por causa da sua "vida fácil". Como ele gostaria de ter o luxo de ficar seis meses "de férias"! O significado do giro do anel ficou óbvio.

Alguma vez ele desejara que a mulher trabalhasse antes disso? "Não," ele respondeu orgulhosamente. "Sinto que é o meu papel ganhar o dinheiro." Algum tempo depois, Tony admitiu que a raiva na verdade estava voltada contra ele mesmo porque, com o seu "*status* de único provedor", ele não só se havia colocado numa gaiola como também havia impedido a esposa de desempenhar a missão dela.

Dou à dra. Margarethe Mitscherlich, de Düsseldorf, na Alemanha, o crédito de me explicar como usava essa técnica do "gesto significativo" em sua terapia. Com cada cliente ela descobria um movimento revelador e habitual do corpo, que lançava luz sobre o problema que o homem ou a mulher estava tentando resolver. Analisaremos essa linguagem corporal um pouco mais adiante.

A DOLOROSA VERDADE

Dor no corpo é indício de bloqueio de energia. Como aqueles gestos inconscientes, a dor no corpo, se você prestar atenção nela, poderá dar-lhe um bocado de informações. A linguagem reflete a "sabedoria do corpo": alguém "é uma dor de cabeça", você "sente algo nas entranhas", você não "tem coração para agüentar a situação", e assim por diante. Em vez de considerar a dor um aborrecimento, entre em contato com esse desconforto e descubra o que ele está pretendendo lhe contar. Tente fazer o seguinte exercício:

Exercício: Ponha sua Dor à Prova

Sente-se confortavelmente ou deite-se no chão e relaxe todo o seu corpo. Agora observe se há alguma dor, desconforto ou tensão. Assim que descobrir a maior dor, intensifique-a, exagere-a, torne-a tão aguda quanto possível. Enquanto está nesse estado, peça que essa parte do seu corpo ajude você. Torne-se essa parte do seu corpo e diga a si mesmo qual é o problema. Qual é a origem da dor? O que a localização da dor tem a ver com a sua vida? Aqui estão algumas revelações que alguns clientes obtiveram:

Dores de ouvido ou problemas de audição	Necessidade de confiar em si mesmo e de excluir influências externas.
Problemas da visão ou visão nublada	Necessidade de ver as coisas com clareza ou dispor-se a se concentrar nos objetivos.

Males da garganta	Problemas de comunicação (necessidade de expressar sentimentos e amor).
Dores no peito	Necessidade de desbloquear emoções (tentar abordagens mais suaves).
Dores nos seios	Necessidade de proteção.
Dor nas costas	O peso de ter de suportar o mundo, alimentando tristezas não-expressas.
Problemas no cólon	Raiva reprimida.

As dores fazem você pensar. O que as suas dores e sofrimentos estão lhe dizendo?

Carla: "Suporte" Voador

O Modo Primário (MP) de Carla era de Analista, com alguns traços secundários de Motivadora. Seu principais interesses eram: a dança, a escrita criativa e a biologia. Chegando perto dos 30 anos, ela estava com muito medo de não ser capaz de fazer essa tripla combinação (ou qualquer parte dela) funcionar. Ela continuava com seu emprego de gerente de uma loja de móveis, propriedade da família. Devido a isso, estava tendo fortes dores de cabeça e problemas com a vista.

Carla percebeu que seguir seu caminho seria ser auto-indulgente (isto é, ceder ao corpo), embora se sentisse muito bem durante o período em que escrevia, dançava ou tinha aulas de ciências. Além do mais, sua família queria que ela fizesse algo "real", como dedicar-se aos negócios. A devoção de Carla à "realidade" a estava extenuando e seu corpo sabia disso.

O problema com os olhos foi a chave para Carla. Durante longo tempo ela havia focalizado sua vista no presente, vendo apenas o que a família queria que ela visse. Ela começou a voltar seus pensamentos para dentro (depois do que as dores de cabeça até diminuíram), e descobriu que precisava freqüentar um curso de doutoramento para realizar seu desejo de escrever e de se dedicar à ciência. Passou a sentir um surto de energia e recomeçou as aulas de balé!

A BUSCA INTERIOR É PRECEDIDA POR UMA RIGOROSA HONESTIDADE PESSOAL

Sua busca interior exige padrões rigorosos de honestidade e de ética. Isso não é tão fácil numa sociedade que promove e encoraja a duplicidade e o auto-engano. Quantas vezes você ouviu: "Ela não está na sala" e sabia que não era verdade? Uma fórmula de rejeição predileta dos editores é: "Não se enquadra em nossos planos", quando, na verdade, sabemos que querem dizer: "Não gostamos do seu material." A desinformação, os eufemismos — dê-lhe o nome que quiser —, bem, são mentiras (e não estou falando de desculpas). De fato, mentir é tão inerente à nossa sociedade que o *Time Magazine* deu espaço na primeira página ao assunto.

Uma cliente se lembrou da história sobre uma tia e um sobrinho sentados juntos na sala, assistindo à televisão.

Tia: "A luz da lâmpada está incomodando você?"

Sobrinho: "Não."

A tia fez três vezes a pergunta mas parou quando o sobrinho ergueu a voz com irritação. Então ela se levantou, foi para o quarto e voltou com um chapéu de abas muito largas. A tia estava caindo em contradição: era ela — e não o garoto — que estava ficando irritada com a lâmpada.

A comunicação em família muitas vezes é palco de comunicações enganosas e evasivas. Você aprende cedo a decodificar as mensagens dos seus pais e a traduzi-las no que de fato queriam dizer. Na verdade, você está lidando com a desonestidade (não importa se consciente ou inconsciente) sempre que tem de desvelar a mensagem. Os pais podem tê-lo advertido com a pergunta: "Quem você pensa que é?" Mas o que queriam de fato dizer era: "Não gosto do seu jeito de agir e quero que pare de ser assim." Se você respondesse: "Acho que estou sendo eu mesmo", poderia ter ido embora com umas boas palmadas.

Quantos de vocês experimentaram uma comunicação honesta com irmãos e amigos? Se você teve muitos mal-entendidos, isso afetará o modo como fala consigo mesmo. Você pode enganar algumas pessoas por algum tempo e elas podem enganar você; no entanto, enganar a si mesmo ainda que seja por pouco tempo, resultará em depressão, desconfiança, falta de auto-estima e na não-realização da sua missão de vida.

HONESTIDADE E MISSÃO DE VIDA

Dê a si mesmo mensagens genuínas, honestas e diretas sobre o que você quer. Qualquer trabalho confuso que fizer consigo mesmo resultará no atraso ou na perda da missão. Quando pedi a Rae — uma bem-sucedida gerente de uma firma comercial — que descrevesse cuidadosamente como via a si mesma, ela ficou em silêncio; então o rosto dela se contraiu como se um espírito-guia estivesse entrando em seu corpo para uma canalização. Na verdade, Rae estava fazendo uma primeira tentativa de busca interior (a arte de autocanalização). Olhando desanimadamente para o chão, ela admitiu que na realidade não queria ser a Número Um. "Prefiro ser uma boa seguidora. Quero que a minha missão se passe por trás dos bastidores."

Para Rae, isso foi um ponto de ruptura. Sua interminável luta pela ilusória coroa de louros nunca satisfazia seus verdadeiros desejos. Era o pai dela que queria que ela fosse *Miss* Excelência. Rae libertou-se da prisão da mentira da competição, da perfeição e de ser a número Um.

MANEIRAS DE CONSIDERAR A SUA SABEDORIA INTERIOR

Sua sabedoria interior se comunica com você de maneiras inusitadas. De que modo você poderá saber como reconhecer essa sabedoria em ação?

Analise os seguintes indícios:

- recompensa pela sua busca interior;
- menos resistência;
- sentimentos de intemporalidade;
- sentimentos de paixão.

Tome nota dos momentos em que essas coisas acontecem. Mantenha um caderno de anotações e registre os contextos. Invariavelmente, eles acontecerão depois que você consultar a si mesmo. Eles lhe darão uma força maior para que despenda mais energia a serviço da sua missão.

Recompensas. Você sempre é recompensado por aceitar sua sabedoria interior. Esteja disponível para lucros imediatos quando seguir a sua busca interior. Pode tratar-se de ser demitido do emprego que você detesta (dificilmente visto como um bônus!); pode tratar-se de um telefonema ou de um cheque inesperado remetido pelo correio.

Identifique, por exemplo, um dom particular que você usa freqüentemente, ou um que sente que não é "prático". Quando a sua intuição o leva a usá-lo em seu próprio interesse, coisas surpreendentes podem acontecer. Um cliente, na casa dos cinqüenta anos, tocava viola desde o curso secundário; porém, a viola estava em seu armário há trinta anos. Recomendei que ele tocasse quinze minutos por dia sem se preocupar com "produzir" algo. Uma semana depois, ele tinha na cabeça o plano completo de um roteiro cinematográfico que "estourara não sabia de onde".

Menor resistência. Quando você segue a sua sabedoria interior, as coisas fluem com mais facilidade e você não tem de se esforçar tanto. Quando você está no caminho certo, você percebe uma suavidade que não havia imaginado ser possível — a experiência de ultrapassar a velocidade do som.

Ao enfrentar obstáculos, examine o que os está causando. É a atividade em si mesma ou outro fator? Por exemplo: primeiro eu resisti à idéia de escrever este livro, lutando e me esforçando para escrever quinze páginas. Embora soubesse, pelo meu trabalho interior, que eu tinha de escrever este livro, estava resistindo ao processo da sacudidela. Achava desculpas para fazer qualquer coisa menos escrever. Tudo vinha lenta, dolorosa e relutantemente. Também aprendi que precisava de um computador. Mas tinha medo de usá-lo. Uma palestra do dr. Richard Byrne sobre a fobia pelos computadores convenceu-me de que podia usá-lo. Agi de acordo com esse conselho, embora tivesse de tomar dinheiro emprestado para adquirir o computador. Quando comecei a usá-lo, entretanto, as coisas literalmente passaram a fluir de minhas mãos e a passar para a tela. Eu estava usando um dom que estivera negligenciando. Minha sabedoria interior sabia que eu poderia fazê-lo.

Sentimentos de Intemporalidade. Uma aguda sensação de tempo — quando ele pára ou acelera — é um sinal de que algo está errado. Quando você diz que o "tempo voa", por exemplo, está se divertindo. A ironia é que ao se divertir, parece que você tem menos tempo; portanto, ele "voa".

Por outro lado, quando o tempo se parece com o intervalo entre os pagamentos, ele pode oprimi-lo. Você olha constantemente para o relógio e imagina quando estará livre disso. Se você está aborrecido ou infeliz, o tempo se arrasta. Mas que confusão! As horas insuportáveis parecem nunca findar; no entanto, quando está se divertindo, o tempo voa. (Então o único modo de fazer o tempo passar mais devagar é ficar entediado!) Essa é a tirania de se pensar no tempo. Se você se ouvir dizendo: "Tempo mal gasto naquele piquenique", "Perdi tempo com aquele romance", ou "Jogarei meu tempo fora naquele escritório no final da semana", analise os motivos pelos quais está preso a essas atividades e tente não participar delas.

Viver de acordo com a sua sabedoria interior liberta você da tirania do tempo. Quando você parte para uma busca interior, faz contato com a sua sabedoria interior e age de acordo com os conselhos recebidos, você poderá perder a noção de tempo durante essa atividade. Uma amiga minha, pintora, descreveu isso da seguinte maneira: "Quando estou pintando, eu quase me desligo do tempo. A impressão que tenho é de que o tempo foi suspenso." Só quando você está agindo no sentido de atender a um desejo é que se dá ao luxo de se libertar da tirania do tempo.

Dossey cita o exemplo do praticante de meditação zen que vive cinco minutos de meditação profunda como se fosse uma hora. (Talvez por isso eu não meditaria na cadeira do dentista!) Em cinco minutos, o praticante de meditação terá processado uma porção de informações — valendo por uma hora! O tempo parece se alongar para acomodar essas informações, mas sem se arrastar.

Sentimentos de Paixão. A busca da sua missão tem de lhe dar um impulso, um arrepio — talvez até uma sensação erótica. Cumprir a ordem da sua alma tem de dar à sua libido doses de estímulo e de alegria esfuziante. Um modo de verificar se você permanece estável nessa arena é examinar o seu emprego. Quando pergunto aos clientes o que o emprego deles tem de erótico, em geral eles riem ou olham confusos. "Isso é algo que realmente nunca relacionei com o trabalho!" Por que não? Quem disse que os empregos têm de ser depressivos, enfadonhos, tediosos e sem interesse?

Naturalmente, haverá ocasiões em que as coisas viram rotina — vales profundos de tédio entre dois picos apaixonantes de realização. Uma dieta estável de clímax seria aborrecido demais para a maioria dos buscadores da Missão de Vida. Mas se o fator efervescência abandonou a sua carreira, isso significa, tal como acontece num relacionamento, que está lhe faltando alguma coisa.

SIGA AS SUGESTÕES DE COMO GASTAR A SUA ENERGIA

Tenha consciência de onde você coloca a sua energia. A energia em si mesma é neutra, mas pode ser desperdiçada ou bem usada. Descobri que tenho a tendência de trabalhar mais em coisas que não fazem parte da minha missão. Se algo me desafia, eu me recuso a fazer o esforço (os Fazedores e os Analistas costumam ter esse tipo de comportamento). Dediquei tempo e trabalho pesado ao meu ensino no colégio. Eu preparava intermináveis notas de leitura e lia copiosamente os livros para me manter bem-informada. Quanto mais eu odiava as aulas, mais eu lutava.

Faça que seus esforços valham a pena. Se você se comprometeu com algo que não quer fazer, deixe de fazê-lo! Pode ser qualquer coisa, desde abandonar um hábito compulsivo e vicioso, resistir à tentação de fazer coisas de pequena importância ou demitir-se do emprego. Ouça cuidadosamente a si mesmo.

Se você gosta de algo e devota seu tempo à sua jornada, sua atitude quanto ao processo mudará. Você dirá: "Isso é divertido, excitante — gosto de fazer isso!" E a idéia de passar o tempo (em si mesma, um conceito interessante) fazendo isso simplesmente nem lhe passou pela cabeça. Mesmo as partes menos atraentes estarão bem se o processo como um todo for excitante. Afinal, reformar uma casa inclui atividades menos agradáveis, como a faxina, livrar-se do lixo ou encomendar materiais. Mas se você contribui para algo de que gosta, não achará que o tempo se arrasta.

Exercício: Como Criar o seu Mito Pessoal

Mito é "uma história ou crença que tenta expressar ou explicar uma verdade básica". Cada um de nós tem uma imagem particular de nós mesmos ansiando para ser revelada. Trata-se da nossa verdade da forma que a sentimos. Um estágio final do trabalho interior é redesenhar a pessoa — VOCÊ — de dentro para fora, de acordo com o que você quer ser. *Crie sua mitologia individual.*

No que se baseia a imagem do seu mito? Você pode arranjar temas para mitos privados, tirando-os de várias fontes. Ache uma personagem da história, do folclore ou da literatura, a quem você admira e que caracteriza o que você sente. Também poderá desenhar uma imagem, compor uma canção, escrever um poema, fazer uma descrição, ou criar uma colagem abstrata para descrever o seu mito.

Anote tudo o que pensar que pertença à pessoa da sua mitologia. Providencie todos os detalhes sobre essa pessoa. Em que época ele/ela viveu? Em que lugar, situação ou ambiente essa pessoa mora? O que ela faz e com quem se associa? Não mostre a sua descrição a ninguém. Assim que entrar em contato com o seu interior, a sabedoria interior inundará você de sugestões e de encorajamento.

Em seguida, escreva uma declaração acerca da finalidade dessa figura mitológica, de preferência uma que seja expressa de modo fantástico ou incomum.

Imaginemos que o seu mito seja a Branca de Neve. Sua declaração de propósito é: encontrar um reino no qual possa providenciar alimentação para crianças órfãs.

Depois, visualize a si mesmo como essa pessoa no cenário atual: falando com seus amigos, agindo em colaboração com os outros. Imagine como se sente quando é essa pessoa e o que pode conseguir como resultado. Você pode incorporar sua experiência de trabalho à visualização. (Tenha o cuidado de não incluir nada que não queira fazer.)

Represente esse mito num modelo cerimonial. Vista-se como esse personagem, faça cartões com o nome do personagem, represente o papel da pessoa diante do espelho, seja essa pessoa todos os dias durante um período de tempo predeterminado, chame a si mesmo pelo nome da pessoa! Desempenhe o papel que deseja! Com essa imagem pessoal, você pode se dispor a revolucionar o cuidado com os órfãos. Então, nesse seu mundo, todos trabalhariam assobiando!

Quanto mais você viver o seu mito, tanto mais fácil será você se transformar na pessoa que quer ser. Esse mito não é uma trapaça. O seu mito é a pessoa que você tem estado ocultando de si mesmo! Ele ou ela está lá em cor vibrante e pulsante, repleto de energia e de paixão. Tire o véu da falsidade e viva o seu mito! Em troca, você se tornará um modelo para si mesmo e para o mundo.

Jacques Cousteau respondeu ao seu mito pessoal, que lhe disse para sair em busca de três coisas: medicina, mergulho e fazer filmes. Em vez de negar a mensagem, ele devotou a vida a todos os três: fez estudos sobre a psicologia e a fisiologia do mergulho (medicina), explorou o mar com o navio Calypso (mergulhando) e fez documentários (filmes), criando assim o mito de Cousteau que todos conhecemos tão bem. Cousteau demonstrou o que pode acontecer quando você responde a sinais internos e deixa a integração dos seus desejos a cargo da sua sabedoria. Sua vida pode conter maçãs e laranjas — e uma tigela de cerejas!

Quando você procura orientação, seja a pessoa gentil e cheia de consideração que nunca se esquece de incluir a si mesmo. Como será possível você imaginar uma fonte melhor para descobrir tudo do que precisa, do que você mesmo? Buscar no seu íntimo é a prova do seu amor-próprio, da sua autoconfiança e do seu senso de independência.

Mexa nas brasas de uma fogueira, agite-as e assopre-as, e elas se reacenderão. O mesmo acontece com a chama de sua Missão de Vida. Muitas vezes ela está latente nas brasas e precisa ser reavivada. A SI acende o fogo passional dos mais profundos desejos, vontades e paixões. Responder ao chamado significa responder à sua voz interior, à voz da sua alma.

Agora nos voltaremos para o caminho tranqüilo e suave que o ajudará a descobrir sua Missão de Vida.

12

Tente com mais Calma

Menos é mais.
Mies Van Der Rohe

Os três capítulos anteriores debateram o trabalho vital de ir para dentro de si mesmo. Este capítulo enfatiza a qualidade suave desse trabalho. "Tente com mais calma" desafia você a usar um modo tranqüilo para conseguir resultados. "Tente com mais calma" é um modo mais duradouro porque opera em sintonia com a sua sabedoria interior, e é mais sadio porque permite o uso inteligente da sua energia. Você compreenderá a sua missão mais suavemente quando for eficiente no uso dos seus recursos.

Se você tem de estar no controle, se define os resultados, se é um trabalhador compulsivo ou programa resultados e tudo o mais, e se procura fazer os fatos acontecerem à força dos músculos ou da vontade, este capítulo é especial para você.

A VERDADE SUAVE

Grande parte do mundo ocidental está terminalmente viciado no valor do trabalho duro. "Se não conseguir logo ter sucesso, tente, tente e tente outra vez" (com mais empenho, é claro). E que tal a famosa frase de Churchill: "Sangue, suor, lágrimas e trabalho árduo?" Ou: "Trabalhe arduamente e você chegará a alguma coisa." Ou: "Não recebemos nada de graça." Essa foi a frase que me lembro de ter trazido de casa.

Mas apenas observe o enorme sofrimento que um procedimento rígido impõe à saúde física, espiritual e emocional das pessoas. Muitas vezes isto é mencionado como comportamento do Tipo A: pessoas reclamando um bocado por causa dos faróis do trânsito, lutando pela última vaga no estacionamento ou trabalhando 60 horas por semana (em geral, em empregos que por si mesmos requerem uma atitude do tipo *Tente com Mais Força*). Pessoas que não podem fazer pausas, em geral acabam tendo de descansar de outra maneira.

O problema é que o comportamento do tipo A comumente beneficia os médicos, os terapeutas, os diretores de casas funerárias, os traficantes de cocaína e todos quantos tentam adaptar, acalmar ou eliminar pessoas. Uma palavra usada para os traficantes é "puxador", enquanto uma bebida com alto teor alcoólico é chamada "*bebida forte*". E isso não é acidental. O *Tente com Mais Força* se impõe a você e ao seu corpo. *Tente com Mais Calma* elimina a dor e os obstáculos.

A palavra *radical* significa "vir das raízes, sair do solo, crescer para fora ou de alguma coisa". *Tente com Mais Calma* é um conceito radical, porque seguir esta conduta lhe dá a chave principal para a sua Missão de Vida. Se é fácil, comece já.

TENTE COM MAIS CALMA, OU: COM FORÇA É ERRADO

Há três fatores principais combatendo a abordagem do tipo *Tente com Mais Calma*: o pensamento em termos de causa e efeito; a conduta "quanto mais forte, melhor", e a mania da pressa.

Lembra-se da feira no campo? Sempre havia rapazes batendo num gongo com um martelo. Você podia ver o relacionamento de causa/efeito entre a força dos seus golpes e a altura da bola — quanto mais alto erguiam o martelo para dar o golpe, mais alto a bola iria. No que se refere a esse jogo, os músculos parecem funcionar. Naturalmente, força bruta é útil para algumas coisas, como erguer pacotes pesados.

O problema surge quando a superioridade da força muscular é usada generalizadamente para todos os empreendimentos.

O mito de que "a força" é melhor para tudo persiste teimosamente. "Duro" significa rígido, musculoso, viril e durável. Suave, por outro lado, tem a conotação de coisas como molenga, pessoa fácil de derrotar, feminino e fraco. Os alunos dificilmente admitiriam que "estudaram com facilidade" para um teste na escola. Seja como for, isso seria quase antiamericano! As pessoas raramente são recompensadas por fazerem algo com graça e facilidade. É como se isso fosse agir contra as regras. (E elas estão agindo.)

A era da gratificação instantânea e dos valores "masculinos" favorece o modo duro, porque parece mostrar resultados imediatos. Ao viver a Missão de Vida, a dependência de tentar com mais força — um comportamento milenar —, já não se usa mais. Sua alma não se impressiona com os músculos nem com a conduta do grande chefe.

CALMAMENTE É DIFÍCIL (NO INÍCIO)

Tente com Mais Calma é um princípio pelo qual você deixa que as coisas aconteçam, os fatos ocorram e os processos se desenvolvam em seus próprios termos. *Tente com Mais Calma* se fundamenta na intenção e orientação da energia para atingir objetivos eficazes em vez de resultados rápidos. A energia interior substitui o raciocínio de causa e efeito e da pura força de vontade.

Tente com Mais Calma usa a lei da atração. As coisas vêm até você porque você criou o ambiente, montou o palco, providenciou a cultura de tal forma que aquilo de que precisa gravitará na sua direção.

Cuidado! *Tente com Mais Calma* NÃO é uma marca de tofu estilo californiano ou de almofadas para meditação acompanhadas por música e mantras da *New Age*, com a expectativa de que tudo irá cair do céu. Trata-se de um negócio desafiador, que requer confiança, submissão e fé, em que a realização dos seus desejos e da sua missão acontecerá através do caminho da menor resistência. Com o método *Tente com Mais Calma*, as coisas parecem exatamente "acontecer".

TENTE COM MAIS CALMA: SOBREMESAS "APROPRIADAS"

Desde o início da adolescência eu sonhava em ir para a Europa. Eu ouvia música de países estrangeiros, economizava dinheiro e comecei a aprender alemão. Certo dia, Úrsula, uma aluna estrangeira que freqüentava o meu colégio, me perguntou se eu queria passar o ano seguinte em sua casa. Eu disse imediatamente que sim e parti para a Alemanha naquele outono.

Entretanto, a estada com a família dela não deu certo, e em vez disso decidi ir a Nüremberg visitar uma amiga da minha família que havia retornado à Alemanha depois de estudar nos Estados Unidos. Ela não imaginava que eu iria visitá-la. Assim que cheguei, constatei que ela havia quebrado o pé e que precisava de alguém para fazer o serviço doméstico. Ficar na sua casa forçou-me a praticar alemão. Pelo fato de justamente ela ser professora de línguas, pôde me ajudar de um modo que a maioria das pessoas destreinadas não pode. E, visto que ela certamente tinha de ficar acamada, recebi tempo integral de instrução lingüística e em pouco tempo me tornei fluente em alemão. Faça a sua lista de sobremesas "apropriadas". O que você pode identificar que aconteceu "de maneira apropriada", especialmente quando desistiu de fazê-lo acontecer?

O QUE VOCÊ SABE NÃO O MACHUCARÁ — PRESTE ATENÇÃO!

Você tem de estar plenamente consciente de que está *Tentando com Mais Calma*. Durante minha aventura na Europa, eu não sabia que estava usando o método *Tente com Mais Calma*. Sempre que algo cruzava o meu caminho, eu descobria uma explicação perfeitamente razoável para o motivo de ter obtido o que queria: o bom e velho efeito de causa e efeito.

Eu disse a mim mesma que havia trabalhado duro para economizar dinheiro e ganhar minha viagem à Europa. Tendo feito todo o trabalho sozinha, estava convencida de que merecia um crédito total. Essa era a ética puritana: você recebe o que merece. Ninguém mais contribuiu para o meu sucesso.

Até aí, tudo bem. Mas aí está a dificuldade. Nada pareceu fácil naquela ocasião! E sempre que algo dava errado, eu me via obcecada com cada pequeno erro. Era como nadar contra a correnteza. Cada vez que as coisas corriam bem, eu dava um suspiro profundo de alívio. A ansiedade provinha do fato de eu sentir que tinha de controlar tudo.

Fazendo um retrospecto, eu soube que experimentara o *Tente com Mais Calma*, mesmo que na ocasião os fatos parecessem duros. Era como se eu tivesse lavado a roupa na máquina e sentisse que havia feito esse trabalho com as mãos.

Pratique o *Tente com Mais Calma* conscientemente. Aprenda com o processo, dê-lhe crédito, proteja-o e goste dele. Conscientize-se de que se trata de uma operação!

FAZER OU NÃO FAZER: EIS A RESPOSTA

O processo *Tente com Mais Calma* é uma combinação paradoxal de preparar e de não fazer nada. Um colega do meu pai costumava dizer: "Deus cuida quando você está preparado." Bem, a sua Fonte ajuda muito se você a deixar agir em seu favor.

Repare bem que eu não fiquei sentada à toa esperando os fatos acontecerem para me levarem à Europa. Na verdade, havia muitos preparativos a fazer: aprender uma língua estrangeira, visualizar desejos, conseguir um emprego de meio-período, economizar dinheiro, procurar uma viagem barata e pensar num lugar onde ficar. Mas todos esses preparativos não foram difíceis porque estavam sendo feitos a serviço da minha missão.

Pare de empurrar: deixe de tentar fazer os fatos acontecerem e desista de estar no controle — todos verbos de ação! "*Let it Be*", como diz a canção dos Beatles. Com o método *Tente com Mais Calma*, na verdade você está afirmando que o menos conquista o mais. Olhe para as coisas que você faz bem — aposto que são mais fáceis de fazer do que qualquer outra coisa! É como atingir uma bola de golfe de maneira descontraída e fácil. Parece que isso tem lógica; no entanto, é exatamente o modo de fazê-lo para ter a máxima eficácia. Com precisão e facilidade sempre dá certo. E o mesmo método vale para a sua vida.

MANEIRAS DE SE ESFORÇAR MENOS

Eis algumas sugestões que você pode usar para deixar de lado qualquer esforço na preparação do seu programa *Tente com Mais Calma*, que apresentarei depois.

Examine a sua vida. As experiências de vida mais bem-sucedidas fluem com facilidade. As partes isoladas podem parecer "ilógicas", e pode haver retrocessos, mas eles não importam porque o resultado lhe dará o que você visualizou, e é isso o que conta. Identifique uma experiência bem-sucedida da sua vida, separe-a (como fiz no caso da Europa) e analise o processo.

1. Trace a seqüência dos eventos. As coisas "se precipitaram"? (Por exemplo, você programou os fatos para acontecerem exatamente da forma como aconteceram?)
2. Você teve de trabalhar "arduamente" para fazer as coisas acontecerem? Quando? Como se sentiu durante essas ocasiões? O que o *Tente com Mais Calma* lhe deu?
3. Sua experiência correu sem qualquer incidente de atrasos? Se houve problemas, quais foram?
4. Quando se submeteu ao processo — ou seja, desistiu de forçar os acontecimentos?
5. Durante esse tempo você esteve concentrado na experiência e no resultado que queria? Foi mais fácil do que quando estava forçando as coisas?

Observe os exemplos alheios de *Tentar com Mais Calma*.

Peça às pessoas para lhe contarem sobre suas experiências bem-sucedidas. Trata-se de um ótimo assunto para conversas, visto que as pessoas gostam de falar sobre seus sucessos. Pergunte-lhes por que pensam que as coisas aconteceram do modo que aconteceram. Observe os aspectos "ilógicos", "fantásticos" e "insensatos" das suas histórias. Elas estavam concentradas no que queriam? O roteiro transcorreu como esperavam?

Um compositor que conheço conseguiu sua grande chance quando vendia sapatos em Venice Beach, na Califórnia. Um produtor passou ocasionalmente por ali e, durante a conversa, o esforçado artista mencionou que compunha canções. "Mande uma fita para mim", disse o produtor. Mais tarde, naquela semana, o produtor telefonou no meio da noite, dizendo: "Gostei das suas canções." Seguiu-se um contrato para gravação. Parece lógico? Não. Se eu lhe dissesse que o caminho para compor canções era vender sapatos na praia, você diria que eu estava louca. Precisamente. Seguir a sua paixão não conhece a lógica.

A realização da minha visão veio cinco anos depois de ela entrar na minha mente, aparentemente, cinco anos de sonhos e desejos "sem objetivo". Você acaba por estar onde precisa estar; portanto, por que desejar primeiro? Você é a flecha, não o arqueiro. Deixe que a sua missão vá para onde precisa ir.

Como o poeta Theodore Roethke disse em seu poema *The Waking*:

Aprendi porque fui
Para onde tinha de ir.

Aceite a sua Missão de Vida como um presente. Ganhar presentes é fácil. Mas você aceitou o grande presente que lhe foi dado? Você terá de ser capaz de fazer isso antes de poder dá-lo aos outros. Só quando você reconhecer o seu presente é que poderá recomendá-lo aos outros na forma de uma carreira, de uma vocação ou passatempo.

Numa entrevista para a televisão, a cantora de ópera Renata Scotto teve de responder à pergunta de como gostaria de ser lembrada. Ela respondeu:

"Eu gostaria que se lembrassem de que, quando estou no palco, eu gosto muito do meu público, e que a coisa mais importante é o fato de que a voz que recebi de presente não é só minha. É algo que tenho de compartilhar com a minha audiência. Eu gostaria de ser lembrada como alguém que compartilhou sua carreira com o público."

Um presente é algo que a pessoa recebe. Trata-se de um dom que tem de ser compartilhado e dado aos outros. O programa *Tente com Mais Calma* é receber e aceitar o dom que é seu.

Use o programa abaixo em cinco etapas para descobrir a sua Missão:

O seu programa Tente com Mais Calma em cinco etapas:

1. Ligue-se com o Seu Desejo.
2. Concentre-se nele.
3. Confie na sua Fonte.
4. Use o *Menos é Mais*.
5. Espere pelos resultados.

LIGUE-SE COM O SEU DESEJO

O método *Tente com Mais Calma* depende, em primeiro lugar e antes de tudo, de você deixar seu desejo levar você para a frente, e não a força dos seus músculos. Sempre que você quiser mais, terá de se esforçar menos. Nada deverá ser mais fácil do que dizer: "Quero isto." Se você bloquear os seus desejos, você se impedirá de realizá-los. Olhe para os gatos: eles parecem não se importar de pedir o que querem. Aprenda com seus amigos peludos e faça a sua missão ronronar com o seu desejo satisfeito.

O desejo e o seu Modo Primário. Cada pessoa tem abordagens e dificuldades diferentes no que se refere à parte dos desejos no processo do "*Tente com Mais Calma*". Os Fazedores trabalham com os resultados e não com os sentimentos, tornando o ato de desejar monótono porque demora muito ou parece fácil demais. A meditação é especialmente útil para os Fazedores. Vocês, Motivadores, por outro lado, tendem a inundar o mundo com desejos e têm dificuldade para se concentrar num só. Vocês pensam em termos de tudo ou nada.

Os Estabilizadores querem saber onde estão a cada passo do caminho, enquanto seus desejos parecem depender de uma abordagem espontânea e desenfreada. Os Estabilizadores precisam ser mais flexíveis. Uma linha reta nem sempre é o modo mais lógico de realizar desejos. Os Analistas querem estar certos, mas seus desejos não garantem a lógica porque atuam com leis diferentes das leis de causa-e-efeito. Os Analistas têm de desenvolver mais confiança no "irracional".

Identifique tudo o que você deseja muito. Certifique-se de que o seu desejo é simples e mensurável. "Felicidade" é algo muito vago para quantificar. Por outro lado, "Meio dia por semana para ler na biblioteca", é muito mais claro. Outros exemplos:

1. Três horas por semana para caminhadas.
2. Um novo terno de verão.
3. Passar as manhãs de domingo com meu filho.

Agora veja a si mesmo na situação com a qual você sonha. Exemplo: "Quero visitar sítios arqueológicos na Grécia." Como se sentiria se conseguisse realizar esse desejo? "Encantado e revigorado!" Então escreva uma frase dizendo a recompensa que ganhou com a realização do seu desejo. "Serei capaz de planejar minha viagem com sensatez e saberei exatamente que sítios arqueológicos verei na minha próxima viagem à Europa. E com o conhecimento que tenho, apreciarei muito mais esses lugares!"

Agarre o momento. Agir a partir dos desejos cria um ímã que atrai o que você precisa para conquistar objetivos específicos. Não trabalhe contrariando os seus desejos (isso seria tentar com mais força). "Oh, eu farei este trabalho, que odeio, durante um pouco mais de tempo a fim de ter dinheiro para pagar minha contas", ou "Assim que eu completar dez anos na firma, poderei me aposentar precocemente e então..." Então o quê? O "o quê" nunca será contado durante o tempo de espera no limbo. Se você não se importa com os seus desejos, então qualquer motivo é bastante bom para adiar a sua realização. Qual será o momento certo? O único momento que você tem é o presente. Agarre-o!

Veja Estrelas

Juanita sentou-se impaciente na borda da cadeira quando veio me ver. Mulher latina dinâmica e intensa, no meio da casa dos trinta anos, ela dominou o encontro explicando sua insatisfação com o progresso que estava fazendo na indústria de filmes. Embora tivesse credenciais impressionantes, temia não estar pronta para a grande ocasião. Ser uma mulher não é exatamente uma vantagem na indústria do entretenimento. No entanto, Juanita também não estava muito segura quanto aos seus verdadeiros desejos: ela sentia que podia ir para diferentes direções.

Uma Fazedora. Juanita não gostava de ficar muito tempo sentada.

Mas "fazer" em excesso não a estava ajudando muito. Visto que nada mais havia funcionado, o que poderia perder? Ela passou o mês seguinte concentrando-se em tornar claros os seus desejos.

Eles incluíam uma posição de gerenciamento num nível superior e trabalhar num filme estrangeiro projetado na Índia. Logo conseguiu uma entrevista para um emprego de melhor nível numa conhecida firma de entretenimentos. Seus entrevistadores apenas precisaram pôr os olhos nela para acabar com o seu descanso. Mais tarde Juanita me telefonou para dizer que havia conseguido o emprego. "É tudo como falamos", ela me disse ao telefone. "De fato, estou entusiasmada! Como você disse, "as semente que plantei brotam todos os dias".

Os desejos se realizam quando você os alimenta. Quando os clientes finalmente descobrem o que querem, eles dizem: "Você não adivinha o que aconteceu comigo!" "Por acaso eu estava fazendo isso e mais aquilo..." "Aconteceu ou apareceu uma coisa engraçada comigo", ou "De repente, essa pessoa me telefonou ou apareceu nem sei de onde". Eu os ouço falar com um sorriso interior, porque está evidente que os desejos deles trouxeram resultados.

CONCENTRAÇÃO

Concentrar-se requer a entrega e a concentração de toda a sua energia naquilo que você deseja. Também ajuda traduzir a sua visão em algo vivamente reconhecível, apaixonadamente querido e intensamente próximo. Lembro-me de ter ido à casa de uma amiga para ver seus *slides* da Europa. A maioria deles estava borrada. Aquilo era uma catedral ou um castelo? As poucas fotografias bem focalizadas foram um alívio, porque pudemos reconhecer o que estávamos vendo! Então pudemos dar atenção aos *slides*.

Exercício: Depende dos Olhos

1. Pegue um objeto comum e fique dois minutos observando cada detalhe: olhe para o modo como a luz bate nele, como ele é ao tato, qual o seu cheiro, paladar e sons. Olhe para o formato,

tamanho, textura, cor e volume do objeto. Em seguida, ponha-o de lado e recrie-o em sua mente com tantos detalhes quanto possível. Primeiro, você deixará de ver detalhes óbvios. Com o Tempo, descobrirá que está mais atento a traços aparentemente sem importância de um objeto.

2. Pratique o exercício duas vezes por dia, ao menos três vezes por semana.
3. Focalizar a atenção em algo aumentará o seu interesse por ele. Depois de praticar durante uma semana, pegue um dos seus objetos e escreva uma página revelando os sentimentos que esse objeto lhe inspira. Uma cliente começou a escrever sem parar a respeito do papel, até encher três páginas! Ela sabia mais sobre tipos, usos, origens, manufatura e seleção do que qualquer outra pessoa se preocuparia em saber. Descobriu-se que o papel representava um assunto emocional para ela, embora nunca tivesse suspeitado do fato até se concentrar nele. "Quem haveria de imaginar", ela disse, "que eu estava alimentando essas paixões!" E ela havia resistido ao exercício durante uma hora quando nos encontramos. Não vire o nariz para um objeto comum. Há uma mulher apaixonada por elásticos que agora administra uma conta de seis dígitos, exportando-os para os Estados Unidos.

A aplicação desses exercícios ao processo da sua Missão de Vida sintoniza primorosamente a sua interpretação e aumenta o desejo pela sua missão. Quando você olha para um diamante que gostaria de comprar, você focaliza sua atenção em cada uma de suas facetas. Trate a sua Missão de Vida da mesma maneira. Ela é tão preciosa quanto um diamante! Focalize nela a sua atenção e o seu amor!

Seria frustrante ouvir alguém lhe dizer: "Eu amo você mas não sei exatamente por quê." *Seja claro quanto ao que deseja e concentre-se nisso. Então, e somente então, você realizará o que quer.*

A concentração e o seu MP. Para os Motivadores, a concentração é particularmente difícil. Eles têm tantos projetos e sonhos a realizar! Renunciar a qualquer um deles é como perder um braço. Os Fazedores muitas vezes ficam impacientes ao se concentrar nos objetivos (ou nos objetos). Os Analistas podem focalizar algo com muito mais facilidade (e quase em demasia), e os Estabilizadores têm de se assegurar da sua necessidade para se concentrarem em seus desejos.

"Sim, Mas..."

Cindy, uma cartunista autônoma, me olhou com desprazer através dos óculos de aros de tartaruga quando lhe pedi para se concentrar no que estivesse desejando. Mulher séria, eloqüente e perfeita, entre os 30 e 40 anos, ela parecia ser o tipo de mulher que tem a habilidade de conquistar tudo o que quer. Porém, toda vez que eu lhe pedia para descrever um desejo, ela somente começava para se deter no meio com objeções negativas, tais como: "Mas eu sei que não conseguirei isso", ou "Mas terei de me mudar para a confusão da praia em vez de para uma casa com vista para o mar." Passamos 20 minutos sendo interrompidas pelos "mas".

Os pais de Cindy haviam contribuído para esse hábito ao lhe dizerem que ela podia fazer tudo o que quisesse na vida — o que significou que estavam lhe dando conselhos incoerentes. Durante toda a sua vida, Cindy procurou por coisas difíceis de fazer para poder provar que "podia fazer qualquer coisa". Nesse tempo todo, ela não havia dado atenção aos seus desejos. Mudava para outra coisa qualquer, somente para repetir o processo.

Sugeri que durante a semana Cindy recordasse quantas vezes havia nublado seus desejos. Primeiro, precisaria se concentrar no que mais desejava. Então, deveria completar esse desejo antes de passar para outro. Primeiro desejo: participar de um curso de desenho na universidade local. Cindy nunca pensara em se concentrar nisso. Ela me telefonou no dia seguinte para que eu registrasse essa informação.

CONFIE NA AJUDA DA SUA FONTE

Uma figura-chave no método *Tente com Mais Calma* é a sua Fonte. Pense na sua Fonte como no executivo da firma, apoiando-o e dando-lhe o que necessita para o trabalho que tem de fazer. Pense na sua missão como um lojista ou vendedor dedicado, no negócio de ajudá-lo a expressar a intenção da sua alma. Se você fizer o seu pedido por intermédio de um catálogo e disser ao vendedor: "Eu gostaria de comprar algo mas não sei o quê", receberá um olhar intrigado. O vendedor precisa de informação específica quanto ao item, à página, ao tamanho, à cor, ao preço, ao estilo e a tudo o mais que for relevante.

Sua missão precisa de visão consciente, não de coisas vagas ou desejos obscuros. Ela não está na posição de tomar a decisão sem o seu consentimento.

Dizer às pessoas o que elas precisam antes de estarem prontas é provocar confusão, resistência ou ruptura do processo. Você gostaria de um vendedor que lhe dissesse o que você deseja antes até de você mesmo saber o que é? Antes de esse vendedor agir, você tem de acender a luz verde. O mesmo é verdadeiro quanto à sua missão, a qual, paradoxalmente, só atuará no seu melhor interesse se lhe der desejos específicos e permissão para realizá-los. É aí que entra a confiança.

Não é fácil entregar esse gerenciamento a outras pessoas (especialmente aos Fazedores). Mas o método *Tente com Mais Calma* implica render-se às indagações e preocupações da sua missão. Ela está ao alcance do seu chamado, pronta quando você estiver pronto. Peça orientação e encorajamento — isso é fazer as coisas do modo mais fácil. Quando você desiste da necessidade de controlar o resultado ou de dominar o processo, então a sua missão tem espaço para preparar o melhor plano de ação.

USAR O MENOS É MAIS

Para praticar este passo escolha uma área apropriada e segura. *Menos é mais* para pagar contas não irá fazer seus credores amarem você. Tente algo num aspecto da vida em que pode ter tido sucesso, mas em que se esforçou demais. Certifique-se de que gosta dessa atividade, mas escolha uma em que não obteve os resultados que queria. Você poderá notar que está em campo neutro quando sentir que gostaria de andar mais rápido. Mas lembre-se: aqui estamos falando de passear, não de correr em alta velocidade.

Continue Mudo

Brad decidiu usar o método *Menos é mais* na oratória. Homem amável, ambicioso, parecendo preocupado com seus cinqüenta e tantos anos, ele descreveu sua mudança de professor de universidade para orador. No entanto, com ansiedade, ele se queixou de que apesar do grande número de palestras que fazia, sua qualidade não melhorava muito. Ele gostava de discursar, e o fazia bem, mas se exauria nos preparativos. Lembrou-se de que na universidade também passava bastante tempo preparando suas palestras. Um hábito formado!

Pedi para Brad rever suas apresentações mais bem-sucedidas. Seu rosto preocupado começou a se iluminar ao considerar que a maioria delas fora espontânea, com muito pouco preparo. Para sua surpresa, o assessoramento que recebia sempre era bom. De tempos em tempos, "substituí alguns instrutores e o fiz bastante bem, considerando-se o fato de eu não ter informações avançadas", ele disse sorrindo. "E houve ocasiões", continuou, "em que 'eu dei asas' para as minhas classes. Em vez de ser um lastimável fracasso, a sessão de fato transcorreu de forma melhor do que a habitual". Pedi que Brad usasse o mesmo processo quando fosse falar em público.

Brad esperou até o seu compromisso seguinte para experimentar alguns métodos *Menos é mais* na arte de fazer discursos. Toda vez que queria anotar alguma coisa ou gravar algo, lembrava-se de que era necessário deixar de preparar a fala. Ele simplificou seus esboços, identificando três pontos principais e visualizando a palestra e a reação da platéia (estonteante). E evitou qualquer preparação de outro tipo.

Na vez seguinte em que o vi, Brad estava radiante. A expressão ansiosa e retraída do rosto havia desaparecido. "A acolhida à minha última palestra me surpreendeu", disse orgulhoso. Agora Brad está se preparando para fazer palestras espontâneas.

A interação entre Brad e a audiência era animada, direta e plena de energia. Ninguém sabia acerca da sua experiência, naturalmente. Brad imaginou: "As pessoas viram a minha disposição de arriscar e fluir com o momento. Foi um alívio não ter de ficar antecipadamente obcecado."

O método *Menos é mais* de Brad foi um modo novo de *ser* em vez de *fazer*. Seu sucesso fez que visse a necessidade de incluir a motivação espontânea em sua vida. O resultado de ter feito aquela única palestra foi que ele recebeu mais três propostas para falar em público.

Pratique *o Menos é mais* agora! Talvez esteja na hora, por exemplo, de deixar este livro de lado e fazer uma pausa. Saia e sinta o cheiro do ar fresco, ou ouça o canto dos pássaros. Chupe um sorvete de casquinha ou opte por um iogurte desnatado. Lubrifique a alma para que você se liberte do modo brusco e exaustivo com que vinha fazendo as coisas. Então verá seus desejos fluindo, a luta tirando as garras de você e, como o barro na roda do oleiro, sua missão tomando nova forma.

ESPERE PELOS RESULTADOS (MAS NÃO OS FORCE)

Se você tem sido específico quanto ao seu desejo, se concentrou bem nesse desejo e se desapegou do processo, descobrirá um lucro muito maior do que imaginou. Como Brad, você verá um aumento de sucesso no seu projeto e uma diminuição do esforço para concretizá-lo, e notará que o processo fica mais divertido!

Tudo acontece com facilidade: quando você começa a usar amaciantes, as coisas ficam mais suaves. Mantenha um registro do que começou a acontecer quando você se submeteu aos resultados em vez de forçá-los. Examine os fatos para si mesmo. Quando tentou forçar e quando permitiu que as coisas fluíssem para você? Qual a diferença dos resultados?

Exercite o *Tente com Mais Calma* e se admirará por ter tentado de outro modo. A lição mais difícil é manter a calma.

Pare com o comportamento maníaco do "machão" cheio de músculos. Em vez de desperdiçar sua preciosa energia com programas de trabalho que não foram feitos para você, glorifique a suavidade do seu caminho agora!

Voltando ao poema de Theodor Roethke,

Daqueles tão perto de mim, qual é você?
Deus abençôe o Solo! Caminharei suavemente por ele.
E ao caminhar saberei para onde tenho de ir.

Este é o processo *Tente com Mais Calma* em ação.

13

Use a sua Intuição

> *"Aprender por intuição? Não concordo com isso", disse o cérebro esquerdo ao direito.*

Compare os itens da coluna A com os da coluna B. De cada número, escolha um.

A	B
— 1. O que vejo	— O que sinto
— 2. O presente	— O futuro
— 3. Solução de problemas através da experiência	— Através de ingenuidade
— 4. Usar coisas	— Desenhar coisas
— 5. O que eu sei	— O que eu acho
— 6. Trabalhar com fatos	— Trabalhar com palpites
— 7. Controlar a situação	— Fluir com a corrente
— 8. Os passos do processo	— O objetivo do processo
— 9. As coisas como são	— As coisas como poderiam ser
— 10. Situações certas e erradas	— Situações ambíguas
— Total	— Total

Se a maioria das suas respostas foi da coluna da esquerda, é provável que você seja alguém que acredita que os vizinhos estão em casa porque o rádio está ligado. Se as suas marcas foram do lado direito, você imagina que eles saíram deixando o rádio ligado por medo dos ladrões.

O fato de preferir a expressão intuitiva (itens da coluna do lado direito) não torna você superior à pessoa que prefere o lado lógico. Entretanto, há uma vantagem para a pessoa intuitiva: livre acesso à informação adicional muitas vezes muito importante, que não está disponível em outra fonte. O que é mais excitante do que interpretar a incrível sabedoria que existe dentro de nós mesmos? É como um programa de rádio — a intuição está disponível no momento em que você liga e sintoniza uma estação.

Este capítulo mostra como treinar e entrar em contato com o seu maravilhoso recurso da intuição para colocá-lo a serviço da sua missão. Ele também identifica os obstáculos à intuição e ensina a superá-los. Finalmente, analisa o relacionamento entre a intuição, a Missão de Vida, a auto-aceitação, a confiança e a submissão.

DEFININDO A INTUIÇÃO

Segundo o *Webster's Dictionary*, intuição é "a percepção direta de uma verdade, de um fato, etc., independentemente de qualquer processo de raciocínio. Conhecimento rápido e penetrante". Trata-se de uma qualidade que ultrapassa os cinco sentidos e as percepções imediatas, um transmissor interno que dá uma mensagem direta, singular, intensa e sempre certa quando você se liga à sua consciência. Foi descrita diferentemente como "palpite", "uma sensação boa", "uma sensação divertida, bem profunda", "um conhecimento além de toda compreensão" ou "iluminação". Não importa o nome que você lhe dê, a intuição é um conselheiro inestimável para você no processo da sua Missão de Vida.

Muitos acham que a intuição é coisa para mulheres, tipos criativos, artistas ou ciganos. Todos somos intuitivos; entretanto, muitos deixam de aproveitar a intuição ao máximo. Para entrar em contato com a sua fonte de conhecimento, você não precisa ter faculdades especiais — somente os meios para aprender como fazê-lo.

INTUIÇÃO E MISSÃO: COMÉRCIO INTERIOR

Um movimento "exterior" excessivo distrai você da busca da sua missão. A intuição mantém você interiormente firme e sintonizado com o seu eu subconsciente. Percepção intuitiva, como se vê na conotação da palavra, é visão interior. A missão só pode ser captada dentro de você. O fato de a intuição (visto vir de uma fonte interna) servir como uma espécie de desvio para a sua busca é axiomático. Funciona mais ou menos assim: a intuição é um recurso do espírito e lhe dá exatamente a informação apropriada necessária para a busca da sua missão. É uma troca particular de informações entre você e você mesmo. Esse é o comércio interior que é bom!

Com a sua intuição, você entrará em contato com suas áreas internas de interesse, com seus desejos e sua habilidade. Você descobrirá que não há nada de que essa intuição goste mais do que de lhe dar orientação, conselhos, revelar segredos, proporcionar informações interiores e ajudar em assuntos de importância para você, tais como a sua missão. Ouvir a sua intuição o deixará automaticamente mais perto desse chamado. Na verdade, os aspectos da vida em que você receberá as maiores verdades intuitivas sempre farão parte da sua missão.

INTUIÇÃO: LINGUAGEM DO CORPO

O fato comum a todas essas descrições é que a intuição opera através dos sentimentos e desejos num nível psicofísico. O conhecimento compartilhado ocorre por intermédio de sensações, desejos, emoções e sentimentos.

Como analisamos nos capítulos anteriores, para cultivar sua intuição você tem de confiar no seu corpo como o lugar que contém esse tipo especial de conhecimento interior. A missão e a intuição parecerão navios passando um pelo outro durante a noite da sua ligação interior, falhando em alcançar o seu eu consciente. É imperativo então arriscar apegar-se ao único recurso que pode iluminar e revelar seus desejos num nível consciente.

Usar a intuição é como "subir" numa árvore. Mas é ela que dá os frutos! O verdadeiro risco é ignorar a intuição. Use-a e descobrirá a árvore certa e exatamente a fruta que você quer.

INTUIÇÃO: QUEM A ADOTA

A intuição é bastante semelhante ao sexo: trata-se de um fator importante da vida; no entanto, as pessoas relutam em falar sobre isso. Por que mantê-la em segredo? A intuição tem sido analisada por pessoas em todos os caminhos da vida, em todos os séculos. É uma qualidade única da humanidade e um dos nossos dons mais importantes.

Laurence Loewy, a filha do desenhista Raymond Loewy, relatou a um entrevistador que assim que o pai dela acabou de idealizar o automóvel Studebaker, ele desligou as luzes, colocou música de *jazz* no fonógrafo e passou as mãos sobre o modelo de argila. Ele queria que a sensação e a intuição dessem a palavra final sobre o desenho do carro. Regularmente, Einstein usava sua intuição antes de conferir os resultados com o lado lógico do seu cérebro. O general Patton também consultava sua intuição antes de tomar decisões críticas de campanha na II Guerra Mundial. E o executivo de uma firma do centro-oeste criou um centro de cuidados diários aos trabalhadores em sua empresa porque "imaginou" que isso ajudaria a aumentar a produtividade dos trabalhadores. (Auto-evidente, você diria? Quantas empresas ainda não têm a proteção diária nos anos 90?)

Mas não precisamos de pessoas famosas para confirmar a existência da intuição. Em cada curso que dou sobre criatividade, os participantes contam histórias fascinantes sobre os modos como usaram sua intuição nos negócios, em casa, nas viagens, nos relacionamentos e em virtualmente cada situação da vida humana. A intuição é o seu anjo da guarda.

O PAPEL DUAL DA INTUIÇÃO

A intuição é poderosa porque serve a uma função dupla. Ela contribui para a sabedoria interior *e* prova que existe uma ligação entre nós e o conhecimento universal. Quem não gosta de uma barganha? Ao entrar em contato com a intuição, você recebe um retorno duplo em seu investimento: *o conhecimento coletivo tornado particular* para a sua situação. O caso seguinte lhe mostrará como é notável o funcionamento desse negócio de duas pessoas terem a mesma intuição:

A Nossa Steinwald

Fiz uma viagem à Europa com minha amiga Sue e a mãe dela, Eunice. O desejo de Eunice era localizar o lugar onde seu irmão Dane havia sido morto na II Guerra Mundial. Embora ele tivesse sido enterrado em Epinal, que fica a oeste da Alsácia, Eunice achava que Dane havia morrido em algum ponto do leste, perto de Colmar. Ela só conhecia o nome da floresta: Steinwald, onde aconteceu a batalha que tirou a vida dele. (A Alsácia é uma área da França onde, até 1918, a língua dominante havia sido o alemão.)

Quando visitamos o túmulo de Dane no cemitério dos Estados Unidos, pesquisei os registros das batalhas; contudo, só consegui encontrar alguns nomes de cidades alsacianas pelas quais Dane poderia ter passado durante a campanha. Eunice falava sobre uma área ao redor de Colmar, mas isso não me parecia correto. De alguma forma, eu sentia que tinha de ser mais para o norte, perto de Estrasburgo, próximo ao Reno. Havíamos acabado de passar por esse setor no caminho para o sul e recordo-me de ter experimentado uma sensação esquisita no estômago quando vi uma placa sinalizando a cidade alsaciana de Gambsheim. Não lhe dei maior atenção. Não pudemos encontrar a Steinwald Forest perto de Colmar, e todas as buscas foram em vão.

Dirigimo-nos de volta para o norte na direção de Estrasburgo, confortados pelo fato de Eunice ao menos ter visto o túmulo de Dane. Eu ainda sentia que Steinwald Forest ficava numa área ao norte de Estrasburgo, porém, como o tempo de voltar para o aeroporto de Frankfurt estava se esgotando, as chances de comprovarmos esse palpite pareciam mínimas. No entanto, minha sensação de que estávamos perto de Steinwald persistia mesmo que não houvesse evidência dessa floresta, nem mesmo nos detalhados mapas da área de Estrasburgo. Eu estava me baseando na pura intuição.

Havia tempo somente para visitar uma das três cidades alsacianas. Eu não tinha prova de que a minha escolha seria correta, mas fui orientada a pegar a que me pareceu certa: Gambsheim. Então dei os nomes a Eunice e pedi que escolhesse. "Gambsheim", ela disse sem hesitação. Eu sabia que essa cidade de nome engraçado era a certa. Nesse momento me lembrei da sensação que tive quando vira a placa alguns dias antes.

Quando nos aproximávamos de Gambsheim, olhei de soslaio para um punhado de árvores e senti a pele dos braços ficar arrepiada. Passamos pela cidade somente para descobrir que era hora de almoço: as ruas estavam desertas. (Na França, o horário de almoço vai do meio-dia até as três da tarde.) Eu não pretendia bater na casa de ninguém e perturbar as pessoas. Talvez houvesse alguém na rua — algum velho que tivesse sobrevivido à guerra e fosse um nativo que falasse o alemão. De repente, quando viramos uma esquina, vi um velho vestido de preto, descansando. "Pare o carro", gritei. "Será que o cavalheiro teria ouvido falar sobre uma floresta chamada Steinwald?" "Unser Steinwald!", ele disse em alemão ("A nossa floresta Steinwald"). Fiquei muito contente e Eunice engoliu em seco no assento de trás ao ouvir a tão longamente esperada palavra.

Depois de obtermos informações sobre a direção a tomar, fomos diretamente para a floresta, afastada da estrada, e olhamos em silêncio para o caleidoscópio de árvores, agora tão tranqüilas e resplandecentes com as cores do outono. Durante a meia hora seguinte, Eunice andou pela floresta, observando o lugar onde o irmão passara suas últimas horas de vida. Foi um momento de tristeza e, no entanto, de intensa satisfação. Sua busca havia sido bem-sucedida. Posteriormente, examinei o guia Michelin para a área e localizei um minúsculo borrão verde, nada mais do que um oitavo de polegada, exatamente do lado de fora de Gambsheim. Minúsculo demais para ter um nome. No entanto, era "Unser Steinwald".

Gambsheim ficaria na minha memória para sempre como uma evidência da nossa intuição, da de Eunice e minha e como essa intuição foi forte! De onde provinha o conhecimento que partilhávamos? Da sabedoria universal, o mesmo repositório coletivo onda toda informação disponível está registrada.

BLOQUEIOS À SUA INTUIÇÃO

A pressão que a nossa sociedade exerce para que nos conformemos com a lógica e com os fatos é enorme. Por essa razão, a intuição muitas vezes fica encoberta. Não é de admirar, então, que você relute em usá-la.

Identifiquei alguns bloqueios comuns que contribuem para o pouco uso da intuição:

- Desconfiança.
- Dificuldade com a auto-aceitação.
- Medo da intuição.
- Necessidade de controle.
- Ceder à pressão dos outros.

DESCONFIANÇA

Há algo de desagradável quanto à intuição, mesmo para os que a usam. Imagine um treinador dizendo: "Smith, você 'marca' Jones. Tenho a intuição de que você pode ganhar o jogo para nós." Contudo, em seus livros e memórias, quase todas as figuras do mundo do esporte admitem ter confiado bastante na intuição. A palavra em si mesma é problemática. "Palpite" ou "bom pressentimento" são palavras mais apropriadas e aceitáveis para a mesma coisa. Imagine o general Patton, que estudou Napoleão e os gregos extensivamente, usando a palavra *intuição* ao impelir seus homens para a batalha (embora, como mencionei, esse fosse o modo como tomou muitas de suas decisões importantes).

Muitas pessoas também desconfiam da sua sabedoria intuitiva, por parecer muito fácil e ilusória. Tudo o que vem sem esforço é considerado suspeito. Lembro-me da frase da minha velha mestra de latim, escrita na lousa: *Ad astra per aspera!* (Às estrelas, apesar das dificuldades.) Era como um aviso para a classe: Cuidado, nada vem facilmente! Mas não é bem assim. A intuição vem prontamente se estivermos abertos para seus dons.

Muitos clientes não confiaram em suas percepções intuitivas porque elas se manifestaram com demasiada facilidade. Eles se sentiam mal com os expedientes que lhes surgiam como maná do céu (a não ser que fossem como Moisés no Egito). Além disso eles argumentaram: se confiassem na intuição, isso daria resultados evidentes? Pessoas demais optam pelo "fator seguro" da lógica em vez de pela visão maior da intuição. Um pássaro na mão vale mais do que dois voando.

DIFICULDADE COM A AUTO-ACEITAÇÃO

Como a intuição pode dar errado? Só quando você não confia na mensagem dela. A intuição é uma parte de você. Todas essas crenças sobre inadequação reforçam uma desconfiança nas mensagens interiores. Os resultados são predizíveis: "Por que eu desejaria consultar a mim mesmo? Acho que não vale a pena. Eu não tenho o conhecimento; é impossível que eu conheça os fatos. O melhor é ficar com o que é certo, como 2 + 2 = 4."

Ao considerar os dois aspectos — desconfiança do eu e processo intuitivo juntos —, você cria uma maravilhosa peça de resistência.

MEDO DA INTUIÇÃO

Talvez você tenha a tendência de usar sua intuição até certo ponto, mas quando começa a ver onde os fatos o estão levando, você pára. Lembrei-me de uma poesia de Schiller sobre o véu de Ísis, por trás do qual se ocultava a verdade: uma criada entra correndo, ergue o véu, vê a verdade e morre. (Um tema semelhante na poesia romântica narra a morte da pessoa que vê a beleza pura.)

O mesmo tipo de medo existe com relação à intuição. Observei que os clientes ficam inquietos quando começam a consultar intimamente sua intuição. Quando ouvem a voz intuitiva sobre assuntos relativos à Missão da Vida, eles obtêm informações que com freqüência negaram ou ignoraram antes.

Por não ouvir a sua intuição, você pode se enganar achando que carece de informação. Esse tipo de raciocínio se transforma num círculo vicioso, porque o medo de ouvir a verdade se acumula com o fato de evitá-la.

Muitas pessoas também ficam paralisadas com o pensamento de desenvolver seus poderes interiores. Se você souber que dispõe de força, terá de usá-la.

Você não perde por seguir a sua intuição! Visto que ela é parte integral de você, não pode ser usada contra você. Unicamente a sua interpretação da intuição pode enganá-lo. A intuição não é a criminosa — o seu medo de enfrentar a verdade sobre si mesmo é que é o problema. Por quê?

Bem, você aprenderá sobre o bem e o mal (a intuição não faz julgamentos). Você verá suas auto-ilusões, compromissos de relacionamentos, empregos e parceiros e, naturalmente, virá a conhecer os seus talentos de modo mais honesto. Quaisquer contradições, discrepâncias e desonestidades presentes em você se tornarão brilhantemente evidentes quando a intuição iluminar o seu caminho.

A iluminação resultante (literalmente, mais luz sobre o que estava escuro para você) exigirá uma resposta, e essa é a parte que desperta o medo.

A NECESSIDADE DE CONTROLE

Apegar-se a um único modo de fazer as coisas ou às soluções de apenas uma resposta pode ser um hábito difícil de abandonar. A necessidade de estar no controle é um dos vícios mais poderosos na sociedade. Se você é uma pessoa que vê as coisas em termos de certo ou errado, de um modo ou de outro (os Analistas fazem isso com freqüência) você terá medo da sua intuição e tenderá a retrair-se diante da sua natureza aparentemente ambígua. Quando você usa a lógica, evita a escolha, pois a lógica tem de atuar de um modo mental unilateral. Mas a lógica não dá informação sobre o que você quer ou sobre o que deseja, porque não lida com sentimentos. Se você gastou US 40,000 para obter um diploma de economia, e de fato você nunca gostou da matéria, qual a lógica de continuar trabalhando nisso?

Como meu pai costumava dizer: “Posso não estar sempre certo, mas nunca estou errado.” Quando você se compromete com a sua intuição, na verdade afrouxa o controle (e a dependência da lógica), submetendo-se às forças que estão *dentro* de você. Você dança na crista do seu próprio poder para realizar seus desejos.

O Vislumbre de Laura

Laura é uma mulher jovem, enérgica, de olhos azuis penetrantes. Finalmente, conseguira um emprego numa firma. Embora tivesse um diploma com mérito em jornalismo, não conseguiu o emprego que desejava num jornal e se candidatou a uma posição de assistente administrativa num campo não relacionado com o jornalismo. Ela se sentiu derrotada quase desde o começo e abandonou seus sonhos de ser jornalista.

No início, Laura não acreditou no meu aviso de que a intuição pode ser um instrumento valioso para descobrir o que a pessoa ama — e para aprender como fazer isso se manifestar na vida.

A meu pedido, ela comparou dois projetos que havia completado recentemente — um que dera certo e outro que fracassara. (Não mencionei meu programa de trabalho secreto sobre o diferente papel que a intuição representou nesses projetos.) Ela comparou "escrevendo um artigo para uma revista" com "arranjado um emprego". Pedi-lhe que explicasse o processo que havia usado para cada projeto.

Para conseguir o emprego de assistente administrativa, Laura relatou, num tom desgostoso, que havia ido de agência em agência, de jornal em jornal, procurando exaustivamente por qualquer coisa que lhe pagasse o suficiente. Afinal, depois de três meses conseguiu o emprego. Para obter o emprego — ela raciocinou —, é exigida uma seqüência rígida. Se telefonasse a um número X de agências num tempo Y, provavelmente teria encontrado uma colocação. Laura assumiu um meticuloso controle, pois "sabia" que esse era o único meio de se conseguir um emprego num mercado rígido de trabalho.

Por outro lado, quanto ao artigo que projetara, ela foi incapaz de identificar qualquer das diretrizes estritas que havia empregado. Na verdade, enquanto lia o seu processo para mim (num tom excitado de voz), ela descreveu como, durante a meditação, havia "tido um vislumbre" da revista à qual deveria entregar seu artigo, até mesmo obtendo informação sobre o formato e a medida que ele deveria ter. Ela telefonou ao editor dessa revista e foi empregada de imediato para escrever o artigo. Laura não precisou telefonar a dezenas de revistas.

A diferença entre o sucesso dos dois processos depende do seu método. Conseguir que publicassem o artigo foi muito mais fácil porque a intuição lhe dera um conselho — e Laura estava pronta a aceitá-lo. Ela terminou o artigo com facilidade. Nada de preocupações. Não precisou se esforçar. Em vez disso, deixou que a intuição assumisse o controle, espaço e oportunidade, providenciando o meio e os instrumentos. Com a procura de emprego, Laura determinara cada passo do caminho e estabelecera um trajeto rígido. E, céus, ela conseguiu!

A ironia da situação foi que usou "o modo lógico" para conseguir algo que não queria!

Um benefício adicional: sabemos que a intuição nos ajuda mais quando estamos lidando com o desejo do nosso coração! Não foi por acaso que Laura *preferiu* escrever o artigo a procurar por um emprego insatisfatório que pagasse mal. O sucesso do artigo de Laura na revista fez com que ela reconsiderasse o seu gosto pelo jornalismo e tivesse a coragem de determinar exatamente a direção que queria assumir nesse campo. Apressadamente, ela começou a trabalhar num segundo artigo e, com certeza, deixou que a intuição tomasse conta no futuro.

COMO ACEITAR A PRESSÃO DO GRUPO

A amigável intuição pode ceder ao teste da pressão do grupo. Numa experiência, cinco pessoas foram colocadas num quarto escuro e lhes mostraram *slides* de quatro colunas coloridas de vários comprimentos. O objetivo era que determinassem qual coluna era a mais comprida. Em primeiro lugar, as quatro colunas eram obviamente muito diferentes no comprimento, e todas as pessoas concordaram quanto à resposta correta. Mas à medida que a experiência progredia, as colunas foram se tornando cada vez mais semelhantes no comprimento.

Quatro dos cinco participantes combinaram a respeito das respostas que deveriam dar. Quando eles deram as primeiras respostas — obviamente erradas —, o participante que de nada sabia hesitava, mas ficava com sua própria resposta. Depois disso, os quatro mancomunados sempre concordavam sobre a resposta "correta". Logo o desavisado participante mudou de opinião para concordar com a resposta dos outros. Ele não confiou no próprio julgamento! Qual a oportunidade que sua intuição teria em situações em que fosse desafiada contra a razão? A intuição é um fenômeno solitário: você tem de ignorar os gritos da multidão e ouvir unicamente a sua voz interior.

CINCO MANEIRAS DE ENTRAR EM CONTATO COM A SUA INTUIÇÃO

Use estes cinco modos de entrar em contato com a sua intuição:

1. Pratique diariamente.
2. Observe-se bastante.
3. Confie na sua intuição.
4. Estabeleça ligações entre os fatos.
5. Ouça a sua intuição.

Pratique diariamente. Para sintonizar-se perfeitamente com a sua intuição, você precisa exercitá-la. Realize várias sessões rápidas, bem como sessões mais longas, mais estruturadas. Da próxima vez em que o telefone tocar, tente adivinhar quem é ou antecipar a natureza do assunto do telefonema. Magia? Não, isso é intuição: simplesmente saber um pouco mais sobre os fatos, além dos fatos. Tome notas sobre o que interessa. Digamos que se trate de comprar um carro. Quando sair para fazer a compra, sua intuição estará mais bem informada para ajudá-lo a se decidir, visto que você se preparou. A sua intuição sempre parece ser melhor quando você faz o seu "dever de casa".

Adivinhe o que as pessoas vão dizer quando elas forem falar. Algumas vezes você será capaz de predizer palavras isoladas. Peça a alguém que abra uma revista em que haja uma figura e, sem olhar para ela, tente descrever o que há nessa figura. Mantenha um registro das suas respostas. Pense em alguém de quem gostaria de ter notícias e aguarde para ver se essa pessoa entra em contato com você. Pergunte à pessoa como ele/ela veio a pensar em você.

Você também pode identificar os objetos contidos numa caixa. Use sentimentos, palavras ou associações que lhe vierem à cabeça como sugestões. "Dedos roliços" — gritou Edith, participante de um curso

—, enquanto olhava fixamente para a caixa. Sentiu que o objeto devia ser algo para alguém com dedos roliços. Uma pequena peça de joalheria veio-lhe à mente. Ela conhecia apenas uma pessoa com dedos roliços. E essa pessoa usava um tipo muito especial de anel. Edith adivinhou: "anel". De fato, o objeto era um anel.

Siga os seus palpites, particularmente quando eles são "ilógicos", mas persistentes.

Observe-se bastante. A intuição surge de uma habilidade de interpretar informação interior e exterior. Na verdade, o único modo de intuir é ficar sintonizado. Você terá de devotar atenção pura ao que está sentindo e desejando. Pergunte aos outros como usam a intuição e quando ela funciona. Imagine-se usando esta frase como uma saudação numa festa: "Olá, como vai a sua intuição?"

Observe como você descobre os fatos e mantenha um diário. Marque um ponto para si mesmo sempre que perceber algo corretamente. Quando os fatos não acontecerem como imaginou que aconteceriam, identifique a fonte da confusão. Será que alguma exigência do ego ou alguma força mental atrapalhou? Leia sobre como as pessoas usam a intuição e veja os resultados que obtiveram.

Confie no fato de que a sua intuição provém da sua sabedoria interior. Sua informação diária vem de percepções individuais, da conscientização e dos campos visual e aural. Em resumo, ela provém daquilo a que você dá atenção imediata. Duas pessoas podem ter visões diferentes de um fato porque cada uma se atém à própria perspectiva — que é limitada. A intuição transcende as limitações pessoais e entra em contato com a fonte universal da verdade.

Todos conhecem pessoas que aceitaram um emprego embora sentissem no íntimo que ele não era adequado. Acaso esse emprego alguma vez deu certo? É duvidoso. O que fez você escolher este livro? Você teve a sensação de que ele lhe faria bem. (Minha intuição me diz que você está certo.)

Se houver discrepância entre o que a sua intuição lhe diz e o que você considera lógico, convém levar em conta os seus sentimentos mesmo que os fatos para apoiá-los não sejam evidentes. Primeiro, trabalhe com assunto de pouco risco. Não comece usando a sua intuição para investir toda a sua fortuna num determinado lote de mercadorias ou para pedir demissão do emprego.

O Sexto Sentido de Sandy

Sandy, mãe solteira com dois filhos, acordou certa manhã com um impulso inexplicável de parar na metade do caminho para a cidade para tomar um café antes de ir ao trabalho. "Mas você habitualmente pratica *jogging*", ela protestou consigo mesma. No entanto, esse impulso não a abandonava. Ela sabia que havia um motivo, embora no momento não conseguisse descobrir qual era. Assim, deixou de ir a pé com passos lentos (*jogging*) e foi com seu Mazda da moda até um bar de que gostava muito perto do mar. Enquanto tomava seu *cappucino* e escrevia uma carta para sua mãe, tentou imaginar por que viera. Ela sabia que não fora de fato para tomar café ou para se comunicar com sua mãe. Mas por que estaria ali?

Exatamente nesse momento, um Dodge entrou na área do estacionamento. "Puxa, igualzinho ao que eu pretendia comprar para mim e para os meninos", pensou. Quando o motorista virou o furgão para ocupar a vaga, Sandy pôde ver a placa "Vende-se" colada na janela. Ela saiu e examinou o veículo. Estava completamente equipado para *camping*, com banheiro, pia, geladeira, televisão e três camas, exatamente o que sempre quisera. Sandy perguntou o preço ao proprietário. "Na verdade", ele deu de ombros, "eu não pensei numa venda. Estou de fato procurando um carro pequeno para troca: um Mazda ou algo parecido — talvez com uns dez anos."

"Está feito, tenho o Mazda que está procurando!", Sandy exclamou. Em uma hora o negócio estava feito. "Então não foi mesmo o *cappucino*!", ela me contou. "Foi a minha intuição que me avisou para ir até lá. Agora eu sei que quando ela se manifesta, não devo perguntar por quê. Apenas devo segui-la!"

Estabeleça as ligações entre os fatos. Observe as ocasiões em que liga duas coisas acidental ou coincidentemente. Por exemplo: quantas vezes você pensa em alguém e essa pessoa ressurge na sua vida? Um amigo se recordou de pelo menos dez ocorrências "acidentais" em três dias, inclusive um telefonema de alguém em que estava justamente pensando, e com quem não falava há dois anos. E o que me diz sobre aquela nova palavra que acabou de aprender e que aparece outra vez mais tarde naquele mesmo dia?

A intuição põe você em contato com o conhecimento que é puro, livre de restrições, e muitas vezes compartilhado por mais de uma pessoa num dado momento. É por isso que Eunice e eu chegamos a Gambsheim! Estávamos ligadas à nossa fonte mútua.

Ouça a sua intuição. Aprofunde-se interiormente num lugar onde só você possa falar consigo mesmo. Se prestar atenção, verá que a intuição é a sua alma gêmea, seu guia e conselheiro. O que você realmente precisa ser na sua vida? Como usa esse seu dom? A intuição o orientará delicadamente. Se você se desprender dos "deveria", dos "tenho de", a intuição pode até ajudá-lo a se esquecer do jeito "razoável" de ser. Tenho de salientar outra vez que a maioria das pessoas fica oprimida, não pelo que a intuição lhes diz, mas pela perspectiva de ter de segui-la até o fim!

Ouça a si mesmo da maneira como ouviria alguém a quem ama. Deixe que essa voz implore, suplique, motive, persuada e o estimule de outras maneiras, e que faça você jogar fora qualquer carga de culpa e de medo — e obedeça à sua própria voz. Seja o seu próprio flautista e dance com a sua própria melodia intuitiva. A intuição é aquele parceiro vital, generoso e necessário que todos temos o dever de contatar. Conceda-se o luxo de encontrá-lo!

Lembra-se de Laura e do modo como ela usou a intuição para conseguir que seu artigo fosse aceito pela revista? Como Laura ainda não tinha os recursos financeiros para sair do emprego, eu lhe sugeri que usasse a intuição para o próximo passo a ser dado. Pouco tempo depois, ela começou a publicar um jornal interno para a sua firma. Não demorou muito para o seu talento ser reconhecido e, finalmente, ela se tornou a editora em tempo integral do jornal da empresa.

Floresça onde você estiver plantado. Em férias recentes de Natal, fiz um visita a um amigo que se recuperava de uma operação grave. Certa tarde, fomos fazer compras numa loja que ficava numa alameda, e quando descíamos os degraus de concreto de um velho estacionamento, notei uma planta florindo, saindo de uma fenda no pavimento.

Não havia vegetação à vista; contudo, essa frágil plantinha havia descoberto um lugar para florescer onde havia sido plantada.

Não importa onde você esteja, não há nenhum lugar demasiado inóspito, não existe lugar sem uma possibilidade de crescimento e de floração. A planta floresceria melhor num campo em meio a outras de sua espécie, no local em que "deveria" estar? Para a planta, esse problema é de fato irrelevante! Ela apenas fez o que fez naturalmente: cresceu! Não havia outra escolha. Aprenda com o exemplo da natureza.

"Florescer onde estiver plantado" significa que você deve tirar vantagem do lugar em que está, mesmo que o seu objetivo seja florescer em outro lugar. Significa aceitar o lugar em que você está num dado momento, mesmo que os seus planos prevejam outra coisa no futuro.

Para tirar o máximo proveito de qualquer circunstância, situação ou lugar em que esteja, sua tarefa, como a da planta, é lançar raízes e florescer. Como disse o poeta Goethe: "Manifeste-se conforme a lei sob a qual nasceu." E essa lei é o mapa da sua alma para você, a sua missão.

Floresça onde estiver plantado. Fazer as pazes com a situação em que se encontra no momento não resulta apenas de algum tipo de atitude complacente ou fatalista, como "oh, bem, já que estou metido nisso, bem que posso gostar". Não! Isso vem do desejo genuíno de seguir a intenção da sua alma, esteja onde estiver, usando o que for necessário. Manifestar uma missão requer entrar num relacionamento muito especial, como num casamento, no qual você jura ficar com seu amado na doença e na saúde, para o melhor e para o pior, até que a morte os separe. Todos somos responsáveis pelas nossas ações: devemos aceitar o crédito total pelo bem que manifestamos e pelos enganos que cometemos. Os fatos ocorrem por um motivo, com o qual temos de aprender e que temos de entender. As circunstâncias não estão fora do nosso controle — ainda temos a oportunidade de aceitar ou não algo que cruze o nosso caminho. Ao contrário da planta, você tem a opção de se mudar para outro lugar. Contudo, como a planta, terá de fazer o melhor no lugar em que está agora. E esse é o dilema que perturba muitas pessoas: como continuar cumprindo uma missão identificada no aqui e agora?

Nem todos terão bloqueios a impedi-los de seguir adiante com suas missões. Mas para muitos, a descoberta de uma missão pode iniciar — e muitas vezes o faz — uma fase desafiadora em que têm de aprender a responder ao que acabaram de descobrir. É como desembrulhar um presente encantador, ou abraçar uma pessoa desconhecida, um bebê, ou ter um relacionamento. Você tem algo que não existia antes. Esse algo exige coisas. Agora você tem de dedicar-lhe tempo, atenção e espaço para que se alimente e cresça.

Muitas pessoas são afetadas por condições econômicas adversas: um cliente que não podia se mudar porque os benefícios da saúde pública seriam cortados para sua esposa com câncer de mama, ou uma família atrapalhada por causa de uma casa que não conseguia vender. Outras pessoas estão no lugar em que querem estar; todavia, têm dificuldade para cumprir sua missão por causa de problemas reais, como netos que vêm morar junto exatamente quando os avós pensavam em se mudar para um apartamento menor.

Seja qual for a causa, o resultado é que algumas pessoas têm de ficar por mais tempo num lugar, ou têm de fazer um intervalo mais longo entre as mudanças. Outras estão perturbadas com pensamentos enganosos, emoções baseadas no medo, ou dispersão de energia. A missão, tão clara na mente, fica bloqueada.

Quando "o relógio parece parar", é mais fácil expressar sua missão com a ajuda da intuição. Use as cinco maneiras de contatar a sua intuição para ajudá-lo a desbloquear o seu progresso rumo ao cumprimento da sua missão.

Assim como com o sinal "renda-se", a intuição lhe dirá quando ir para a frente e quando é bom esperar alguns momentos. Mas cuide de seguir na hora certa. Renda-se ao seu amigo fiel: a intuição.

TERCEIRA PARTE

14

Missão Cumprida

Ser simples é um dom,
Ser livre é um dom
É o dom de chegar onde devemos.
E quando nos encontrarmos no lugar certo,
Será o vale do amor e do deleite.
— Hino *shaker*

Este livro começa e termina com dádivas. Elas são de fato muito simples. Você não precisa escrever uma tese de doutorado ou pintar a Capela Sistina para provar que as recebeu. Veja os exemplos de Martha, que queria embelezar o ambiente; de Gene, que queria ser fazendeiro; de Dan, que descobriu seu gosto de proteger gente jovem. Coisas comuns, tanto que você deve estar admirado do motivo de tanta celeuma. O que há de extraordinário neles é que responderam ao seu chamado. Eles "chegaram onde deviam chegar".

Você chegará ao "vale do amor e do deleite" que os *shakers* cantam se mantiver estas idéias simples na mente:

Todos recebem um dom.
Você também tem um, e é especial.
O seu dom está dentro de você.

Você é responsável por descobrir qual é.
Aceite plenamente o seu dom.
Dê esse seu dom particular ao mundo.
Use o seu dom e "chegará onde deve chegar".
Continue desenvolvendo a sua missão.
Aceite o lugar em que estiver em dado momento.

O âmago da sua missão é esse simples dom que você recebe e compartilha. É o seu farol, a sua âncora, o seu caminho. É para isso que você nasceu.

Se você ainda não "descobriu o seu lugar certo", crie ânimo. Se sair em busca dessa descoberta, chegará à sua missão tão seguro quanto as pessoas mencionadas neste livro. Você aprenderá então que o seu chamado é um processo contínuo. O modo como o expressará pode diferir de estágio para estágio na sua vida, mas sempre haverá novas dimensões e novos conhecimentos intuitivos. Contudo, o tema da sua vida será constantemente seu companheiro e apoio através de toda e qualquer mudança.

Estar disposto a fazer o que é necessário representa o primeiro passo. Ninguém pode descobrir qual é a sua Missão de Vida e aceitar esse desafio, exceto você. Os amigos podem dar conselhos, o parceiro oferecer encorajamento, mas a decisão final é sua. Se tomar essa decisão por outros motivos além dos seus próprios, você estará confessando que o programa de trabalho dos outros é mais importante do que o seu. Há uma diferença entre levar algo em conta e fazer algo por conta de alguém. É preciso conhecer e entender essa diferença.

Se acha que negligenciou a sua Missão de Vida até agora, tenha ânimo! Ao escolher este livro, talvez você estivesse passando por um momento de confusão, por uma sensação de estar "fora da trilha". O paradoxo é que você nunca está "fora da trilha"! Quando os seus pulmões se contraem, demora para você poder expandi-los. Esta é uma simples lei da natureza. Assim, a contração sempre precede a expansão. Sua missão lhe dará o poder de inspirar a si mesmo e aos outros. Ela lhe permitirá inspirar (na verdade, inspirar significa respirar para dentro) e sentir a expansão.

Vejamos um exemplo, o de Elizabeth. Ela é uma mulher que enfrentou o desafio e está vivendo a própria missão. Veja como ela lidou com seus exercícios e tarefas, como lidou com os medos e o mal-estar, como continuou em frente, apesar da resistência dos outros, e como superou pensamentos negativos. Analise o MP dela e o modo como expressou seus objetivos.

Elizabeth: De Frustrada a Irmã

Elizabeth, uma mulher magra de 54 anos, cabelos grisalhos, era Chefe de Divisão de uma firma de pesquisa de computadores. Ela caracterizou seu dilema da seguinte maneira: "Eu estava almoçando com um colega no refeitório dos executivos, de onde se podia ver toda a cidade. Eu tinha tudo o que queria, mas sentia um vazio interior."

Elizabeth fizera ao menos meia dúzia de testes profissionais (ela era uma Estabilizadora, com alguns traços secundários de Analista), mas não se sentia nem um pouco mais segura com os resultados. Esgotada e infeliz na cidade em que morava, estava desesperada porque tinha medo e, portanto, resistia à mudança. Ela pensava que um novo emprego nunca lhe daria o salário que estava recebendo no momento. Se mudasse de cidade, isso atrapalharia o trabalho do seu parceiro.

Elizabeth analisou seus interesses, seu passado, suas necessidades, e trabalhou intensamente com seus desejos. Ela manteve um volumoso diário, escreveu sobre seu passado e entrou em contato com seus pensamentos. Compreendeu que sua missão sempre a levara a lidar com coisas tranqüilas que aproximavam as pessoas. Palavras e frases como "grande banda tocando no lago", "versões na fazenda", e "fotografias de família" sempre eram mencionadas no seu diário. Ela ainda sentia atração pela tecnologia, mas agora ela lhe parecia estar a serviço das comunicações.

Sua esperança maior era mudar para perto da irmã, em Illinois. Essa sua necessidade de um porto seguro, de intimidade com a comunidade onde havia crescido e de um vínculo mais profundo com a irmã era quase mais forte do que seu amor pela carreira. (E era uma característica do MP dela!) Assim que percebeu que essas necessidades eram corretas, pôde afirmá-las e torná-las verdadeiras.

Para uma Estabilizadora, qualquer mudança cria ansiedade e tem de ser cuidadosamente preparada. Um emprego em que ela mesma fosse o patrão mostrou ser uma opção inviável para Elizabeth, porque ela precisava de segurança. Como se não bastasse, ela e seu parceiro não conseguiram vender a casa devido à lentidão do mercado imobiliário.

Então Elizabeth tomou mais algumas atitudes novas. Decidiu, em primeiro lugar, desapegar-se da casa que a acorrentava à cidade onde presentemente estava trabalhando. Em seguida, identificou as mudanças que queria fazer. Queria trabalhar para uma firma que manufaturasse produtos que incentivassem a comunicação, numa atmosfera menos exigente e cansativa do que a do seu atual emprego.

Elizabeth foi capaz de sentir, de saborear, de experimentar e de cheirar o lugar que queria. De repente, aconteceu um número surpreendente fatos: (1) ela recebeu uma proposta de emprego de uma óptica numa cidade perto de sua mãe; (2) embora não houvesse opções no mercado de imóveis, a casa vizinha à da sua irmã foi posta para alugar; (3) foi possível ela aceitar a oferta de emprego sem gastos financeiros desnessários; (4) de repente, a casa de Elizabeth foi vendida; e (5) seu parceiro foi capaz de continuar sua carreira na nova localidade.

Tudo o que foi descrito acima aconteceu no espaço *de um mês*! O trabalho na óptica reacendeu o gosto de Elizabeth pela fotografia. Ela logo montou um pequeno negócio como fotógrafa, e em apenas três anos expandiu-o num negócio de tempo integral com seu parceiro.

Dentro de três meses, Elizabeth passou do desespero de nunca ter o que queria para um magnífico resultado de realização dos seus desejos. Ela jamais deixou de tentar realizar seus desejos, apesar de repetidas dúvidas e temores. Ela confiou em sua sabedoria interior e na orientação dessa sabedoria. Foi uma satisfação ver o rosto de Elizabeth quando recebeu a notícia da sua transferência. Embora eu ficasse triste por ter de lhe dizer adeus, sabia que ela partia na direção certa.

DESCULPE, FOI ENGANO...

Para onde você se voltar, há exemplos de missões que nunca foram empreendidas, nunca foram realizadas, ou que se tornaram uma grande confusão. As tentativas de Hitler para obter (auto-)aceitação como artista é um exemplo infame que me vem à mente.

Mas você não precisa buscar exemplos entre gente famosa. Os que não deram ouvidos ao seu chamado estão por toda parte: a vizinha que não conseguiu ir além de todos esses anos de cuidados com os filhos; o seu irmão, que poderia ter alcançado as estrelas, mas preferiu ficar em solo firme para manter a tradição familiar; aquela tia excêntrica, brilhante, que ficou num emprego vulgar e se tornou assunto de conversa nas reuniões familiares; ou um amigo da escola secundária, cujos talentos eram evidentes para todos menos para ele mesmo.

Compare esses tristes exemplos com o daquelas pessoas que ficaram irradiando luz. Talvez aquela professora que inspirou você a desenvolver um talento especial, uma pessoa da sua comunidade que nunca parece parar de se agitar, ou um parente que tranqüilamente realizou seus sonhos e se tornou um exemplo para você.

UM OLHAR PARA O FUTURO

Como seria o mundo se, desde o princípio, as pessoas estivessem totalmente envolvidas na realização de um sonho que fosse só delas? Qual seria a aparência do mundo se todos estivessem realizando uma missão com paixão determinada e alegria imperturbável? Qual seria o efeito emocional, econômico e social sobre nós se as pessoas não estivessem fugindo de algo, mas rumando para a realização dos seus desejos?

Um pouco mais sobre essa questão: qual seria a aparência do mundo se *ele estivesse colhendo os frutos do seu chamado?* Tente por um momento imaginar o seu dom se espalhando pelo mundo, tente ver o seu dom sendo útil para o bem de todos. Eis aqui como eu vejo o planeta quando o seu dom (na verdade, o dom de todos nós) se tornar universal.

O planeta cantará. Você dedicará tempo, dinheiro, energia e recursos às coisas de que necessita para realizar os seus sonhos. Conhecerá as suas prioridades porque terá identificado as suas próprias necessidades.

Você confiará em suas decisões e correrá maiores riscos para defendê-las, à medida que usar a sua alma para orientar-se e a sua Fonte para proteção e conforto. Não mais terá de passar pelos movimentos de dirigir seu carro desatentamente para o trabalho no intuito de ganhar dinheiro. Em vez disso, "você descerá até onde tem de estar" para completar um compromisso específico a serviço da sua missão.

Quando você estiver vivendo a própria missão, não haverá a necessidade de agredir os outros por sentimentos de carência, não haverá a necessidade de ver o mundo em termos de "você tem o que eu quero". *Lebensraum* — novas fronteiras, expansão, exploração e descoberta de novos mundos — não se referirão à conquista de propriedades, pessoas ou terras, mas à *conquista* do *espaço dentro de si mesmo*. Você sentirá a necessidade de dar algo do seu dom em vez de invejar o que outra pessoa tiver.

Você irá aprender a atrair o bem para si em vez de se esforçar para obtê-lo. Quando começar a viver ativa e conscientemente a sua missão, sua vida será mais harmoniosa e coerente e com menos conflitos. Valores — como perseguir a última moda, adotar os costumes dos Yuppies, usar certo estilo porque é o que todo mundo faz — não importarão mais.

Visto que você é responsável pelo seu espaço e está trabalhando no seu próprio programa de trabalho, não ficará preocupado com o que os outros estão fazendo. Qualquer necessidade de fazer coisas em benefício dos outros não virá no início do processo de tomada de decisão, mas como resultado de tomar decisões. Se atender às suas próprias necessidades, você será o beneficiário derradeiro da sua escolha.

Ao sentir os efeitos da sua resposta ao seu chamado interior, você desejará passar a tocha e estimular os outros a descobrirem a sua missão.

Quando você vive cumprindo a sua missão, você tem opções e escolhas em vez de restrições e portas fechadas. Tomará decisões claras e positivas baseadas em seus desejos. Sua criatividade e fantasia se propagarão à medida que descobrir mais tempo para analisar e inventar coisas. Você passará mais tempo no desenvolvimento da sua intuição porque a verá como uma parceira necessária no processo do cumprimento da missão.

Ansiosamente, você gastará o tempo consigo mesmo, e amará a si mesmo por esse cuidado e atenção. Aceitará a sua necessidade de correr atrás dos próprios interesses, ainda que isso signifique ficar menos tempo com os outros. Fazer algo por si mesmo — digamos, num final de semana — será considerado natural, congruente e adequado, ao contrário do que ficar sentado bebendo incontáveis xícaras de café quando na verdade gostaria de estar fazendo outra coisa. Os adesivos que você vê por toda a parte: "EU PREFERIA ESTAR FAZENDO...." mudarão para "ESTOU FAZENDO O QUE EU QUERO AGORA".

Você ficará menos tempo esbanjando o dia com desculpas, mudanças de objetivos, diversões e procrastinações. Você irá diretamente ao que quer e começará a viver a partir de si mesmo em vez de através dos outros. Você assumirá riscos saudáveis e romperá velhos padrões e roteiros, porque não dependerá mais das pessoas, das coisas ou dos divertimentos para se realizar.

Você se sentirá muito mais feliz em casa porque saberá como negociar um relacionamento de acordo com a missão que está aqui para cumprir. Em vez de escolher alguém de quem se torne dependente, fará as escolhas baseadas em como os seus sonhos se realizarão. Se um relacionamento não resultar em crescimento, terá a coragem e a sabedoria de cortá-lo amorosa e rapidamente.

Você reconhecerá que relacionamentos duradouros têm de criar um ambiente propício à realização e ao crescimento e nada mais. As pessoas negociarão entre si a partir de um desejo verdadeiro, em vez de baseadas no que se imagina que devam desejar.

Paradoxalmente, agora você será capaz de responder às necessidades de pessoas queridas com mais compaixão, porque pode se desapegar de sentimentos de competição e de inveja. E modelará a vibração de viver o propósito da sua alma e de ver isso beneficiar os outros.

Eles, por sua vez, não precisarão protestar, dizendo que você está sendo egoísta e os está ignorando, porque agora eles têm um modelo de como atender às próprias necessidades. Essas pessoas reconhecerão que têm de seguir em outra direção. As pessoas ouvirão os próprios sonhos e apoiarão as paixões de seus cônjuges; e a prole e os irmãos deixarão de viver através dos outros e se tornarão eles mesmos.

Pode acrescentar algo a esta lista?

VOCÊ NÃO ESTÁ SÓ

Vamos rever o relacionamento da missão com a Fonte e o espírito. Não importa qual seja a sua situação, se tem um relacionamento, se é mãe solteira ou pai solteiro, se vive só, se está divorciado ou é viúvo, todo o seu trabalho é feito em parceria, colaboração e cooperação com a sua missão. Trata-se de um dueto. Sua missão fica com você mesmo quando as coisas ficam difíceis. Na verdade, por todo o esforço que você faz pela sua missão, é surpreendente pensar na sua resistência, lealdade e perseverança. Terá de imaginar a missão como um canal para o seu bem-estar, como o sábio observador silencioso, como o protetor dos seus bens, como a expressão dos seus talentos.

Portanto, lembre-se de que você tem uma Fonte, um apoio completo e perfeito para ajudá-lo a lutar rumo à totalidade. Cada missão cumprida o aproxima mais da sintonia e do alinhamento com essa Fonte. Basta você ouvir um coral de Bach, ver uma catedral gótica, trabalhar num computador ou admirar um poema de Emily Dickinson para compreender que a Fonte agiu na criação deles — na verdade, em todas as criações. Também está em você.

Muitos fatos do século XX nos afastaram de um sentimento de ter apoio espiritual. Tenha a certeza de que há algo além de você, bem como em você, que apóia e protege o seu ser. Você de fato é parte dessa proteção criativa e não está separado dela como num tipo de dicotomia Eu-Você.

Sua energia é uma prova do seu espírito em ação. Quando você é criativo, devolve essa energia ao universo num ciclo interminável. O divino em você é tanto uma expressão do seu próprio espírito quanto um reflexo da energia espiritual que se irradia da sua Fonte. Tanto está em você como é um reflexo seu. Esse é o paradoxo. O processo da Missão de Vida provê um intercâmbio criativo entre alma, espírito, sabedoria interior, intuição e missão, numa espiral de energia rumo à sua Fonte.

CONFIE NO SEU CAMINHO

O paradoxo continua. A sua única tarefa nesta vida é ser você mesmo. É monumental, mas é simples. Você está encarregado de interpretar o papel único que foi chamado para interpretar.

Não, isto não é egoísmo! É a coisa mais responsável que você pode fazer por si mesmo. Grande dose da infelicidade que existe no mundo é causada pelas exigências feitas aos outros em vez de se atender às próprias necessidades. Você descobrirá que, quando se dedicar ao seu papel, estará contribuindo mais para os outros, para a sociedade e também para o mundo como um todo.

LIMITE-SE A CONTINUAR

"Nada atrai tanto sucesso quanto o sucesso" é um adágio muito conhecido. Mas muitas vezes o sucesso é uma corrente de fracassos que a pessoa ousou enfrentar. Na verdade, o sucesso provém da perseverança: não se trata do tipo de perseverança que nos leva a bater a cabeça contra a parede, mas do tipo em que você tenta outra vez de outra maneira, de uma maneira criativa.

Assim como os clientes apresentados neste livro lhe mostraram, você tem de afirmar o seu caminho e de dizer sim ao que é necessário, bem como de dizer não ao que o afastaria dele.

EXERCÍCIO RIGOROSO DE HONESTIDADE PESSOAL

Nunca minta a si mesmo sobre quem você é ou sobre como deseja se expressar. O jogo sujo consigo mesmo sentencia você à prisão dentro de um estranho. Não passe a vida com alguém que você não é! Seja honesto, leal e devotado ao expressar quem você está destinado a ser. Devote-se a si mesmo, ao seu chamado e à sua missão.

NADA DE ACORDOS: FAÇA-O VOCÊ MESMO

Este livro lhe deu exercícios, sinais, apelos, advertências, encorajamento, exemplos e passos para fazê-lo confiar na missão que só você tem de executar. Mas não se preocupe! Rotule o processo com um grande NDA: NADA DE ACORDOS. Cada etapa não passa de uma pedra do mosaico no quadro maior. Como diz a canção, "*Life is just a bowl of cherries*" [A vida é apenas uma tigela de cerejas].

ACALENTE OS SEUS DESEJOS

Parte da descoberta da sua Missão de Vida é reconhecer os desejos que sente e afirma diariamente. De algum modo, as pessoas captaram a mensagem de que desejar algo é suspeito. Schiller, o grande poeta alemão do século XVIII, disse certa vez que a verdadeira liberdade resulta de concentrar-se no que se quer e fazer o que tem de ser feito. Imagine viver todos os dias sabendo que quer fazer aquilo que tem de fazer!

ESPALHE AS BOAS NOVAS

Motive os outros a seguirem o caminho deles. Encoraje-os rumo aos seus objetivos, fazendo comentários positivos e estimulantes. Lembro-me de uma cliente que identificou claramente o que queria fazer, só para ouvir o parceiro mostrar indignação e lançar farpas assim que falava sobre o assunto. O parceiro tinha um caminho na mente — o dela! A cliente nunca reconquistou a coragem de completar a missão.

Crie grupos de apoio para oferecer inspiração, troca de informações e organização de papéis. Quanto mais você começar a espalhar para os outros as boas novas de auto-realização e de conquista de plenitude pessoal, quanto mais você exemplificar esses valores na sua vida, tanto mais você adiantará a sua própria jornada — e a de todos os outros.

AME A SI MESMO

Finalmente, o meio mais simples de responder ao seu chamado é amar a si mesmo. É esse o seu dever, é para expressar esse amor que você foi criado, e é para isso que você está aqui. O maior amor por si mesmo é realizar o seu sonho, aceitar o seu caminho, cumprir a sua visão e amar o dom com que foi agraciado. Lembre-se de que você foi chamado para fazer algo que está totalmente dentro da sua capacidade, talento e interesse!

Ame o desafio que você estabeleceu para si mesmo pois, em última análise, trata-se do seu dom, do seu desafio e da sua dedicação a si mesmo. Sua missão é manifestar o amor. Adote-a como adotaria alguém a quem ama, e ela lhe devolverá esse amor com abundância e alegria.

Sua Missão de Vida é o talento e a irradiação da luz que brilha no seu interior e que tem de ser revelada. O resultado inevitável será a iluminação. Ilumine o seu caminho, aceite-o e siga-o, e a sua vida será harmoniosa, centralizada, bem-sucedida e autêntica. Confie no fato de que você é guiado e protegido durante essa jornada.

Quando você responder ao chamado da sua alma, descobrirá que ela permeará tudo o que fizer. Como disse um maçom no livro de Studs Terkel, *Working:* "A pedra é a minha vida. Durante a maior parte do tempo eu devaneio com a pedra. Oh, construirei uma cabine de pedra no Green River. Vou construir armários de pedra nas cozinhas... todos os meus sonhos, ao que parece, contêm neles um pedaço de rocha." Outro maçom chamado Michelangelo escolheu um bloco de mármore nas pedreiras perto de Florença. Quando achou o bloco que queria, imediatamente começou a entalhá-lo. "O que está fazendo?", perguntou um dos operários de uma pedreira próxima.

"Estou procurando um anjo no interior da pedra", respondeu.

Encontre o anjo dentro de você.

15

Viva a sua Missão: Alimento para a Alma

ENTRE EM CONTATO COM A SUA ALMA

Ao longo dos anos, aprendi que encontrar a nossa Missão de Vida basicamente é mais importante ainda do que a princípio eu havia pensado, porque abre o caminho para nos ligarmos com a nossa alma.

Se ouvirmos as intenções da nossa alma, todos aprenderemos por que estamos aqui, o que temos de criar e os passos necessários para chegarmos onde temos de estar. Entregar-se à orientação da alma e ao modo de viver a sua missão é estabelecer e manter uma ligação profunda entre você e a sua alma. Submeter-se a esse processo é a chave.

Alguns de vocês podem ter problemas com o conceito de alma. Eu sei que eu tinha. Vim de uma família com tradição religiosa, na qual a palavra *alma* era usada mas não era definida adequadamente. Acho que sempre imaginei que havia uma alma, porém nunca soube o que era ou deveria ser. Agora acredito que a alma é aquela parte de mim que é indestrutível, que vai para outras dimensões depois que eu morrer. Trata-se da parte de mim que não pode ser tirada. Meu espírito pode ser desafiado, enfraquecido, e minha força vital pode tornar-se débil; contudo, a alma permanece intacta.

Qual, então, é o papel da alma neste processo de Missão de Vida? A alma é a autora do seu roteiro, enquanto você é o ator nesse drama, o ator da sua missão. Descobrir qual é a sua missão é o foco principal deste livro. Depois de realizar isso, o próximo objetivo é cumprir essa missão, a intenção da sua alma quanto ao que fazer nesta vida.

Depois de compreender qual é a sua missão, cada um de vocês tem de se comunicar com a própria alma para receber orientação contínua. A alma, por sua vez, precisa de atenção, precisa da sua disposição de seguir a orientação dela, a fim de manifestar sua missão. Acima de tudo, ela necessita do seu contato e apoio constantes; precisa do que eu chamo de alimento para a alma.

O alimento da alma se refere àquele nível mais profundo do trabalho na missão que é exigido para cumpri-la. É semelhante ao processo de fazer champanhe. Na França, você tem de descer bastante para chegar aos depósitos subterrâneos dessa bebida. Lá você pode ver as 63 etapas que os taberneiros percorrem para produzir a mistura espumante.

Fabricar champanhe inclui mais do que um processo complicado de fazer vinho (ou suco de uva). Pense no processo da fabricação de vinho como análogo ao da missão — como alicerce, como trabalho de base. O processo de fazer champanhe é análogo ao domínio da alma, porque ocorre num nível subterrâneo mais profundo. Considerando que a missão é a razão de você estar aqui no plano terrestre — a sua personalidade, o seu papel, a sua melodia, o seu caminho único, o seu destino — a alma é o seu guia interior profundo dos depósitos subterrâneos, advertindo-o sobre como proceder no caminho. A alma e a missão têm de trabalhar em parceria, assim como as uvas para o champanhe nascem na superfície da terra. Sintonize-se com essa alma e você será ajudado no cumprimento da sua missão.

Porém, muitos podem achar que a alma está horrivelmente distante, muito distante.

Como a alma opera num nível tão profundo, nem sempre você ouve a sua mensagem. Estes são os tempos em que há tentações para nossa alma. Assim a sua alma pode lutar contra uma boa dose de interferência quando tenta se comunicar com você. Cobiça, medo, sentimentos de carência, violência, a luta internacional e uma hoste de outros hóspedes não-celestiais competem pela nossa alma. Se sentir que a sua missão não está avançando, como você pode aprender algo com os bloqueios, a resistência, o abandono, ou a negligência da nossa alma, e vencê-los, para abrir um canal de comunicação positivo?

Como fortalecer a ligação com essa sua parte indestrutível de você quando você está sendo agredido, ou quando não a está ouvindo? Essas agressões provocam uma contínua resposta condicionada da sua alma. Quando o eu saí da trilha, a alma fica muito quieta, retraindo-se num canto para ficar em posição segura. Ela é quase como um animalzinho quando corre o perigo de ser atacado: ele se retrai ou procura abrigo.

O que há para se fazer nesse momento de recessão da alma? Como você alimenta a alma de forma que ela não tenha de se retirar, recolher ou deixar de se envolver nos seus "negócios"? Como você encoraja a si mesmo a ouvir a alma, a prestar atenção no que ela precisa lhe dizer? Em resumo: como você a mantém alimentada, apoiada, amada? É disso que trata todo este capítulo.

PASSOS PARA ALIMENTAR A ALMA NO AQUI E AGORA, QUER VOCÊ ESTEJA AVANÇANDO, QUER ESTEJA ESTAGNADO

Expresse os seus talentos. A alma é uma entidade rica dentro de você, ela é o depósito de todos os seus talentos. Ela carrega o seu ADN, o seu carimbo individual. Você é o único que determina se irá ou não usar esses talentos. Primeiro, sua alma é realmente alimentada por qualquer expressão direta dos seus dons. Quando você faz algo que realmente ama, você age segundo o roteiro da sua alma e é então que ela se sente alimentada.

A despeito de quanto mais possa aparecer no seu programa de trabalho, estabeleça um horário ou tempo regular para fazer o seu trabalho de alma, a sua missão. Faça-o especialmente quando parecer que não há absolutamente tempo para fazê-lo.

Imagine que quer começar um relacionamento com alguém, mas você confessa a essa pessoa que tem muito pouco tempo para dedicar a esse relacionamento. O que acha que essa pessoa pensaria? O que você pensaria se alguém lhe dissesse isso? Indubitavelmente, se sentiria ferido, zangado ou deprimido. Então, tudo bem, como o seu relacionamento número Um — a sua missão — sobrevive nessas condições e com essas exigências?

Dê-nos o pão nosso de cada dia. O seu pão de cada dia é a sua missão. Quanto mais tempo você ficar ligado a algo que se relacione com ela, tanto mais sentirá o excitante sentimento que ela lhe traz, e mais você desejará saboreá-lo.

Não questione o processo da missão e não queira exigir um resultado, um poema, uma composição, ou algo palpável, por enquanto. Neste estágio, sua tarefa é dar tempo e atenção à sua missão sem questionar o resultado.

Reconheça a ligação mágica. A magia sempre implica uma ligação com a alma. Para mim, trata-se de uma sensação transcendente, mística, quando não existe diferença entre mim e o mundo à minha volta. Aprenda a reconhecer os sinais interiores que mostram que você e a sua alma estão num contato protetor. Em vez de ouvir na cabeça, monitorize os seus sentimentos. Trata-se de uma ligação que não pode ser expressa com palavras. "Quem pode explicar-lhe, quem pode dizer-lhe por quê? Os tolos lhe dão suas razões", mas, como continua a canção, "homens sábios nunca tentam". Preste a mais completa atenção ao modo como o seu corpo responde aos acontecimentos. Alguma vez você já disse sim a algo, mas descobriu depois que seu coração ficou pesado, ou você não pôde dormir devido à ansiedade? O que você faz quando a sua missão diz "sim" mas a sua cabeça diz "não"?

Sincronicidade. Observe acontecimentos que parecem transpirar magia, mas não têm uma causa lógica. Em particular, procure por uma forma de magia chamada sincronicidade — ou seja, dois acontecimentos significativos que ocorrem simultaneamente, sem terem, no entanto, nenhuma relação causal aparente.

Vejamos um exemplo. Recebi um telefonema informando-me de que uma gravação de uma das minhas composições iria ser tocada na convenção nacional de corais, a não mais de vinte minutos da minha casa. Quando fui à convenção, quem encontrei senão uma amiga da universidade que eu não via há vinte e cinco anos! Quando a vi, eu estava no meio de uma conversa sobre organizar um simpósio de mulheres compositoras. Minha amiga me mostrou uma brochura precisamente sobre esse tipo de simpósio, que ela já tinha organizado. Depois de ouvir a minha composição mais tarde naquele dia, ela me pediu para escrever uma composição para aquele simpósio. A primeira convenção, portanto, levou a outra convenção e a outros importantes contatos para minhas composições musicais.

E assim continua. Eu não podia ter programado a seqüência de eventos tão maravilhosamente bem como eles mesmos se programaram. A sincronicidade ocorreu, eu acho, porque eu havia montado o palco para que ela ocorresse. Minha devoção à música — especificamente à música coral — era um imperativo na minha mente. Os acontecimentos simplesmente se desenvolveram de uma forma mágica a meu favor!

Esteja alerta, portanto, quando se vir diante de descobertas felizes e de surpresas. Sei que os clientes estão pretendendo me contar algo quando aparecem e dizem: "Você nunca adivinhará o que aconteceu!" Tenha cuidado, todavia, com enganos, e sempre submeta seus planos a um teste de realidade depois que os esclareceu com o seu corpo.

Confiança ou conseqüência. Seja totalmente honesto consigo mesmo. Você está estabelecendo contato com algo dentro de si mesmo, que é o seu destino divino? Sua competência é interior, é o seu chamado, é o seu caminho? Ou você está fazendo um jogo sujo demais consigo mesmo?

Você pode se iludir pensando que está se comunicando com as verdadeiras necessidades da sua alma. Muitas vezes a distinção entre o esforço ilusório e alimentar a sua alma pode ser bastante sutil. Como você reconhece a diferença entre o artigo legítimo e a ilusão? Quais são alguns sintomas do esforço ilusório?

Vejamos primeiro o que significa ilusão. *Delusion* (ilusão) deriva da palavra *ludicrous* (absurdo) e denota um "conceito mental falso, que resiste à razão". É provável que você já tenha tido a experiência, por exemplo, de ter feito uma refeição e de não se sentir nem um pouco alimentado. Sim, você comeu, essa é a verdade. Mas isso não significa que foi alimentado, que a comida lhe fez bem. Pode ter sido algo gorduroso demais, ou talvez tenha sido borrifado com produtos químicos, ou simplesmente a comida estava uma droga. Você encheu o estômago, mas não se sente bem. No entanto, você nega que está mal-alimentado e continua com seus hábitos alimentares, dia após dia.

Olhe o que foi gerado com o esforço ilusório. Nós, os humanos, nos iludimos em massa; portanto, estamos bem sintonizados com esse tipo de ação e pensamento. Hitler, por exemplo, investiu magistralmente nesse raciocínio ilusório de massa prometendo um *Reich* que duraria mil anos, um carro que todos poderiam comprar e um país livre de pessoas "indesejáveis" (homossexuais, judeus, desajustados e retardados mentais).

A poluição ambiental é outra forma de ilusão. Um exemplo notório é o fato de durante anos termos podido jogar monóxido de carbono, produtos químicos e lixo na atmosfera da terra, sem questionar os efeitos que isso teria em nossa biosfera e na cadeia alimentar.

Examine qualquer de suas equações limitadoras. "Visto que sou bom para dar aulas e estou conseguindo bons resultados, devo estar fazendo a coisa certa, devo estar em contato com a minha alma." Mas faça o teste com o corpo. Se você chega em casa à noite esgotado, seus raciocínios são ilusórios (ou seja, absurdos)!

Controle a sua conexão com a energia. A conexão com a alma também é uma conexão energética. Você descobrirá que uma indescritível energia e claridade estará surgindo para você quando estiver expressando a sua missão.

Ao contrário, um esgotamento de energia é indício de que você está caminhando na direção contrária à que sua alma pretende que você vá. Você conhece os sinais: quando a sua energia está baixa, você está deprimido e diz: "Tenho de realizar isso?" — ou quando está sentindo resistência (que não é o mesmo que um bloqueio), ou se estiver agoniado quanto ao que está fazendo, ou quando tem dores de cabeça, de nuca, dores nos pés e nos ouvidos. Você *sente* tudo isso quando não está em contato com a alma.

Eis como buscar a conexão com a energia positiva da alma. Durante os próximos dias, faça tudo o que for possível para se energizar. Seu nível de energia é como uma linha num sismógrafo. Um tremor indica que há uma mudança de atividade — um aumento na energia — e essa é uma pista. Isso pode acontecer durante um par de segundos, um par de minutos, algumas horas — não há como lhe dizer quanto tempo vai durar. Mas assim que o notar, saiba que está em diálogo com a sua alma. O seu elevado nível de energia reflete o fato. Você diz: "Ah, agora posso senti-lo." E a sua criatividade e senso de bem-estar fluirão como resultado. Você está procurando sentir-se assim tanto quanto possível.

Elimine os vazamentos de energia. Sejamos realistas. A maioria de nós vive em luta constante contra o barulho, a poluição e o crime. Além disso, temos de enfrentar os efeitos nocivos da radiação eletromagnética (REM) criados pela televisão, pelas ondas de rádio, pelos equipamentos eletrônicos, pelos telefones nos carros, pelos centros de utilidade, pelos submarinos nucleares e pelas máquinas nucleares. Tudo isso ataca o nosso corpo e, assim, desgasta e fragmenta a força vital.

Para lutar contra as dores enormes de dificuldades da vida urbana, da tecnologia e da radiação eletromagnética, você tem de se cuidar muito bem, comendo direito, vivendo e pensando corretamente. Se você mora numa grande cidade, poderá refugiar-se nas montanhas ou nas cidades pequenas, onde esses campos de força são menos complicados e caóticos. (É por isso que me mudei da área urbana para uma pequena cidade.)

Você tem de parar de lutar para manter um nível de energia só para ter a possibilidade de ir trabalhar no dia seguinte, só para ser capaz de completar o horário de trabalho. Esse não é o ideal. O objetivo de alimentarmos a alma é deixá-la forte para servir ao planeta. Servir com os seus talentos únicos só será possível quando você mantiver alto o seu nível de energia.

Saia da superfície e dê um mergulho. Ser superficial significa ficar na superfície dos fatos. Você obtém poucos resultados se ficar numa zona de conforto na superfície das coisas. O trabalho com a alma é intenso, profundo, dedicado. Ouse mergulhar além da superfície para alcançar as profundezas da sua alma. Aprenda a intensificar o seu relacionamento com o cerne da sua missão e faça tudo o que tiver de fazer.

Sua missão compreende um amor central em torno do qual giram muitos amores auxiliares. É como uma família — cada membro é igual; porém, no clã, há uma figura central que exige o maior respeito. É exatamente assim que a sua alma age. Ela está em comunicação direta com todos os seus amores, e mantém você ligado aos mesmos, particularmente ao membro principal do clã. É tão fácil ser apanhado pelos amores satélites e esquecer-se do principal (como fiz por tanto tempo com a minha música). O amor principal tem de estar na sua consciência DURANTE TODO O TEMPO. Sua alma cuidará para que você se mantenha na linha; se quiser, basta pedir ajuda.

Seu principal amor vive no centro da sua alma — em outras palavras: na maior profundidade. Para entrar em contato com ele, requer-se esforço e dedicação. Se quiser mergulhar para pescar pérolas, terá de estar disposto a fazer a escalada — a escalada para a altura necessária a fim de mergulhar e atingir as profundezas onde estão as pérolas. Se não estiver disposto a subir bastante alto e mergulhar bastante fundo, você não conseguirá as pérolas.

Você tem se subir, apesar das negativas dos outros, apesar do seu medo, indo além das expectativas que as pessoas têm de você, ultrapassando as próprias limitações. Você tem de continuar firme, subindo a montanha para alcançar o ponto onde estará disposto a dar o mergulho.

Amor pela alma e a orientação dela o levarão a alturas vertiginosas, se você chegar perto da margem. Pode ser assustador. É onde se sentirá mais vulnerável. Lá em cima o ar é bastante rarefeito. *When the bough breaks, the baby will fall.* [Quando o galho quebra, o bebê cai]*. É isso que cria o medo de cair (cair?). Pode ser que você caia com o rosto para baixo. Com freqüência, parece muito mais seguro ficar na superfície — continuando superficial.

Faça as suas devoções diárias. Desenvolva uma atitude de devoção. Dedique tanto tempo quanto possível ao seu trabalho com a alma — 5 minutos, 15 minutos, 5 horas. Mas comece a fazê-lo. Você não tem tempo para evasivas. As pessoas dizem: "Você não entende; tenho de ganhar a vida!" Mas quando você compreender, a única vida possível é viver a sua missão. O primeiro dever é alimentar a alma. Sem ali-

---

* Trecho de uma canção de ninar.

mento, a alma se enfraquece e o corpo padece. Sem uma alma saudável, aquela hipoteca, aquele encontro importante ou o carro novo não parecerão tão importantes. Na verdade, nem mesmo a sua missão funciona se não tiver uma alma sadia.

Evite a fragmentação mantendo-se concentrado. Muitas vezes os clientes trabalham com uma proliferação de opções. Eles gostam de inúmeras coisas relativas à sua missão. Que passo dar primeiro? Muita gente trabalha bem em várias atividades. Alguns vão de amor para amor, passam por uma série de casos amorosos. Executar bem várias atividades, alternando-as sempre não significa necessariamente que você está cumprindo a sua missão. O tempo gasto com qualquer aspecto da sua missão tem de ter um conexão orgânica, integral com o âmago dessa missão. O truque com tantos amores é, primeiro, tornar-se um perito no próprio amor central que se espera que você demonstre — ou seja, a sua missão.

Ouça a orientação da alma dentro de você para ajudá-lo a sintonizar-se com o seu *sine qua non* — sem o que, nada mais importa no seu clã de amores. Quando tiver passado um tempo fundamental suficiente com esse amor central, você poderá manifestar outras facetas dele sem se sentir fragmentado ou culpado. (Como estou fazendo justamente agora, escrevendo. Minhas composições estão à espera da minha atenção, porém neste momento é importante que eu termine este capítulo.) Sua alma lhe dirá o que deve vir em primeiro lugar, o que vem em segundo e — o que é mais importante — o que É primeiro, e segundo. Em qualquer ocasião, você saberá quando e como dar um mergulho.

Medo de a Missão fracassar. Alguns de vocês podem ter medo de se dedicar a uma missão; visto que isso significa que terão de lidar com o fracasso ao longo do caminho. Naturalmente, o fracasso verdadeiro é deixar a sua missão no abandono.

Reformule as suas crenças. O que aconteceria se você reformulasse — ao menos, na sua mente — algumas das suas velhas afirmações sobre velhas equações? A maioria das pessoas precisa limpar o convés para suas almas com afirmações como estas: "Não terei tempo para estar com...", "Eu me recuso a voltar mais um dia para aquele emprego horroroso", ou "Não agüento passar outra noite com aqueles parentes." Se você não pode ser honesto consigo mesmo e com o modo como passa o tempo, nesse caso, na verdade, está dizendo: "Não estou preparado para passar o tempo com a minha alma!" Você terá de começar sendo honesto consigo mesmo, examinando bem tudo o que fizer. Acaso isso se relaciona com o que alimenta você?

Sei que em tempos de ansiedade e de medo surge um dilema ou até um entorpecimento. Mas essas épocas muitas vezes são úteis e produtivas. Ela nos oferecem lições. Quantos de nós poderíamos ter criado uma obra impressionante se não tivéssemos passado por uma tristeza ou depressão? Lembre-se de que o lema "sem dor não há lucro," não é o meu jogo. Mas se sentir dor, qual é a lição? Mantenha-se no rumo, porque se não o fizer não conseguirá as pérolas.

Mantenha o trabalho-chave. O trabalho-chave, tão importante para o processo da Missão de Vida, não termina quando você encontra a sua missão. Quase diariamente descubro novas verdades sobre a minha missão por meio de novas sugestões. Isso não muda a minha missão; unicamente traz maior compreensão dela, novos conhecimentos intuitivos e maior clareza.

Não deixe de observar as pistas. Todo dia recebemos inúmeras sugestões: dicas, mensagens, sensações sobre os ingredientes da nossa missão. A alma é como um máquina bem sintonizada: ela canta quando você trabalha na sua missão. Lubrifique essa alma com o trabalho na sua missão.

Exercite a sua alma. Permita que afirmações positivas o alimentem, e a sua alma será fortalecida. Todos precisamos de uma alma saudável e vibrante. Compare estas afirmações: "Por que me importar em compor música coral? Quem gostaria de ouvi-la, seja como for?" *versus*: "Vou passar uma hora com a minha música, me divertindo!" Qual das duas afirmações alimenta a alma? Tente testar a sua força muscular quando faz uma afirmação positiva, e faça o mesmo com uma afirmação negativa. Sua energia cairá com as negativas e aumentará com as positivas. Evite desculpas para fugir da sua alma. O fato irônico é que a alma está com você, em você, é uma parte de você. Ela está esperando você entrar em contato com ela. Alguém disse certa vez que o que importa é o que acontece *dentro de nós* e não o que acontece *para nós*.

Uma alma vibrante, observe, permite que você libere todos os seus outros talentos para expressar a sua missão. Nosso talento gera mais talentos, por assim dizer. As pessoas descobriram, depois de começarem a ativar sua alma, que têm todos os tipos de talentos, dos quais não tinham consciência. Dediquei energia à composição e seguiu-se a poesia (uma combinação nada má). A alma sempre nos dará mais do que precisamos. Não existe perda! Pense nos lucros e não na perda. Um cliente vegetariano lamentou a perda do seu antigo estilo de culinária — mas eu lhe sugeri que analisasse o fato como a escolha de outro — e a obtenção de uma dieta mais saudável.

Deixe entrar a única coisa que interessa: o desejo da sua alma, o desejo que tem de cumprir a sua missão — é por isso que você veio para este mundo.

Comece a caminhar na estrada da sua alma. Faça-o agora, faça-o com amor, faça-o com prazer!

Bibliografia

Além das obras citadas no texto, recomendo para novas leituras a seguinte lista de livros que tratam de assuntos afins.

Bingen, Hildegard von, *Illuminations. With Commentary by Matthew, Fox.* Santa Fé, N.M.: Bear & Co., 1985.

Caple, John. *Finding the Hat that Fits*. Nova York: Dutton, 1993.

Chopra, Deepak. *Quantum Healing: Exploring the Frontiers of Mind/Body Medicine.* Nova York. Bantam, 1989.

Csikszentmihalyi, Mihaly. *Flow: The Psychology of Optimal Experience.* Nova York. Harper Perennial, 1991.

De Bono, E. *Serious Criativity: Using the Power of Lateral Thinking to Create New Ideas.* Nova York: Harper Business, 1993.

Diamond, John. *Life Energy: Using the Meridians to Unlock the Hidden Power of Your Emotions.* Nova York: Paragon House. 1990.

Dominguez, Joe, e Robin Vicki. *Your Money or Your Life: Transforming Your Relationship with Money and Achieving Financial Independence.* Nova York. Viking, 1992.

Edwards, Betty. *Drawing on the Right Side of the Brain.* Edição revista, Los Angeles: J.P. Tarcher, Inc., 1989.

Fox, Matthew, *The Reinvention of Work; A New Vision of Livelihood for Our Time.* San Francisco; Harper, 1994.

Frager, Robert. *Who Am I? Personality Types for Self-Discovery.* Los Angeles; J.P. Tarcher, Inc., 1994.

Fritz, Robert. *Creating.* Nova York: Fawcett Columbine, 1991.

Garfield, Charles. *Peak Performers: The New Heroes of American Business.* Nova York: Avon Books, 1987.

Hawley, Jack. *Reawakening the Spirit in Work.* San Francisco: Berret-Koehler, 1993.

Lakein, Alan. *How to Get Control of Your Time and Your Life*. Nova York: New American Library, 1989.

McMakin, Jacqueline, e Dyer, Sonya. *Working from the Heart: A Guide to Cultivating the Soul at Work.* San Francisco: Harper, 1993.

Markham, Ursula. *Living with Courage.* Rockport, Maryland: Element Books, Unlimited, 1993.

Masters, Robert e Houston, Jean. *Listening to the Body.* Nova York: Delacorte, 1979.

Moore, Thomas. *Care of the Soul: A Guide for Cultivating Depth and Sacredness in Everyday Life*. Nova York: Harper Collins, 1992.

Moore, Sue e Stephan, Naomi. *The Finding Your Life Mission™ Workbook: A Guide to Self-Study*. Life Mission Press, 1991. (800) 957-8888.

Myers, Isabel Briggs, e Briggs, Peter. *Gifts Differing*. Palo Alto: Consulting Psychologists Press, 1993.

Dick, Leider, Ed., *On Purpose: A Journal about Taking Charge of Your Life/Work.* The Inventure Group, Minneapolis, MN.

Ponder, Catherine. *The Dynamic Laws of Prosperity*. Cutchoque, N.Y.: Lightyear Press, 1993.

Raudsepp, Eugene. *Creative Growth Games.* Nova York: Putnam Publishing Group, 1980.

Saltzman, Amy. *Downshifting Reinventing Success on a Slower Track.* Nova York: Harper & Row, 1991.

Sher, Barbara e Smith, Barbara. *I Could Do Anything If I Only Knew What It Was: How to Discover What You Really Want and How To Get It.* Nova York: Delacorte, 1994.

Steinem, Gloria. *Outrageous Acts and Everyday Rebellions*. Nova York: New American Library, 1986.

Tieger, Paul D., e Barron-Tieger, Barbara. *Do What You Are: Discover the Perfect Career For You Through the Secrets of Personality Type*. Nova York: Little, Brown & Co., 1992.

Thurston, Mark. *Soul-Purpose: Discovering and Fulfilling Your Destiny*. San Francisco: Harper & Row, 1989.

Yogananda, Paramahansa, *The Autobiography of a Yogi.* Los Angeles: Self-Realization Fellowship, 1981.

SOBRE A AUTORA

Naomi Irene Stephan, Ph.D., vive a sua missão de criar um mundo saudável por intermédio da música e das letras, como compositora, escritora, oradora motivacional e educadora. Suas composições para coral têm sido executadas por toda parte nos Estados Unidos. Ela publicou um manual de estudos para acompanhar este livro.

Desde 1982 ela tomou o rumo da sua própria Missão de Vida, com uma orientação prática para essa missão. Dá consultas por telefone, cursos intensivos sobre Missão de Vida, e também publicou livros e fitas. Os que estiverem interessados em seus serviços ou em sua música podem entrar em contato com ela pelo número 1-800-957-8888.

Outras obras de interesse:

GUIA PARA O CONHECIMENTO DE SI MESMO
Angela Maria La Sala Batà

COMO DESENVOLVER O PODER DA MENTE
Arthur Winter e *Ruth Winter*

REFLEXOS DA ALMA - Projeção e Recolhimento Interior na Psicologia de C. G. Jung
Marie-Louise von Franz

JORNADA RUMO À CONSCIÊNCIA
Charles Breaux

O MAGNETISMO DO DINHEIRO Como atrair o que você necessita, quando necessita
J. Donald Walters (Kriyananda)

A BUSCA - Uma Jornada pelo Caminho Interior
Jean Sulzberger (org.)

A AVENTURA DA AUTODESCOBERTA - Usando Mitos, Símbolos e Imagens que Revelam a sua Vida Interior
Alexandra Collins Dickerman

EU FAÇO O MEU DESTINO - Os doze degraus para a autolibertação
Penny McLean e *Hans C. Meiser*

ILUMINAÇÃO INTERIOR - Razão de Ser do Caminho Espiritual
John White (org.)

A REVOLUÇÃO SILENCIOSA - Autobiografia Pessoal e Transpessoal
Pierre Weill

A VIDA COMO UMA PROCESSO DE APRENDIZADO
Stephanie Merges

VIVA UMA VIDA DE PROSPERIDADE
Kenneth T. Hurst

VIVER COMO PESSOA - O Verdadeiro Sentido da Vida
Darío Lostado

UMA LIÇÃO DE VIDA
Meir Schneider

SUPERANDO TODOS OS SEUS MEDOS
Bruce Larson

SE VOCÊ QUER, VOCÊ PODE!
Eneida Lermen